Ten un espíritu como el de María

Permite que Dios te transforme
de adentro hacia afuera

JOANNA WEAVER

ORIGEN

Penguin
Random House
Grupo Editorial

Título original: *Having a Mary Spirit*

Esta edición es publicada bajo acuerdo con
WaterBrook, una división de Penguin Random House LLC.

Primera edición: febrero de 2025

Copyright © 2006, Joanna Weaver
Todos los derechos reservados.
Publicado por ORIGEN®, marca registrada de
Penguin Random House Grupo Editorial USA, LLC
8950 SW 74th Court, Suite 2010
Miami, FL 33156

Traducción: María José Hooft
Copyright de la traducción ©2025 por Penguin Random House Grupo Editorial

Impreso en Colombia/ *Printed in Colombia*

ISBN: 979-8-89098-273-5

25 26 27 28 29   10 9 8 7 6 5 4 3 2 1

Contenido

A John, mi esposo, que tiene un espíritu como el de María.
Me has enseñado tanto a lo largo de tu vida,
tu humildad, tu corazón de servidor.
Gracias por ser Jesús para mí.
El corazón de este libro se formó viéndote vivir.
Soy tan bendecida por llamarte mi esposo.

Agradecimientos

Dicen que escribir es una ocupación solitaria, pero en mi caso particular, nada más lejos de la realidad.

Aunque completar este libro ha requerido largas horas frente a la computadora, esas largas horas han estado llenas de mensajes de aliento, oraciones por teléfono, amigos que vinieron a ayudar, niñeras maravillosas y dispuestas (gracias, abuela y abuelo Gus, Trish y Kerry), y hermosos lugares para escribir (¡gracias McLoy's, Creech's y Campamento Bíblico Glacier!).

Nada de esto hubiera sido posible si mi familia no me hubiera apoyado. Gracias, John, por animarme a seguir el llamado de Dios en mi vida. Gracias, John Michael y Jessica, por creer en mí y decirme no solo que era posible hacerlo, sino también que se *haría*. Gracias, dulce Joshua, por nunca llorar cuando mami tenía que ir a trabajar —¡ni una sola vez! Y por todos los dulces abrazos y mimos cuando llegaba a casa.

Gracias también a mis queridos amigos que me permitieron compartir nuestra historia, a otros amigos que también compartieron sus historias y a todas las mujeres que oraron fielmente y me apoyaron mientras escribía; no podría haberlo hecho sin ustedes. Literalmente sentí su intercesión y les agradezco desde el fondo de mi corazón.

A mi agente, Janet Kobobel Grant, quien me acompañó durante seis años de silencio en la escritura; su aliento constante a escribir solo cuando el Espíritu Santo me diera algo que decir reforzó lo que ya sabía. ¡Eres un regalo del cielo y doy gracias a Dios por ti!

Y a mi Anne, mi querida, divertida y maravillosa editora, Anne Christian Buchanan, gracias una vez más por ayudarme a dar forma a las palabras para expresar mejor el mensaje que tanto llena mi corazón. Trabajar contigo fue como volver a casa. Gracias por ser mi amiga.

A WaterBrook Press y a todas las maravillosas personas que hacen de esta una empresa tan estupenda para trabajar. ¡Mi más profunda gratitud también!

Y a todos los santos que nos precedieron y que, a través de sus ejemplos en las Escrituras o de sus escritos, nos muestran el camino hacia la semejanza de Cristo: Oswald y Ana, C. S. y Catalina, sin mencionar a Pablo, María y Marta de Betania, María Magdalena y María, madre de Jesús; gracias por vivir una búsqueda de Dios tan apasionada que no podemos evitar imitarlos.

Sobre todo a ti, Señor Jesús, te doy mi más profundas gracias. Porque es en ti y por ti que encontramos nuestra vida y existimos. Tú tomas lo que somos y nos conviertes en lo que estábamos destinados a ser. Partícipes de tu naturaleza divina. Reflejos de tu gloria.

Soli Deo Gloria.

Solo a ti.

1

Un espíritu como el de María

Crea en mí, oh Dios, un corazón limpio
y renueva un espíritu firme dentro de mí.
Salmo 51:10

Siempre he soñado con ser mucho más de lo que soy. Más orga-
nizada, más disciplinada, más amorosa… mucho más «mucho
más», ¡ya sabes a qué me refiero! Cada enero emprendo un nuevo programa de superación personal.

Este año me pondré en forma.

Este año mantendré mi casa limpia.

Este año enviaré tarjetas de cumpleaños. A tiempo.

Este año —de verdad— seré la mujer de Dios amorosa, perdona-
dora y obediente que anhelo ser, y no la cristiana obstinada, testaruda
y desobediente que a veces veo en el espejo.

Todas son nobles metas. Y, a decir verdad, estoy mucho más en
paz cuando mi casa está limpia. Y creo que, si realmente amas a la
gente, deberías preocuparte lo suficiente como para enviarles los
mejores deseos —¡o al menos una de esas tarjetas de 99 centavos
de Wal-Mart! Y sé que la verdadera felicidad solo proviene de vivir
cerca de Dios y obedecerlo.

Realmente quiero ser diferente. Quiero cambiar.

Como suele decirse: «Hay una mujer delgada dentro de mí que lucha por salir». Desafortunadamente, como continúa el dicho: «puedo sedarla con cuatro o cinco pastelitos».[1]

Trabajar para lograr estas nobles metas me ha dejado con poco más que un armario lleno de frascos de vitaminas medio vacíos, varios pares de zapatillas para correr ligeramente gastadas y suficientes productos de limpieza para desinfectar un pequeño país del tercer mundo. Sin mencionar un estante lleno de devocionales cubiertos de polvo.

¿Te suena familiar?

Tal vez hayas descubierto, como yo, que la mayoría de tus propósitos de Año Nuevo tienen poco efecto en tu vida cotidiana, excepto añadir una carga de culpa y una sensación de fracaso. Te esfuerzas continuamente, pero nunca lo logras. Esperas y oras para ser diferente, solo para despertar y descubrir que no llegaste tan lejos como esperabas. A veces sientes que estás exactamente donde empezaste, ¡otra vez!

Lo sé. Yo también me he sentido así.

De hecho, uno de esos momentos desalentadores me impulsó a escribir este libro.

Aprendamos de María y Marta

Todo comenzó hace unos siete años, con dos hermanas que conocí en la Biblia: María y Marta de Betania.

Como esposa de un pastor y —en ese momento— madre de dos hijos preadolescentes, mi vida era ajetreada y algo alocada. Había tanto que hacer y tan poco tiempo. Sin embargo, aunque mi tendencia era la impulsividad, mi corazón anhelaba intimidad con Dios. Quizá por eso me sentí atraída a revisar de nuevo la historia que me había intrigado durante años. Lucas 10:38-42 dice:

Mientras iba de camino con sus discípulos, Jesús entró en una aldea y una mujer llamada Marta lo recibió en su casa. Tenía ella una hermana llamada María que, sentada a los pies del Señor, escuchaba lo que él decía. Marta, por su parte, se sentía abrumada porque tenía mucho que hacer. Así que se acercó a él y dijo:

—Señor, ¿no te importa que mi hermana me haya dejado sirviendo sola? ¡Dile que me ayude!

—Marta, Marta —contestó el Señor—, estás inquieta y preocupada por muchas cosas, pero solo una es necesaria. María ha escogido la mejor y nadie se la quitará.

Después de escuchar cientos de sermones sobre estas dos mujeres, supuse que el significado era bastante sencillo. María era la heroína y Marta era la villana. ¡Y gran parte del tiempo fui Marta! Sentí que el Señor me convencía de mi tendencia a correr de un lado a otro, ocupada en «muchas cosas» mientras ignoraba «la única cosa» que necesitaba: sentarme a los pies de Jesús.

Sin embargo, al estudiar el resto de la historia de las hermanas en Juan 11 y 12, descubrí algo tan hermoso, tan asombroso, que me sentí obligada a compartirlo en un libro. Porque vi a dos mujeres cambiar ante mis ojos, y ambas experimentaron una transformación divina cuando se encontraron con el Dios vivo.

Así, hace seis años, nació *Ten un corazón de María en un mundo de Martas: Encuentra intimidad con Dios en las ocupaciones de la vida.*

Quizá lo más reconfortante que aprendí mientras trabajaba en ese libro fue que nadie tiene todo resuelto. Incluso en nuestros mejores días y con nuestras mejores intenciones, todos eventualmente fracasamos. Comenzamos a operar con nuestros dones y talentos —emocionados de servir al Mesías— solo para que nuestros esfuerzos se transformen en un espectáculo de autocompasión cuando no recibimos suficiente ayuda, o no somos apreciados, o alguien más recibe la atención que *sabemos* que merecemos.

No obstante, lo que más llamó mi atención fue que cuando Jesús reprendió a Marta por su ajetreo, no estaba condenando su eficiencia y su arduo trabajo ni su personalidad autosuficiente. Él no le estaba diciendo que debía ser como María para complacerlo. Jesús simplemente no quería que Marta estuviera tan ocupada en atender la cocina *para* Él que se perdiera la alegría de la intimidad en la sala *con* Él.

Jesús también desafió a María en Juan 11. Cuando su hermano Lázaro estaba enfermo y moribundo, Jesús esperó dos días antes de dirigirse a Betania. Para entonces, Lázaro ya estaba muerto. María, aparentemente paralizada por el dolor, se negó a salir al encuentro de Jesús y se quedó en la casa. Más tarde, ella le gritaría sus preguntas. Aunque Jesús no le respondió, sintió su dolor. La Biblia nos dice que Él lloró.

Ni María ni Marta obtuvieron lo que esperaban de Jesús. En cambio, recibieron mucho más. Porque Dios nunca retiene lo bueno, excepto cuando tiene algo mejor que dar. Puede tratarse de ayuda en la cocina o de la sanidad milagrosa de tu hermano, ten la certeza de que Jesús sabe lo que está haciendo cuando dice no a nuestras peticiones terrenales para decir sí a su plan celestial.

Entonces, las dos hermanas tuvieron que aceptar la manera de obrar de Cristo, porque era una decisión que debían tomar. Solo cuando humillaron su corazón y aprendieron de Él fueron transformadas. Marta aprendió a tranquilizarse y escuchar. María aprendió a derramar su corazón tal como su costoso perfume en el servicio. Al recibir las enseñanzas de Jesús, aprendieron el equilibrio entre un alma en reposo y un cuerpo en movimiento,[2] entre trabajar arduamente para Cristo y sentarse a Sus pies.

Y yo estaba aprendiendo junto con ellas. Mis tendencias a ser como Marta eran atenuadas por la tierna gracia de Dios. Como ya no sentía que debía ganarme el favor del Padre, finalmente pude disfrutar de su espléndido amor. En lugar de esforzarme, estaba aprendiendo lo que realmente significa permanecer en la vid que Juan 15 menciona. Como resultado, al igual que María y Marta, yo también estaba siendo transformada.

Me alegra mucho tener un Salvador que nos ama tal como somos, pero que nos ama demasiado como para dejarnos así. Al fin y al cabo, el principal propósito de Cristo es devolvernos la gloria de Dios que debemos reflejar en este mundo. Como lo expresa la autora Donna Partow: «Nuestra tarea aquí en la tierra es mostrar al mundo un reflejo exacto de cómo es Dios. Mostrarles, a través de nuestra vida, quién es Dios».[3]

En otras palabras, el propósito de nuestra transformación divina es hacernos cada vez más como Jesús.

Esa transformación divina solo ocurre cuando elegimos tener un espíritu como el de María y aceptamos la represión del Señor.

Incluso cuando duele.

Muros de ladrillo y curvas de aprendizaje

Después de completar *Ten un corazón de María en un mundo de Martas,* decidí tomarme seis meses sabáticos. Luego de haberme «derramado» en mi escritura, supe que necesitaba tiempo para volver a «llenarme».

No tenía idea de que seis meses se convertirían en seis años.

No es que fueran años estériles. ¡No, todo lo contrario! Durante ese tiempo Dios me enseñó mucho. Me acompañó a través de algunos valles y me llevó a algunas cumbres. Tuve el privilegio de ver a mi hijo, John Michael, y a mi hija, Jessica, convertirse en jóvenes maravillosos. Luego, hace cuatro años, Dios nos sorprendió con un bebé al que llamamos Joshua —una bendición realmente inesperada. Además, nuestra iglesia en crecimiento compró un terreno y finalmente estábamos listos para construir nuestro nuevo edificio— el que habíamos soñado durante años.

Fue ese sueño hecho realidad lo que me mostró lo lejos debía llegar aún. También dio a luz esta secuela. Un libro que no sabía que existía. Estaba segura de que iba por buen camino con el proyecto de construcción de la iglesia. Como hija de un contratista a tiempo parcial, estaba familiarizada con el proceso de construcción. A medida que avanzaban los planes, descubrí en mí una visión y una pasión que no había sentido en mucho tiempo.

Con el lanzamiento oficial de nuestra recaudación de fondos a solo unas semanas de distancia, estaba corriendo a toda velocidad. Había mucho que hacer: planos que finalizar, folletos que diseñar, números que calcular. Me iba a la cama pensando en todos los detalles y me despertaba con mi energía focalizada en ese propósito que me impulsaba más allá de una lista de tareas pendientes. Se sentía genial estar haciendo algo para el Señor.

Mi esposo, el pastor John, trató de advertirme. «Cariño, creo que necesitas desacelerar. Terminarás exhausta». Por supuesto que debería haber escuchado. Mi marido, a diferencia de mí, no tiende a dar su opinión 24/7. Debí haberme dado cuenta de que Dios estaba tratando de llamar mi atención a través de mi cobertura espiritual. Sin embargo, ignoré la preocupación de John.

Claro, era una época de locos, me dije. Hacer rodar una pelota requiere mucho esfuerzo. Luego podría ir más despacio.

Bajé la velocidad, por supuesto.

Los muros de ladrillo tienen ese efecto en las personas.

El muro de ladrillos, en este caso, fue la falta de recursos financieros. No pudimos recaudar suficiente para completar el proyecto y estábamos convencidos de que no debíamos pedir un préstamo. Tendríamos que reducir los planes, así como muchos de los sueños y ministerios que habíamos previsto.

Hice todo lo que pude para aferrarme a la visión original. Mi modo Marta de arreglar las cosas se activó y me esforcé por encontrar formas de que el sueño se cumpliera tal cual lo habíamos concebido. Aunque todas las opciones que se me ocurrían eran descartadas y, para ser honesta, mi insistencia comenzó a desgastar a la gente.

Finalmente, tuve que admitir que Dios debía tener algo diferente en mente. La vibrante pasión que había sentido por el proyecto comenzó a menguar a medida que el desánimo y la decepción me invadieron.

«¿Por qué, Dios? No entiendo», me lamenté. «Tenía tantas ganas de hacerlo bien. ¿Qué hice mal?».

En ese momento nació este libro.

LA MARTA EN MÍ

—Joanna —sentí que el Señor susurraba a mi alma cansada—. Tienes un espíritu de Marta. Eres una buena chica que quiere hacer lo correcto, pero a veces lo haces de la forma incorrecta.

¿Un espíritu de Marta? Oh, vaya. Sabía lo que eso significaba. Marta estaba tratando de reafirmarse en mi vida. No la Marta adulta, la que aprendió la lección y fue transformada por Jesús, la que encontramos cerca del final de los Evangelios, sino la Marta del inicio. La mujer de alto octanaje, ansiosa y crónicamente exagerada a la que Jesús tuvo que reprender en su propia cena. La Marta que amaba al Señor, pero que simplemente no podía molestarse en escucharlo. La que se apresuraba a hacer las cosas a su manera y se quejaba en voz alta cuando alguien se atrevía a hacerlas de otro modo.

Ella era la Marta que pensé que había dejado atrás, pero parecía estar dirigiendo el espectáculo una vez más.

—Cuando te adelantas a mí —el Señor grabó en mi corazón— terminas haciendo lo que te he pedido con tus fuerzas y no con las mías. En vez de estar cubierta por la dulzura de mi Espíritu, tus esfuerzos están envueltos en tu carne. Y a veces, querida hija, tu carne no es tan fácil de recibir con agrado.

Fue difícil escucharlo, pero sabía que era verdad. Mi modo de «mujer comprometida con una causa» rara vez era atractivo. Aunque siempre me esforzaba porque mi comportamiento fuera amable, mi espíritu interior —la actitud de mi corazón— a menudo le sacaba ventaja. Especialmente cuando estaba ocupada. Especialmente cuando estaba cansada. Especialmente cuando las cosas no salían como yo quería. ¡Imagina las repercusiones cósmicas cuando los planetas de esos tres «especialmente» se alineaban!

Lo que hacía esta verdad aún más difícil de soportar era que ya había aprendido —o creía haber aprendido— esta lección. De hecho, más de una vez.

Era la misma verdad que Dios había tratado de enseñarme al comienzo de nuestro ministerio. Y de nuevo, poco después de terminar *Ten un corazón de María en un mundo de Martas,* cuando un malentendido provocó una dolorosa pelea con amigos.

Ahora aquí estaba de nuevo. Enfrentaba mis viejos defectos. Luchaba con un espíritu de Marta que continuamente intentaba eclipsar mi corazón de María. «Señor, cámbiame», oré con toda sinceridad.

Sin embargo, debo confesar que con mi arrepentimiento vino un gran miedo. Después de tantos años de enseñarme la misma lección una y otra vez, ¿sería posible que realmente cambiara? ¿Era viable una transformación duradera?

Sabía en mi corazón que sí lo era. Después de todo, había experimentado la mano de Dios en mi vida a lo largo de los años. ¿Cómo sucedería ahora? ¿Y cómo podría cooperar mejor con el proceso?

—Necesitas un espíritu de María —susurró el Señor.

Y una vez más, en la quietud de ese momento, entendí lo que quería decir.

Cómo utilizar este libro

Este libro es diferente de *Ten un corazón de María en un mundo de Martas* de muchas maneras. En vez de seguir una historia bíblica, por ejemplo, iremos más profundo en verdades espirituales, verdades que, debo confesar, a veces me superan.

Verás, no soy una erudita y este no es un tratado teológico. Los pensamientos de este libro surgen del estudio de la Palabra, así como de mi propia experiencia personal de tener a Dios obrando en mi vida para que pueda cambiarme. Puede que no siempre estés de acuerdo conmigo. Espero que lo que leas despierte en tu corazón el deseo de luchar con tus problemas ante Dios, tal como lo hizo Jacob, hasta que Él te bendiga. Hasta que te transforme a su imagen.

La primera mitad de este libro intenta construir una base para esta obra interior que el Señor hace al delinear cómo ocurre el proceso de cambio y por qué Dios tiene tanta intención que así sea. La segunda mitad se enfoca en la aplicación práctica de entrenar nuestra mente, guardar nuestro corazón y purificar nuestro camino. Al final del libro encontrarás recursos prácticos y una guía de catorce semanas para estudio individual o en grupo.

Mientras lees, oro para que el Espíritu Santo te guíe a toda verdad. Porque el Espíritu es nuestro maestro, quien hace real en nuestra vida incluso lo que no entendemos del todo.

*Pido también que les sean iluminados los ojos del corazón
para que sepan a qué esperanza él los ha llamado, cuál es la riqueza
de su gloriosa herencia entre pueblo santo.*

EFESIOS 1:18

Una nueva actitud

Para realmente cambiar —y seguir cambiando— necesitaba la actitud del corazón que tuvo María cuando dejó sus deberes y pasó tiempo con Jesús disfrutando de su presencia. La misma actitud que mostró Marta cuando decidió ser enseñable en lugar de ofenderse por la reprimenda de Jesús.

Un espíritu de María no es un tipo de personalidad. No se trata de ser una persona extrovertida frente a una introvertida o una persona activa frente a una más contemplativa. Tener un espíritu de María se trata de nuestra actitud hacia lo que Dios quiere hacer en nuestra vida. Ese espíritu detrás de nuestra respuesta a Él hace toda la diferencia.

María de Betania parecía tener un espíritu de María desde el principio. Y aunque necesitó del amor de maestro de Cristo, su hermana Marta también lo obtuvo. Aunque hay otras dos Marías que quiero mencionar (de quienes hablaremos detalladamente más adelante): mujeres que compartieron con María de Betania no solo un nombre, sino también la paz llena de gracia de un corazón en sintonía con Dios.

La primera, María, la madre de Jesús, que mostró un espíritu de María dispuesto cuando le dijo al ángel Gabriel: «Que él haga conmigo como me has dicho». Aunque todo dentro de ella probablemente se opuso a las *implicaciones* de ser madre del mismísimo Hijo de Dios, y aunque seguramente sabía en su corazón que aceptar tendría un alto costo, aun así dijo sí al plan divino.

En segundo lugar, María Magdalena, quien mostró el agradecimiento de un espíritu de María después de que Jesús la liberara de siete demonios. No se acomodó a una vida «normal», sino que lo abandonó todo para seguir a Aquel que la había sacado de las tinieblas, llevándola hacia su maravillosa luz. Ese amor agradecido y persistente por el Señor, ese deseo de estar siempre cerca de Él y seguirlo dondequiera que nos lleve, eso también es parte del espíritu de María.

Y eso, me di cuenta, es lo que yo quería.

—Mira, Joanna —parecía que el Señor me decía— Yo me deleito en un corazón que acoge con agrado mi obra en lugar de resistirse. Todo lo que busco es un espíritu dispuesto y dócil. Con una vida tan rendida a mí, que yo pueda obrar sin obstáculos.

A medida que Dios comenzó a mostrarme y trabajar estas verdades en mi vida, me di cuenta de que este era el libro que debía escribir y por el que me había hecho esperar seis años. Porque, así como *Ten un corazón de María en un mundo de Martas* nos muestra cómo hacer espacio en nuestra vida para la intimidad con Dios, *Ten un espíritu como el de María* está destinado a mostrarnos cómo darle a Dios acceso a los rincones más profundos y ocultos de nuestro corazón. Esas áreas oscuras y plagadas de pecado de nuestra baja naturaleza humana que siempre nos hacen tropezar cuando tan desesperadamente deseamos caminar en la luz. Esos reinos secretos, no tan silenciosos, son los que Cristo vino a conquistar y redimir.

Para que podamos ser santos como Él es santo.

Transformados de adentro hacia afuera.

Darle acceso a Dios

No conozco tu situación. No sé por lo que Dios te está guiando en este momento, pero sospecho que te ha estado provocando un descontento divino: cierta hambre de algo más, un deseo de *ser* algo más. De lo contrario no habrías elegido este libro.

¿Puedo decirte que ese descontento espiritual es un regalo de Dios? Porque Él nos agita solo cuando quiere cambiarnos. Él nos hace sentir incómodos donde estamos solo cuando desea que nos dispongamos a hacer lo necesario para llegar a donde Él está.

Así que, si sientes ese descontento, si te cansaste de dar un paso hacia adelante para luego retroceder dos, si tú, como yo, quisieras dejar de aprender las mismas lecciones una y otra vez, entonces me gustaría invitarte para que te unas a mí en una aventura de cambio.

Y no se me ocurre mejor lugar para comenzar que con esta oración:

Señor Jesús, te entrego mi vida.

Te invito a que hagas tu voluntad en mí.

Tómame y rómpeme. Sacúdeme y transfórmame.

Lléname y rebálsame. Cámbiame y arréglame.

Hagas lo que hagas, Señor… no me dejes igual.

Espíritu de sabiduría y revelación, recibo con agrado tu obra.

Abre mis ojos para que pueda ver… mis oídos para oír…

Elijo la verdad sobre la comodidad, el desafío sobre la complacencia.

Señor, hazme para siempre de tu propiedad.

Y, sobre todo, hazme como tú.

Amén.

2

Cámbiame, Señor

*Estoy convencido de esto: el que comenzó tan buena obra en ustedes
la irá perfeccionando hasta el día de Cristo Jesús.*

FILIPENSES 1:6

omencé a orar esta oración al principio de nuestro ministerio,
y la hacía con todo mi corazón: «Señor, hazme perfecta para
cuando tenga treinta años».

Mis defectos e imperfecciones estaban causando muchos problemas. Ciertamente Dios honraría mi oración y me libraría de mí misma.

Intenté reclutar a un par de amigos para que oraran por mí, pero se
rieron a carcajadas. «¡Sí, claro!», decían. «¿Perfecta a los treinta? Como
si eso fuera a suceder».

De acuerdo, tal vez era un poco ingenua, pero la idea no era mía.
Jesús mismo lo había dicho en su Palabra: «Por tanto, sean perfectos
como su Padre celestial es perfecto» (Mateo 5:48). Si Dios demandaba
perfección, razoné, ciertamente Él me daría las herramientas para al-
canzarla.

Y, en muchos sentidos, lo ha hecho. Dios no solo me ha proporcionado las herramientas para mi transformación, sino que su Espíritu
Santo también ha estado obrando en mí, moviéndome activamente
hacia la perfecta plenitud que Dios desea para mi vida. Porque esto es
lo que significa la palabra «perfecto» en la Biblia.

Teleios. Maduro. Completo.[1]

Sin embargo, el proceso de avanzar hacia la perfección no ocurrió tan rápido como esperaba. De hecho, a veces he tenido la sensación de que el mismo cielo se oponía a mis esfuerzos. Y tal vez fue así, porque los planes de Dios para hacernos semejantes a su Hijo tienen muy poco que ver con la mera superación personal.

Verás, asumí que la perfección cristiana era un trabajo externo que yo *debía* hacer. La limpieza y purificación de mis palabras, de mi vida y de mis acciones. Si pudiera ser lo suficientemente buena y hacer lo correcto, entonces agradaría a Dios. En mi sincero deseo de servir y honrar al Señor, caí presa de la misma mentira que engañó a los fariseos hace tanto tiempo.

La mentira de que la santidad depende de nosotros.

TÚ, YO Y LOS FARISEOS

Los fariseos eran hombres piadosos, al menos en apariencia. Su único propósito en la vida era obedecer todos los mandamientos de Dios, por lo que crearon cientos de reglas y regulaciones para cumplir la Ley original que Dios les había dado. El resumen de esas reglas se conoce como la *Mishná.* Traducido a nuestro idioma, es un libro de casi ochocientas páginas. Más tarde, los eruditos judíos añadieron comentarios sobre cómo cumplir la Mishná. Conocido colectivamente como el *Talmud,* estos comentarios llenan al menos doce volúmenes.

Los fariseos eran famosos por su escrupulosa observancia de la Ley. Sin embargo, incluso los judíos reconocieron la hipocresía que a veces acompañaba los piadosos intentos de los fariseos por alcanzar la perfección religiosa. El propio Talmud distingue siete tipos de fariseos.

1. El *fariseo de hombro,* que seguía meticulosamente la Ley, pero llevaba sus buenas obras en hombros para ser visto por los hombres.

2. El *fariseo «espera un poco»*, siempre capaz de ofrecer una excusa válida para posponer la realización de una buena acción. Hablaba, pero no hacía.

3. El *fariseo magullado* o *sangrante,* tan empeñado en evitar el mal que cada vez que una mujer se acercaba, cerraba los ojos y, por lo tanto, se chocaba con las cosas. Luego exhibía los moretones para probar su piedad.

4. El *fariseo jorobado* o *tropezador,* tan decidido a parecer humilde que se encorvaba completamente, arrastraba los pies y a menudo tropezaba con todo.

5. El *fariseo de la eterna contabilidad o acumulación,* siempre sumando sus buenas obras con la creencia de que cada una de ellas colocaba a Dios más en deuda con él.

6. El *fariseo tímido* o *temeroso,* que siempre temía el castigo divino y limpiaba constantemente el exterior de la copa y el plato en su desesperado intento por escapar de la ira de Dios.

7. Finalmente, estaba el *fariseo temeroso de Dios,* definido por los propios judíos como alguien que verdaderamente amaba a Dios. Solo uno de cada siete era admirado como un hombre que encontraba deleite en lugar de fatiga al obedecer la Ley de Dios por difícil que fuera.[2]

Para ser honesta, he sido todos estos fariseos en mayor o menor medida, dedicando la mayor parte de mi tiempo a interpretar versiones de los primeros seis. Porque, sin importar lo pura que fuera mi intención, el único resultado de hacer de la pureza exterior mi objetivo ha sido una malsana obsesión conmigo misma y una autoestima que oscila violentamente entre un orgullo desmedido o una abrumadora sensación de fracaso, dependiendo de qué tan bien creo que lo he hecho ese día.

Oswald Chambers advierte contra esta peligrosa preocupación por nuestra propia «blancura personal», como él la llama, refiriéndose al tipo poco saludable de introspección que se enfoca en nuestras insuficiencias, más que en el poder de Dios para redimir y cambiar nuestra vida. «Mientras nuestros ojos estén puestos en la blancura personal», escribe en *En pos de lo supremo*, «nunca nos acercaremos a la realidad de la redención». Luego añade: «La constante búsqueda interior para comprobar si somos lo que deberíamos ser genera un tipo de cristianismo egocéntrico y enfermizo, lejos de la vida sencilla y plena del hijo de Dios.».[3]

Jesús no fue tan amable cuando denunció a los fariseos y sus intentos de santidad autoinducida. Arrancó las fachadas religiosas detrás de las cuales intentaban esconderse (como a veces hacemos la mayoría de nosotros), llamando a estos líderes religiosos «sepulcros blanqueados… llenos de huesos de muertos» (Mateo 23:27).

Las tumbas blanqueadas eran comunes en los días de Jesús, especialmente durante la Pascua y otras fiestas religiosas. Las tumbas eran pintadas de un blanco intenso para que nadie las tocara accidentalmente durante la noche y evitar volverse ceremonialmente impuros, no aptos para el culto. Esas tumbas podían parecer hermosas por fuera, recordó Jesús a la multitud, pero su interior estaba lleno de cosas muertas, podridas y «de todo tipo de impurezas».

Jesús estaba advirtiendo indirectamente a la gente común que admiraba a los fariseos y su superficial exhibición de santidad que los evitaran a toda costa. *Ignoren lo exterior,* aconsejaba Jesús, *por muy brillante que parezca. Lo que realmente importa es lo que hay en el interior.*

Una y otra vez en el Nuevo Testamento, Cristo confrontó a aquellos que habían sucumbido al síndrome de la tumba blanqueada: la peligrosa creencia de que de alguna manera podemos hacernos aceptables ante Dios mediante nuestro propio esfuerzo humano. Jesús dijo que tales esfuerzos no solo eran inútiles e incluso peligrosos, sino que ya no eran necesarios. Dios tenía un plan mejor.

El Expiador del Pecado había llegado.

ESCANDALOSA GRACIA

Jesús ofreció otro camino hacia la santidad, y uno pensaría que los fariseos se habrían sentido aliviados por esta increíble noticia. Ya no tenían que posar y actuar, arrastrarse y suplicar, negociar o intentar cegarse para evitar el pecado. A veces las buenas noticias pueden ser demasiado buenas para recibirlas. Después de todo, la gracia gratuita que Jesucristo ofrece a quien cree en Él puede ser bastante escandalosa. ¿Imaginas qué pasaría si dejáramos de resistirnos al amor de Dios y comenzáramos a descansar en este? Para los que estamos acostumbrados a pensar que somos responsables de nuestro desarrollo espiritual, esa perspectiva puede ser difícil de aceptar, incluso es francamente amenazante.

El autor Donald Miller describe esto maravillosamente en el irónico relato de su propia lucha con el mensaje de la gracia. Nos cuenta sobre una época cuando decía: «Solía enfadarme mucho con los predicadores que hablaban demasiado sobre la gracia, porque me tentaban a no ser disciplinado». Miller escribe: «Creía que, si se corría la voz sobre la gracia, toda la iglesia se convertiría en un burdel». (Y añade, sin rodeos, «Creo que era un verdadero idiota»).[4]

Miller había caído en la trampa farisea que tiende a hacernos tropezar a todos; como él dice: «trataba de disciplinarme para "comportarme" como si amara la luz y no como si amara la oscuridad». Aunque lo único que le trajo este tipo de superación personal machista y legalista —lo que Miller llama vivir "como un soldado para Jesús"[5] — fue fracaso y desesperación.

Es el mismo fracaso y desesperación que el fariseo/soldado que todos llevamos dentro siente cuando dependemos de nosotros mismos para la salvación. Específicamente, es el ciclo de fracaso y desesperación que Jesús destruyó cuando murió en la cruz. Como escribe el apóstol Pablo en Romanos 8:2: «Pues por medio de él la ley del Espíritu de vida te ha liberado de la ley del pecado y de la muerte».

La Ley descrita en el Antiguo Testamento tiene un propósito importante: revelar el pecado en nuestra vida, pero eso es todo lo que la Ley puede hacer. Puede mostrarnos lo que está mal en nosotros, pero es absolutamente incapaz de hacernos justos. Por sí sola, es incapaz de cerrar el abismo que el pecado abrió entre *Abba* Dios y sus hijos: la profunda grieta en nuestra alma que nos deja eternamente solos, alejados para siempre del único amor que puede hacernos seres completos.

Aceptar la obra de Cristo

Al igual que los fariseos, es posible que estés dependiendo de tu bondad para llegar al cielo. ¡Qué pesada carga! Jesús vino y pagó el precio para que ya no tengamos que esforzarnos y luchar por estar bien con Dios (Tito 3:5).

¿No te tomarías un momento para recibir el perdón que Cristo ofrece gratuitamente? En muchos sentidos, es tan simple como A-B-C y una oración:

A—Admite tu necesidad (Romanos 3:23).
B—Cree en Cristo (Hechos 16:31).
C—Consagra tu vida a seguirlo (Juan 1:12).

«Señor Jesús, te necesito. Gracias por tomar el castigo por mi pecado cuando moriste en la cruz. Te entrego mi vida, sé mi Salvador y Señor. Toma el trono de mi corazón y hazme la persona que quieres que sea. Amén.»

Mas a cuantos lo recibieron, a los que creen en su nombre,
les dio el derecho de ser hechos hijos de Dios.

JUAN 1:12

En pocas palabras, la santidad autoinducida es un ejercicio miserable e inútil. Porque no importa cuán estrictamente la observemos, la Ley nunca nos hará justos. Nunca estará cerca de convertirnos en personas transformadas, diferentes y semejantes a Cristo.

Pablo aprendió esta lección de la manera más difícil. Todos sus años de religión militante y su obsesión por guardar la Ley no hicieron más que generar odio hacia las personas que eran libres. No fue hasta que Pablo fue cegado por la Luz del Mundo y derribado de su alto caballo espiritual que la gracia lo liberó para convertirse en todo lo que podía ser.

¡Gracias al Señor su gracia también está disponible para nosotros! Cuando compartí el término *blancura personal* de Oswald Chambers en nuestro estudio bíblico para mujeres hace unos años, una de las mujeres comenzó a reír. Ella acababa de ir a la tienda a comprar pintura para su sala de estar y descubrió que había aproximadamente 586 tonos de blanco para elegir. Sí, ¡586 tonos! Podrías pasar toda una vida intentando conseguir el tono adecuado. Y algunos de nosotros hacemos eso.

Alabado sea Dios, ¡no debemos hacerlo! «Aunque sus pecados sean como escarlata», promete Dios en Isaías 1:18: «quedarán blancos como la nieve».

Cristo nos ofrece un nuevo comienzo. Un borrón y cuenta nueva. Una «blancura personal» tan pura que la mente humana no puede comprenderla, solo recibirla. No surge de nuestro esfuerzo, de nuestra constante búsqueda interna ni de nuestra limpieza externa. Solo el poder del Espíritu Santo puede hacernos verdaderamente nuevos. Solo el majestuoso poder de Dios obrando dentro de nosotros —el mismo poder que resucitó a Cristo de la tumba— puede transformarnos desde adentro.

¿Lo ves? Dios no quiere que blanqueemos nuestras tumbas.

Él quiere resucitarnos de entre los muertos.

Ficción y cuentos de hadas

No sé cómo me perdí esta realidad sorprendente e importante. Crecí en un hogar lleno de gracia y en una iglesia llena de gracia. Pero, como joven adulta, de alguna manera caí en la mentira de que cuando acepté a Jesús como mi Salvador, el resto dependía de mí. Como si, después de un cálido abrazo inicial de bienvenida, Dios me hubiera arrojado al mar de la vida, se hubiera echado atrás y cruzado los brazos como diciendo: «Ahora depende de ti, querida: húndete o nada».

Así que nadé. Nadé como loca —me entregué por completo a todo tipo de buenas obras. Dirigí la música. Enseñé en la escuela dominical. Me esforcé por ser «todo para todos»: hombres, mujeres, niños, niñas, bebés, niños pequeños, ancianos, adolescentes, universitarios y profesionales, recién casados. Bueno, ya te imaginas. ¡Era la esposa de un pastor, por el amor de Dios!

No importaba cuán rápido nadara ni cuánto intentara mantener la cabeza fuera del agua, mis esfuerzos nunca eran suficientes. Sentía que me estaba hundiendo. Una noche, finalmente llegué al punto de quiebre. Llorando, me aferré a mi esposo. Nada de lo que dijo pudo consolarme, y no sabía cómo explicar lo que me pasaba, excepto…

—Anúnciame las buenas nuevas —le rogué entre sollozos—. Sinceramente no las recuerdo. Háblame de las buenas nuevas.

He contado esa historia muchas veces antes. Lo dije en mi último libro, pero sentí que tenía que repetirla aquí porque es una imagen muy vívida de cuán lejos de la gracia de Dios el espíritu de Marta puede llevar a una persona. Lo único que me había dado mi fariseo interior era una profunda desesperación y una frustración sin esperanza. Sin embargo, llegar al final de mí misma también me encaminó a la libertad, porque me empujó a confrontar mi errónea teología.

Fue el mismo punto de inflexión al que llegó el Hermano Lorenzo hace más de trescientos años. Desesperado por servir a Dios con todo su corazón, ingresó en un monasterio. Por mucho que el pobre monje intentara ser santo y sin pecado, fracasaba constantemente. Finalmente, como describe en su libro atemporal *La práctica de la presencia de Dios,* comenzó a conversar abierta y francamente con el Señor. Buscando fortaleza en Cristo más que en su propio carácter, Lorenzo se arrojó enteramente a la misericordia y la gracia de Dios.

Cuando se le presentaba la oportunidad de practicar una virtud, oraba: «Señor, no puedo hacer esto a menos que tú me capacites».

Y cuando fallaba, se apresuraba a reconocer: «Nunca lo lograré si me dejas solo; eres tú quien debe impedir mi caída y reparar lo que está mal».

Después de eso, escribe su biógrafo, el Hermano Lorenzo «no se inquietaba más por ello».[6]

¿Te ministran esas palabras tanto como a mí? Pensar que podemos tener una relación tan íntima con el Todopoderoso que ya no tengamos que encubrir nuestras faltas o negar nuestra necesidad de Él; bueno, eso me bendice. Después de todo, una verdadera relación debe basarse en la honestidad. La única manera de experimentar un cambio duradero es estar dispuestos a presentarnos desnudos y necesitados ante nuestro Padre celestial. Honestos y audaces en nuestras peticiones. Anhelando su toque transformador, pero seguros en su amor inquebrantable.

Podemos hacerlo porque tenemos un Salvador que comprende que estamos atrapados en un cuerpo humano lleno de contradicciones. Deseando a Dios un minuto y perseguimos al mundo al siguiente. Anhelando la santidad, pero conformándonos por compromiso. Hambrientos de lo divino, pero también dispuestos a cambiarlo por un tazón de sopa rancia y una siesta a la sombra.

Aquí está la mejor noticia de todas: Jesús no solo comprende nuestras debilidades, sino que tiene el poder y el conocimiento para ayudarnos a cambiar.

Sin embargo, déjame advertirte. El proceso de transformación no es tan pasivo como esa afirmación lo hace parecer. En lugar de simplemente decir una palabra y cambiar instantáneamente nuestra vida, Dios nos pide que seamos sus socios en nuestra propia transformación.

Me gusta cómo la autora Andrea Wells Miller describe este proceso. Con demasiada frecuencia, dice ella, cuando se enfrenta al desafío de cambiar:

> Me acuesto espiritualmente en la mesa de operaciones, tomo la
> máscara de anestesia y me preparo para la cirugía y la curación
> que seguirá, diciendo:
> —Está bien, Señor, aquí estoy... rendida y quieta,
> moldéame y hazme según tu voluntad.
> Es como si el Señor dijera:
> —Primero, cruza los brazos sobre el pecho.
> —¡Excelente! —respondo.
> Luego dice:
> —Ahora, siéntate y vuelve a recostarte cien veces.

«¡Eso *no* era lo que tenía en mente!», concluye Miller.[7] Aunque es lo que Dios tenía en mente cuando nos creó. El Señor sabe que necesitamos el proceso tanto como el producto. Porque Dios no solo busca nuestra santidad. Él también quiere que seamos completamente suyos.

Cuidado: tenemos un enemigo que quiere frustrar la obra de Dios en todas las formas posibles.

¿A SALVO, PERO NO UN TOTAL CAMBIO?

Debido a que Satanás odia tanto a Dios, odia a los hijos de Dios. Así que su pasatiempo favorito es susurrarnos mentiras. Mentiras que nos dicen que somos suficientes por nosotros mismos... o que Dios nunca podría amarnos.

Y —la peor mentira de todas— la insinuación de que nuestra transformación es solo un cuento de hadas.

Herramientas para la transformación

Dios ha usado muchas prácticas y experiencias para moldear mi vida. Descubrí que practicar estas seis disciplinas con regularidad me han ayudado a crecer y a ser más como Cristo. Te las recomiendo todas. (Para obtener más información sobre estas herramientas, consulta los apéndices al final del libro).

Establece un tiempo de quietud. Reservar un tiempo y un lugar fijo para escuchar a Dios realmente ha transformado mi vida. Al sentarme en silencio con Él, leer mi Biblia y otros materiales devocionales, escribir en mi diario y orar, Él me guía por el camino que debo seguir (Ver Apéndice C).

Memoriza las Escrituras. Cuando tengo dificultades en cierta área, descubrí que memorizar versículos sobre ese tema es especialmente útil. Guardar la Palabra de Dios en mi corazón cambia mi forma de pensar y acumula provisión espiritual para necesidades futuras (Ver Apéndice E).

Escucha a otros. Estoy agradecida por la sabiduría que obtengo de libros, prédicas, estudios bíblicos y amigos piadosos, mentores fieles que proclaman: «Este es el camino; síguelo» (Isaías 30:21).

Lleva una bitácora del viaje. No me basta con ver mi rostro en el espejo de la Palabra de Dios; debo responder con obediencia. He descubierto que llevar un diario con regularidad —registro de mis pensamientos y de lo que percibo que el Señor me está diciendo—me recuerda la fidelidad de Dios y me mantiene responsable. (Ver Apéndice D)

Reúnete con el Cuerpo. Aprovecho cada oportunidad para reunirme con el pueblo de Dios: grupos de oración, servicios religiosos, retiros y conferencias. Cuando dos o más se reúnen, Dios está ahí y somos transformados.

Lleva tu ego al altar. Responder a Dios yendo al altar ha cambiado mi vida. En casa o en la iglesia, doblar mis rodillas y rendir mi corazón afianzan mi compromiso de obedecer lo que Él está hablándome.

Entonces el Espíritu del Señor vendrá sobre ti con poder,
y tú profetizarás con ellos y serás una nueva persona

1 SAMUEL 10:6

Porque a Satanás le encanta tergiversar nuestra historia de salvación e insistir en que, aunque por un momento nuestras calabazas se hayan convertido en carruajes y nuestros harapos en vestidos relucientes, ha llegado la medianoche y es hora de que enfrentemos la realidad. Insiste en que no somos más que Cenicientas descalzas, niñas mendigas que intentan encontrar el camino de regreso a casa, sin un «felices para siempre» que cierre nuestra historia y sin un príncipe encantador a quien llamar nuestro. Que, por más que deseemos, esperemos y soñemos, nunca experimentaremos un cambio duradero. Al menos no aquí en esta tierra.

Nada podría estar más lejos de la verdad. Sin embargo, eso no cambia que muchos de nosotros vivimos más como mendigos que como parte de la realeza. Como esclavos en lugar de hijos del Rey.

Recientemente leí una estadística inquietante. El investigador George H. Gallup Jr. informó en su encuesta de 2004 que, si bien el 42 % de los estadounidenses afirma ser cristianos nacidos de nuevo, solo el 10 % puede señalar un encuentro transformador con Cristo.[8]

En otras palabras, nueve de cada diez cristianos informan que, aunque vayan al cielo, nada ha cambiado mucho para ellos aquí en la tierra. Es posible que hayan obtenido una póliza de seguro contra el fuego eterno, pero no han experimentado el cambio de vida que Cristo vino a darnos. Y aunque de vez en cuando disfruten de cierta calidez espiritual, no pueden señalar ninguna restauración evidente en su vida.

Si esa estadística es verdad, se me rompe el corazón y no puedo más que imaginar lo que impacta el corazón de Dios. Mis ojos se llenan de lágrimas solo de pensar que Cristo nos dio tanto para que experimentemos tan poco.

Solo puedo orar para que esta estadística sea incorrecta, producto de la confusión de quien redactó la pregunta. O será que, de alguna manera, Satanás ha cegado a las personas para que no puedan ver los cambios que el Espíritu ha hecho en su vida.

Sé que eso pasó conmigo.

Debido a mi perfeccionismo y a que mis fallas eran más frecuentes que mis éxitos, asumí que una de las dos cosas debía ser verdad: yo era una escoria miserable, indigna del amor de Dios e incapaz de cambiar, o la verdadera victoria sobre el pecado en este mundo era imposible, así que tendría que aguantar hasta el final y esperar que lo bueno en mi vida pesara más que lo malo.

Si George Gallup hubiera venido a mi casa en aquel entonces y me hubiera encuestado, estoy segura de que me habría incluido entre el 90 % de cristianos nacidos de nuevo que afirman no haber experimentado un cambio significativo en su vida desde que conocieron a Cristo. La distorsión de las buenas nuevas por parte del enemigo me había convencido de pintar toda mi vida con un brochazo negro. Me convenció de que cualquier cosa buena y santa que Dios pudiera estar haciendo en mi vida no contaba porque yo no estaba a la altura de los estándares de santidad que me había impuesto.

En otras palabras, como no era *tan* buena, asumí que no servía para nada. No es de extrañar que mamá me advirtiera que no hablara con extraños.

Desafortunadamente, siempre hay una pizca de verdad en cada una de las mentiras de Satanás. Es cierto que muchos de nosotros no vivimos como Cristo nos llamó a vivir. Las estadísticas revelan que gran parte del Cuerpo de Cristo en nuestra cultura prefiere la autocomplacencia y no la verdadera transformación; la comodidad y no el carácter; la ignorancia y no la fe.

El encuestador George Barna reporta que el 54 % de los adultos piensa que una buena persona puede ganarse un lugar en el cielo. Un tercio de los cristianos nacidos de nuevo cree que las personas pueden obtener la salvación a través de una ruta distinta a la de Jesús.[9] Y Gallup afirma que nos hemos vuelto tan analfabetos bíblicamente que casi la mitad de los cristianos no saben quién pronunció el Sermón del Monte.[10]

No es de extrañar que estemos experimentando un cristianismo sin poder. Con demasiada frecuencia hemos destronado a Dios y nos hemos puesto en su lugar. Hemos desechado la cruz así como los mandatos de las Escrituras. Al hacerlo, hemos puesto obstáculos significativos a nuestro cambio verdadero, duradero y generador de gozo. Como iglesia y como individuos, hemos elegido el estancamiento en lugar de la transformación, entonces, nuestros hogares y vidas sufren por nuestras decisiones.

Sin embargo, creo que se está produciendo un despertar. Hay hambre de la Palabra de Dios y de su presencia en todo el mundo. Los estudios bíblicos en las iglesias y los grupos en casa están surgiendo a medida que la gente busca la verdad. La adoración está explotando en todas las denominaciones a medida que Dios conmueve el corazón de su pueblo.

Porque en su misericordia, nuestro Padre celestial no nos abandona a nuestra suerte. Nos atrae con amor. Con los brazos abiertos, Él nos llama amorosamente, porque quiere un pueblo al que pueda llamar suyo.

Debemos acercarnos a Él y disponernos a que nos transforme.

Lo que nos mueve, una vez más, a desarrollar un espíritu con el de María.

«Cámbiame, Señor»

Dios fue bueno al poner un libro importante en mis manos al principio de mi vida adulta. Todos los miércoles por la mañana en Libby, Montana, la abuela Rayson reunía a un grupo de mujeres atrás del santuario de la iglesia para estudiar la Biblia.

Una alegre mujer de cabello canoso nos hacía reír y luego llorar mientras avanzábamos en la lección de ese día. Fue en este estudio que leí por primera vez el maravilloso libro de Evelyn Christenson, *¡Señor, Cámbiame!*

Como una joven de 19 años recién casada y esposa de un pastor de jóvenes, necesitaba desesperadamente ese estudio porque enfrentaba una lucha interna. Frustrada en la profunda necesidad de tener éxito en todos los niveles, mi Marta, impulsada por el rendimiento, iba a toda velocidad. Y todo lo que mi fariseo interior podía ver era dónde los *demás* necesitaban cambiar.

Si tan solo mi esposo fuera así...

Si los jóvenes tan solo respondieran de esa manera...

Si tan solo... si tan solo...

Al leer el libro de Evelyn, me vi reflejada. Ella también tenía mucha pasión y visión. Como Marta y yo, ella solía pensar que su manera era la correcta, y esta suposición a menudo la metía en problemas. A través de una serie de circunstancias humillantes, Dios puso a Evelyn de rodillas en más de una manera. Su libro relata los cambios en su corazón y en su vida cuando eligió adoptar un espíritu como el de María, al recibir la represión del Señor en vez de resistirla.

«He descubierto a lo largo de los años», escribe Evelyn, «que suceden cosas sorprendentes cuando oro: "Señor, cámbiame; no cambies a mi marido, no cambies a mis hijos, no cambies a mi pastor, ¡cámbiame *a mí*!"».[11]

Ay, Padre, pensé cuando leí ese párrafo, *eso es lo que necesito.* Y así, la oración de toda la vida de Evelyn Christenson se convirtió en la mía:

«¡Señor, cámbiame!

Hagas lo que hagas, no me dejes igual.

Hazme como tú».

LA GRAN TRANSFORMACIÓN

Si bien Dios ha respondido fielmente a mi oración pidiendo transformación, casi nunca sucedió como yo quería.

Definitivamente no como lo planeé.

Desearía decirte lo maravillosa que soy ahora. Qué ordenada y perfecta me he vuelto a los treinta. Cómo casi nunca me enojo y rara vez peco, pero si hiciera eso, temo que mi familia —¡sin mencionar mi iglesia!— podría demandarme por declaración falsa y «exageración de carácter».

Ahora, catorce años después de mi fecha prevista, desearía decirte que mi lucha contra el pecado ha sido fácil y relativamente completada. Tampoco puedo decirte eso.

Además, decir que no he cambiado también sería mentira.

Lo cierto es que estoy siendo transformada.

Pueda verlo o no, mi transformación divina está en marcha.

Y aunque a veces desearía resultados más rápidos, estoy realmente agradecida de que Dios no irrumpa y realice una cirugía radical en mi carácter. En cambio, el Señor me conoce tanto, tan íntimamente, que me lleva al ritmo que puedo seguir. Él me nutre, me desafía, edifica mi fuerza y mi entendimiento. Luego, cuando estoy más dispuesta y preparada para responder con arrepentimiento, mi amoroso Salvador revela un área de pecado en mi vida y me muestra exactamente lo que necesito cambiar. Él sabe que estaría completamente perdida si Él revelara todos mis pecados de una vez.

Como alguien que pela una cebolla, el Señor revela una capa de pecado en mi vida a la vez. Él expone sutilmente mis fallas, mis prejuicios y mi orgullo. Luego me invita a arrepentirme y alejarme de mi inclinación destructiva. Me motiva para que aproveche su gracia y los nuevos caminos de vida que me muestra.

Luego, paso a paso, me ayuda para que avance en el proceso de convertirme en lo que estoy destinada a ser.

Sigo adelante

Con el paso de los años, el apóstol Pablo se ha convertido en uno de mis mejores amigos. No solo se identifica con mis luchas, sino que expresa con palabras la frustración y el regocijo que he experimentado en mi caminar con Dios. Inspirado por el Espíritu Santo, Pablo me señala lo que no soy, pero también se apresura a decirme lo que podría llegar a ser y cómo puedo lograrlo.

«No es que ya lo haya conseguido todo o que ya sea perfecto», escribe Pablo en Filipenses 3:12-14, «Sin embargo, sigo adelante esperando alcanzar aquello para lo cual Cristo Jesús me alcanzó a mí. Hermanos, no pienso que yo mismo lo haya logrado ya. Más bien, una cosa hago: olvidando lo que queda atrás y esforzándome por alcanzar lo que está delante, sigo avanzando hacia la meta para ganar el premio que Dios ofrece mediante su llamamiento celestial en Cristo Jesús».

«Sigo adelante». Esas palabras resuenan en mi corazón, dándome consuelo y valor. No, no he logrado todos mis objetivos. Todavía no soy perfecta. Todavía soy una farisea en recuperación en muchos aspectos, aún más deseosa de blanquear el exterior de mi vida que de hacer el arduo trabajo de cooperar con la renovación interior de Dios. En lugar de ceder a la condena del enemigo por mis defectos, estoy decidida a «alcanzar aquello para lo cual Cristo Jesús me alcanzó a mí».

Mi más profundo temor es despertar dentro de veinte años siendo la misma mujer que soy ahora. Con los mismos hábitos fastidiosos y actitudes mezquinas; con los mismos pecados y falsas creencias que me asedian. No puedo imaginar nada más terrible que llegar al final de mi vida solo para descubrir que Dios tenía mucho más en mente para mí: más libertad, más alegría, más paz, más eficacia de la buena. Y que me lo perdí todo, simplemente porque me negué a cambiar.

Así que sigo adelante y espero que tú también lo hagas. Créeme, querida hermana, podemos confiar en Dios. Si permitimos que la luz del cielo brille en los rincones oscuros de nuestra alma, Dios limpiará las viejas capas de cal de nuestra tumba. Él eliminará esos depósitos de orgullo fariseo y de impulsividad al estilo Marta. Por el poder de Su Espíritu Santo, nos transformará de gloria en gloria (2 Corintios 3:18).

Hasta que un día, para nuestra sorpresa, nos despertaremos y nos daremos cuenta de que nos parecemos a... ¡Jesús!

No digo que será fácil. O que se logrará completamente aquí en la Tierra. Incluso con Dios haciendo el trabajo duro, tendremos que cooperar. Tendremos que cambiar y el cambio duele.

Puedo prometerte esto: duele de una buena manera.

3

Hermanas retorcidas

Por lo tanto, si alguno está en Cristo, es una nueva creación.
¡Lo viejo ha pasado, ha llegado ya lo nuevo!
2 Corintios 5:17

Es impactante, te lo digo.

No tenía idea de que ella vivía dentro de mí. Para una chica cristiana muy agradable y excepcionalmente dulce —bueno, a veces— como yo, tener gente como ella no solo como vecina sino como verdadera compañera de cuarto, bueno, el descubrimiento fue casi más de lo que podía soportar. Intenté negarlo, fingir que ella no vivía conmigo. Justifiqué su ropa sucia y los platos sucios que dejaba en el fregadero, pero fue inútil. Ni siquiera yo estaba convencida. Finalmente, decidí enfrentarla.

—Tienes que irte— le dije. Aunque ella simplemente ignoraba mis esfuerzos por desalojarla. Así que la reprendí, esperando que cambiara sus despreciables hábitos. Cuando eso no funcionó, recurrí a llorar y suplicar. Después me enojé, pero ella parecía completamente indiferente. De hecho, parecía disfrutar de mi angustia y de cómo la expresaba con berrinches.

Finalmente, tuve que enfrentar la realidad. Aunque lo había oído decir y lo había leído en la Biblia, la verdad de mi situación me golpeó por primera vez.

Pablo tenía razón: «En mí… nada bueno habita» (Romanos 7:18).

LO QUE REALMENTE SOMOS

Mi hermana, Linda, lo supo desde el principio. Estábamos en medio de una de nuestras peleas de adolescentes cuando ella sacó su arma secreta, la única cosa que podía ponerme de rodillas.

—Todos piensan que eres tan maravillosa —se burló, entrecerrando sus ojos azules y con su pequeña nariz respingada retorciéndose por el esfuerzo—. Si tan solo supieran cómo eres realmente…

¡Bam, pum, pam! Fue un golpe devastador directo a la mandíbula. Pronunció las palabras lentamente, asegurándose de que cada una encontrara un lugar en mí. Y vaya que lo hicieron. Aún hoy puedo escuchar el eco de cada una.

Mi hermana me había descubierto. Sabía que ella tenía razón. La forma en que yo vivía en casa no siempre coincidía con mi personalidad en la iglesia y en público.

Crúzate en mi camino en la iglesia y haré lo mejor que pueda para ser amable.

Crúzate en mi camino en casa… ¡y cuidado! (Sí, habría una cruz, pero no sería yo quien estuviera en ella). Ignórame o insúltame en la escuela y trataría de devolver bien por mal. Si me dejaras fuera o descuidaras mis necesidades en casa, me convertiría en una reina del drama ganadora del premio Emmy. Me quejaría. Me lamentaría. Conspiraría. Lucharía por mis derechos. Insistiría para que todos se alinearan con mi agenda.

Nadie sabe los problemas que he tenido… quiero decir, ¡visto!

No es que quisiera ser hipócrita. Tampoco me propuse engañar deliberadamente. Solo me resultaba muy difícil alinear lo que sabía que debía ser con lo que realmente era. Mi corazón estaba de acuerdo con la ley de Dios, pero otras partes de mí parecían manifestarse en rebeldía. Cuando llegaba a casa, con las personas que sabía que me amarían y me aceptarían tal como soy, tendía a derrumbarme por el esfuerzo de tratar de ser una persona piadosa: *Nadie es perfecto. La presión es demasiada. ¿Por qué siquiera intentarlo?*

Todo lo que podía hacer era orar para que el mundo exterior nunca descubriera cómo era yo realmente. Porque no estaba segura de que podría ser diferente.

Nunca olvidaré el alivio que sentí cuando una noche estudiamos Romanos 7 en un grupo de jóvenes.

Realmente no me entiendo a mí mismo, porque quiero hacer lo que es correcto, pero no lo hago. En cambio, hago lo que odio. Si yo sé que lo que hago está mal, eso demuestra que estoy de acuerdo con que la ley es buena. Entonces no soy yo el que hace lo que está mal, sino el pecado que vive en mí.

Yo sé que en mí, es decir, en mi naturaleza pecaminosa no existe nada bueno. Quiero hacer lo que es correcto, pero no puedo. Quiero hacer lo que es bueno, pero no lo hago. No quiero hacer lo que está mal, pero igual lo hago. Ahora, si hago lo que no quiero hacer, realmente no soy yo el que hace lo que está mal, sino el pecado que vive en mí.

He descubierto el siguiente principio de vida: que cuando quiero hacer lo que es correcto, no puedo evitar hacer lo que está mal. Amo la ley de Dios con todo mi corazón, pero hay otro poder dentro de mí que está en guerra con mi mente. Ese poder me esclaviza al pecado que todavía está dentro de mí. ¡Soy un pobre desgraciado! ¿Quién me libertará de esta vida dominada por el pecado y la muerte? (Romanos 7:15-24, NTV)

¡Por fin! Alguien había puesto en palabras la miserable lucha que había sentido en mi corazón durante tanto tiempo. Era como si dos personas vivieran dentro de mí: una mala y otra buena. Y ambas reclamaban mi atención, mi cooperación, en un tira y afloja infame, cuyo resultado parecía extrañamente una cuestión de vida o muerte, porque, por supuesto, lo era.

Me he dado cuenta de que Satanás no está tan decepcionado por prescindir de mí en su reino, sino más bien que está decidido a impedir que yo sea eficaz en el reino de Dios. Si Satanás no puede hacer que me aleje de la gracia de Dios, hará todo lo posible para impedir que la abrace. Él quiere que yo —y que tú— estemos tan preocupados por lo que no somos que nunca nos demos cuenta de todo lo que Dios es. Nuestro enemigo quiere mantenernos tan consumidos por nuestras deficiencias que nunca lleguemos a apropiarnos del amor y el poder transformador que Dios ha puesto a nuestra disposición a través de su Hijo.

Y, en realidad, cuando ves toda la evidencia, Satanás tiene razón. Debido a la caída, todas nosotras somos hermanas retorcidas. Indignas de salvación. Candidatas improbables para todo menos para la destrucción. La única respuesta apropiada que nosotras, como Pablo, podemos dar a nuestras circunstancias es un grito angustiado: «¡Soy un pobre desgraciado!» (Romanos 7:24 NTV).

Luego Pablo continúa. «¡Gracias a Dios!», escribe en el versículo 25. «La respuesta está en Jesucristo nuestro Señor».

¡Guau! ¡Amén, hermana! Me encanta un final feliz.

El problema es que Pablo no termina el versículo ahí. En cambio, reitera que, aunque en nuestro corazón y mente queremos obedecer las leyes de Dios, nuestra «naturaleza pecaminosa» nos hace esclavos del pecado.

¡Espera un momento! Volvamos a la parte de la victoria en Jesús. Pensé que éramos nuevas criaturas cuando fuimos salvos. Bueno, sí, lo somos. Pensé que lo viejo había desaparecido y había llegado lo nuevo (2 Corintios 5:17). Sí, así fue. Pensé que habíamos firmado un contrato para una transformación divina. Y sí, lo hicimos.

Aunque la «Mujer Carnal» que vive en nosotras aún no lo sabe.

Rienda suelta a Twanda

Ya sea que lo reconozcamos o no, todas tenemos un poco de Dra. Jekyll y Sra. Hyde en nuestro interior. No importa cuán dulces y dóciles podamos parecer, todas sentimos la influencia de esa Mujer Carnal, la nefasta compañera de cuarto de la que ya les hablé. Porque ella vive dentro de todas nosotras. Es esa versión tuya contradictoria, rebelde e increíblemente egocéntrica que aparece cuando las cosas no salen como las planeaste y la vida te parece habitualmente injusta.

Debo advertirte, sin embargo, que en la superficie ella no siempre parece tan mala. En lugar de vestir de cuero y tatuajes, mi Mujer Carnal prefiere encajes y cabello cuidadosamente peinado. Hace todo lo posible para ser respetable porque se alimenta de los elogios y aplausos de la gente.

Verás, Mujer Carnal no necesita callejones oscuros y bares llenos de humo para hacer lo peor. Estoy descubriendo que puede florecer más en un ambiente religioso, cuidadosamente disfrazada con ropas de «dama de iglesia».

Ya sabes a qué tipo de vestimenta me refiero. La actitud crítica que llamamos discernimiento. La indignación santa que utilizamos para justificar nuestra ira no tan santa. Los halagos que decimos para asegurar puestos codiciados. La falsa humildad con la que nos revestimos esperando en secreto ser admiradas.

Desafortunadamente, rara vez nos detenemos a preguntarnos si lo que estamos haciendo está mal, porque se siente tan bien. Y así es como la Mujer Carnal quiere que sea. Porque si le quitaras la máscara, sabrías lo que realmente está tramando. Su principal objetivo no es tu beneficio, sino empoderarse. Aunque ella nunca lo admitiría, está decidida a hacer lo que sea necesario para seguir controlando tu vida.

Marta sintió su audaz presencia ese día ajetreado en Betania mientras trabajaba y su hermana jugaba.

María sintió su abrazo oscuro el día que su hermano murió y Jesús no llegó.

Y yo... bueno, he sentido la influencia de Mujer Carnal más veces de las que quisiera recordar. Solo ponme en una situación donde me sienta tratada injustamente, olvidada o excluida, y me escucharás defendiéndome. Una y otra y otra vez. Porque nada saca más a relucir lo peor de mí que la injusticia.

Descripción de Mujer Carnal

La primera regla de la guerra es conocer a tu enemigo. Los famosos «*Rasgos de la mente carnal*» de E. E. Shelhamer pueden ayudarte a identificar a Mujer Carnal dentro de ti para que puedas comenzar a poner fin a sus malvados designios. Éstos son algunos de los reveladores signos:

1. **Un espíritu orgulloso.** ¿Tienes un sentimiento de exaltación debido al éxito o a tu posición, a tu buena formación o apariencia, o a tus dones y habilidades naturales? ¿Muestras un espíritu imponente e independiente? ¿Tienes tendencia a casarte con tu propia opinión?

2. **Amor por el elogio.** ¿Tienes una secreta afición por llamar la atención? ¿Llamas la atención sobre ti misma en una conversación? ¿Tu ego crece cuando tienes la oportunidad de hablar o de orar ante los demás?

3. **Temperamento irritable.** ¿Encubres la irritabilidad o la impaciencia llamándolas nerviosismo o santa indignación? ¿Tienes un espíritu susceptible, una tendencia a resentirte y tomar represalias cuando se te reprocha o contradice? ¿Lanzas palabras afiladas a los demás?

4. **Actitud voluntariosa.** ¿Muestras un espíritu testarudo e indómito? ¿Te gusta discutir? ¿Eres dura, sarcástica, impulsiva o exigente? ¿Pareces inflexible? ¿Tiendes a criticar y señalar defectos cuando te ignoran o las decisiones no son a tu favor? ¿Te encanta que te rueguen y te complazcan?

5. **Corazón temeroso.** ¿El miedo a lo que piensan los demás te aleja del deber o compromete tus principios? ¿Tienes miedo de que tu compromiso con la rectitud haga que alguna persona prominente piense mal de ti?

Al menos no he destruido un Volkswagen descapotable con mi sedán como lo hizo el personaje de Kathy Bates en la película *Tomates Verdes Fritos*.

---

6. **Mente celosa.** ¿Escondes un espíritu de envidia en tu corazón? ¿Albergas una sensación desagradable frente a la prosperidad y el éxito de otro? Cuando alguien es más talentoso o apreciado que tú, ¿te sientes tentada a hablar de sus defectos y no de sus virtudes?

7. **Disposición deshonesta.** ¿Evitas o encubres la verdad? ¿Escondes o minimizas tus verdaderos defectos e intentas dejar una mejor impresión de ti misma de la que es estrictamente cierta? ¿Muestras falsa humildad o exageración, forzando la verdad? ¿Muestras una cara a una persona y la opuesta a otra?

8. **Falta de fe.** ¿Te desanimas fácilmente en tiempos de presión y oposición? ¿Te falta una serena y firme confianza en Dios? ¿Te preocupas y te quejas en medio del dolor, la pobreza o las pruebas que Dios permite? ¿Estás demasiado ansiosa sobre si las situaciones saldrán bien?

9. **Ojo desviado.** ¿Tienes excitaciones lujuriosas, mostrando afecto y familiaridad indebidos hacia personas del sexo opuesto? ¿Te comportas mal sexualmente y te sumerges en fantasías románticas?

10. **Muerte espiritual.** ¿Eres complaciente con los perdidos? ¿Tu relación con Dios se caracteriza por la sequedad y la indiferencia? ¿A tu vida le falta poder espiritual? ¿Te encuentras regularmente con Dios?

11. **Amor al yo.** ¿Satisfaces tus apetitos y anhelas repetidamente un placer de corta duración? ¿Tus alegrías y tristezas fluctúan en torno a tus intereses personales? ¿Anhelas dinero y posesiones terrenales?[1]

Examíname, oh Dios, y conoce mi corazón (...) Fíjate si voy por un camino que te ofende y guíame por el camino eterno.

SALMO 139:23-24

Después de que un par de mocosas y arrogantes muñecas Barbie le robaran su espacio de estacionamiento y le gritaran: «Acéptelo, señora. Somos más jóvenes y rápidas», Bates decide tomar cartas en el asunto con sus propias manos. Cansada de que la ignore su marido, obsesionado con los deportes, y de ser relegada por la vida, decide despertar lo que ella llama la «Mujer Amazona Twanda» que lleva dentro. Así se defiende y toma el control.

Bueno, ella toma el control después de chocar repetidamente la parte trasera del Volkswagen y alejarse mientras le dice a las molestas Barbies: «Acéptenlo, chicas, soy mayor y mi seguro es más completo».[2]

La película tocó una fibra sensible en las mujeres de todo el mundo, obtuvo muchos premios y se convirtió en un éxito de taquilla. El problema es que solo fue una película. El personaje de Kathy Bates nunca tuvo que enfrentar las dolorosas consecuencias de desatar a Twanda en el mundo. ¿Cómo puedes desactivar esa actitud egoísta de «lo conseguiré cueste lo que cueste» una vez que la hayas liberado? ¿Cómo manejas la culpa, las relaciones destrozadas y la constante frustración cuando los berrinches no resuelven nada? ¿Y qué haces con la realidad de que la Twanda que llevas dentro tiene muy poco interés en seguir a Dios o a cualquier otra persona?

Lo que el personaje de Kathy Bates llama «Twanda», la Biblia lo llama «carne», y las Escrituras dejan claro que la Mujer Carnal que hay en cada una de nosotras se opone enérgicamente al tipo de transformación que Dios quiere.

La mayoría estamos acostumbradas a pensar en la *carne* ya sea como nuestra parte física o los placeres no saludables como el sexo ilícito o comer en exceso. La palabra traducida como *carne* en la Biblia —*sarx*— es mucho más amplia. Según mi diccionario griego en línea: «denota la mera naturaleza humana, la naturaleza terrenal de hombres y mujeres apartada de la influencia divina, propensa al pecado y opuesta a Dios».[3] La Nueva Versión Internacional de Romanos 7 lo traduce como «pasiones pecaminosas», mientras que la versión Reina

Valera 1960 se refiere vívidamente al «cuerpo de muerte». El *Diccionario expositivo* de Vine conecta el término *sarx* o *carne* con varias cosas, incluido «el elemento más débil de la naturaleza humana» y «la base del pecado en el hombre». Me gusta otra de las definiciones de Vine: «La parte inferior y *temporal* en el cristiano»[4] (el énfasis es mío).

¡Qué alivio! Puede que tenga dificultades con mi Twanda carnal aquí en la tierra, pero ella es temporal. Puede que pierda algunas batallas con mi baja naturaleza, ¡pero no lo haré para siempre! Y aquí está el truco: no solo seré libre de este «cuerpo de muerte» un día cuando llegue al cielo, sino que también podré tener la satisfacción de vencer a la Mujer Carnal hoy.

Justo aquí.

Justo ahora.

Porque Pablo tenía razón. La respuesta a nuestro obstinado problema de la Mujer Carnal realmente está en Jesucristo nuestro Señor.

LUCHA LIBRE DE VERDAD

A mi abuela Nora le encantaba la lucha libre *All-Star*. No me refiero a la respetable lucha grecorromana que se ve en los Juegos Olímpicos, esa con colchonetas ordenadas, cascos de seguridad y reglas claras. No, a la abuela le encantaba la cursi variedad del sábado por la tarde. Las luchas con máscaras coloridas, peinados salvajes, maquillaje improvisado y boas de plumas. Sin reglas reales. Y sin restricciones. O eso creíamos.

Nuestro luchador favorito era un enorme afroamericano llamado Rufus, quien no necesitaba capa ni máscara. No alardeaba ni gritaba como los otros luchadores sobre lo fenomenal que era; no proclamaba que era la peor pesadilla de su oponente. Simplemente sonreía mucho, porque tenía algo que ellos no tenían. Rufus tenía su barriga.

Cada sábado por la tarde, cuando parecía seguro que nuestro viejo amigo Rufus finalmente había encontrado su rival, cuando algún maníaco de ojos malvados y cabello revuelto le hacía una llave Nelson de cabeza que lo inmovilizaba, Rufus simplemente sonreía a la cámara. Luego empezaba a mover su barriga. Al principio comenzaba lentamente, pero el impulso se iba acumulando hasta que su gran montículo de estómago se sacudía tan violentamente que no solo derribaba a su competidor, sino que lanzaba al pobre sujeto al suelo.

Cada vez que esto sucedía, gritábamos y aplaudíamos con frenesí. Y todos los sábados por la tarde, como si pudiera oírnos, Rufus se giraba y nos regalaba una sonrisa aún más grande frente a la cámara. Luego saltaba por los aires y —como en cámara lenta— caía con un estruendoso golpe sobre el aturdido hombre enmascarado casi en coma, quien yacía indefenso en la lona.

Pasaron años antes de que finalmente aceptara que todos esos movimientos eran ensayados y los resultados predeterminados. Y aunque no recomendaría la lucha libre *All-Star* a nadie, aprendí algo valioso al verla durante tanto tiempo. Especialmente de la lucha en equipo que a mi hermana Linda y a mí nos encantaba practicar con el buen deportista al que llamamos «papá».

Todas las noches, después de cenar, nuestro padre se arrodillaba y una de nosotras se encontraba con él en nuestro ring imaginario. La pelea comenzaba, pero no importaba cuánto lo intentáramos, papá siempre se salía con la suya.

Inmovilizada y casi fuera de combate, la hermana a punto de perder estiraba un brazo todo lo que podía hacia la hermana que estaba fuera del ring hasta que finalmente nuestros dedos se encontraban y el rescate se acercaba. Con un gran salto al ring, la otra hermana se unía a la pelea, golpeando el cuerpo de nuestro competidor y dejándolo indefenso. Mientras una hermana lo inmovilizaba contra el suelo, la otra golpeaba el suelo con la mano: ¡uno, dos, tres!

Papá estaba fuera de combate. Estaba acabado. Una vez más, éramos las vencedoras. Por supuesto, nuestras peleas en equipo después de la cena eran tan falsas como las que veíamos por televisión, pero la lucha de vida o muerte que libramos contra la Mujer Carnal todos los días... bueno, no tiene nada de falso ni de ensayado. Todos tenemos momentos donde nos sentimos abrumados y dominados por nuestra naturaleza inferior y pecaminosa, atrapados en las asfixiantes manos de los malos hábitos, y aturdidos por la llave Nelson que nos aplican los vicios ocultos. Por nuestra cuenta, tenemos pocas posibilidades de ganar.

Entonces, ¿no te alegra que tengamos al mejor compañero de equipo?

Justo cuando pensamos que no podemos lograrlo, justo cuando nos sentimos indefensos y atrapados por algún pecado o riesgo, el Señor nos dice desde fuera del ring: «¿Puedo darte una mano?».

No tenemos que retorcernos y luchar para encontrarlo; simplemente debemos admitir nuestra necesidad. Cuando se lo pedimos, Jesús viene, y entonces se desata el infierno. Literalmente. El sentimiento de desesperanza, impotencia y parálisis desaparece cuando vemos al Rey del universo acudir en nuestro auxilio para rescatarnos de nuestro más feroz competidor, nuestro más peligroso adversario.

Nosotros mismos.

Debemos invitarlo. Debemos llamarlo al cuadrilátero. Definitivamente es el punto de partida. Pero obtener la ayuda que necesitamos es un poco más complicado que simplemente pedirla. Porque si nuestra esperanza es tener una victoria real sobre la Mujer Carnal, debemos darle a Jesús el derecho de gobernar nuestra vida.

¿QUIÉN ESTÁ EN EL TRONO?

El libro de Ray Stedman *Authentic Christianity* [5] me ha ayudado a comprender la lucha entre mi carne y mis mejores intenciones, y por qué, aunque realmente soy una nueva criatura en Cristo, una guerra continua todavía parece hacer estragos «en los miembros de mi cuerpo», como lo expresa Pablo en la versión Reina Valera 1960 de Romanos 7:23.

Verás, Dios nos creó a cada uno como una persona compuesta de tres partes: cuerpo, alma y espíritu. El *cuerpo* es la parte física, la más externa de nosotros, la habitación de piel y huesos en la que vivimos y que hace contacto con el mundo que nos rodea. El *alma* es nuestra persona interior: pensamientos, emociones y voluntad. Es la parte de nosotros que razona, siente y toma decisiones, que nos permite conocer y amar a Dios de una manera práctica.

No obstante, nuestra parte más interna, nuestro *espíritu,* solo se despierta con la salvación. Muerto a causa del pecado y la caída del hombre, el espíritu es el lugar escondido donde el Espíritu Santo reside cuando invitamos a Cristo a nuestra vida. Cuando el Espíritu viene, abre las persianas que han oscurecido nuestro entendimiento espiritual y enciende las luces, llenándonos de la presencia de Dios, de su resplandeciente gozo y paz. En ese preciso momento, en nuestro espíritu, nos convertimos en criaturas completamente nuevas en Cristo y comprendemos la verdad como nunca. Así comienza nuestra transformación divina, es decir, nuestro perfeccionamiento por gracia.[6]

Estas tres áreas básicas de nuestra vida, aunque están estrechamente conectadas, operan más o menos de forma independiente. Especialmente en términos de quién está a cargo. Hasta que llegamos a Cristo, la Mujer Carnal ocupa el trono del cuerpo y del alma. Recuerda que la *carne* no se refiere solo a nuestro cuerpo físico, sino también a nuestro yo natural sin cambios por parte de Dios; nuestra naturaleza inferior, contaminada por el pecado.

Incluso después de la salvación, la Mujer Carnal tiende a llevar la voz cantante. Porque, aunque le hemos dado a Cristo pleno dominio sobre nuestro espíritu, Él también debe ser bienvenido en los demás ámbitos de nuestra vida. Los rincones oscuros de nuestro corazón aún necesitan ser evangelizados. Los reinos en nuestra alma aún no han escuchado las buenas nuevas. Y esa transformación multinivel no se produce de golpe.

Aunque nuestro espíritu cobra vida cuando conocemos a Cristo, las otras partes más externas de nosotros al principio permanecen prácticamente sin cambios. Es posible que sintamos los efectos de las buenas nuevas: somos más felices y disfrutamos de una paz y una ligereza que nunca antes habíamos experimentado. Sin embargo, la Mujer Carnal sigue gobernando esas áreas y no está nada contenta con nuestra conversión.

Después de todo, ella ha disfrutado de un poder indiscutible en nuestra vida desde el día en que nacimos. Ella no renunciará a un dominio tan profundamente arraigado sin luchar. Y se resiste en cualquier área donde sea desafiada.

Cuando aceptamos el regalo de la salvación, el Espíritu de Dios penetra nuestro espíritu con la vida de Jesús. Como escribió Ray Stedman: «El alma todavía está bajo el control de la carne y permanece así hasta que el Espíritu invade sucesivamente cada área o relación y establece el señorío de Jesús en su interior».[7] Es importante entender esto: ¡Hay un trono en cada área del alma humana!

El señorío de Jesús debe ganarse en batalla nuevamente en cada área de nuestra vida física, mental y emocional. Esto significa que podemos vivir por el Espíritu en un área (digamos, los devocionales diarios) y aun así estar totalmente controlados por la carne en otra área (por ejemplo, nuestra elección de entretenimiento o patrones de evasión). El proceso de derrocar a la Mujer Carnal en todas estas áreas y hacer de Jesús el Señor de nuestro cuerpo, alma y espíritu puede llevar literalmente toda una vida.

En su poderoso libro *La búsqueda de Dios*, A.W. Tozer describe este proceso de otra manera:

Hay dentro del corazón humano una raíz dura y fibrosa de la vida caída cuya naturaleza es poseer, siempre poseer... La antigua maldición no saldrá sin dolor; el viejo avaro que llevamos dentro... debe ser arrancado de nuestro corazón como una planta del suelo; debe ser extraído en agonía y sangre como un diente de la mandíbula. Debe ser expulsado de nuestra alma con violencia, como Cristo expulsó a los cambistas del templo. Y tendremos que fortalecernos frente a sus lastimeras súplicas y reconocerlas como resultado de la autocompasión, uno de los pecados más condenables del corazón humano.[8]

Esta obra que Tozer y Stedman (y muchos otros cristianos) describen —el proceso de destronar a la Mujer Carne y darle al Espíritu de Dios el derecho de gobernar toda nuestra vida— se llama tradicionalmente santificación («ser santificado»). Aunque *santificación* parece una palabra bastante suave para lo que en realidad es una batalla continua para derrocar la carne y darle a Cristo el trono en cada rincón de nuestra vida.

Es como un combate de lucha libre, agotador e incluso doloroso. Porque si bien Jesús ya hizo la obra cuando murió y resucitó, todavía debemos estar en el ring con Él.

Porque, a fin de cuentas, debemos elegir quién deseamos que gane.

El estira y encoge de la lucha interna

No sucedía muy a menudo, pero de vez en cuando, en la escuela primaria, dos niñas querían jugar conmigo al mismo tiempo. Medio bromeando, medio en serio, ambas comenzaban a tirar de mis brazos, jalándome de un lado y luego del otro.

—¡Ven a jugar *básquetbol*!

—¡No, te necesitamos para jugar *sóftbol*!

Para una niña de diez años que no era buena en deportes y que generalmente era seleccionada en último lugar, ¡era un sueño hecho realidad! Ellas me querían. Había dos cosas que hacer y dos formas de hacerlas, pero no era la fuerza del jaloneo lo que me hacía tomar la decisión. Era el lado al que elegía ceder.

Pablo nos dice que despojar a la Mujer Carnal y vivir victoriosamente sobre el pecado requiere que tomemos diariamente la decisión correcta. «Vivan por el Espíritu, y no sigan los deseos de la carne», nos recuerda el apóstol en Gálatas 5:16. «El que siembra para agradar a su carne, de esa misma carne cosechará destrucción», añade. «El que siembra para agradar al Espíritu, del Espíritu cosechará vida eterna» (Gálatas 6:8).

Con la ayuda del Señor, podemos tener victoria en el constante conflicto entre nuestro espíritu gobernado por Cristo y las áreas de nuestra vida que aún están controladas por nuestra carne, pero la victoria depende de qué lado escojamos.

Cuando John Michael y Jessica eran pequeños, utilicé una analogía que había escuchado para intentar explicares este dilema al que se enfrentan incluso los niños pequeños. «Es como si tuvieras un perro bueno y un perro malo dentro de ti», les expliqué una noche mientras los acostaba después de un día particularmente difícil. «El perro bueno es de Jesús y el perro malo es del diablo. Ellos pelean y pelean. Y seguirán luchando hasta que decidas cuál quieres que gane. Si alimentas al bueno, él ganará, pero si alimentas al malo, pues será él quien gane».

Estábamos en el auto unos días después, cuando noté que John Michael miraba a su hermana dormida como si estuviera tratando de descubrir algo.

—¿Qué te pasa, Michael? —pregunté, viéndolo por el espejo retrovisor.

—Creo que tengo el perro malo dentro de mí, mamá —dijo con toda seriedad—. ¡Quiere golpear a Jessica!

¿Acaso no sería genial que lográramos superar esa constante perturbación? Pero no lo hacemos. Al menos no de forma natural. Puede ser que ya no tengamos el deseo de pegarle a nuestra hermana —¡excepto cuando realmente lo merezca!—, pero podríamos luchar contra la envidia y el resentimiento cuando otra persona obtiene algo que queríamos, como el ascenso que merecemos o el auto nuevo que necesitamos. Podemos sonreír por fuera y ofrecer nuestras felicitaciones, aunque por dentro el perro malo aúlla mientras la Mujer Carnal acecha por los pasillos de nuestro corazón, despotricando con rabia ante la injusticia.

Y si nos dejan a nuestra suerte, ese es nuestro destino, aunque del tormento de Twanda es exactamente de lo que Jesús vino a salvarnos. Porque si bien la Ley nos ayuda a reconocer el pecado, no tiene poder para librarnos de la destrucción que provoca. Puede hacernos notar los desenfrenos de Twanda y hacernos sentir mal porque ella vive en nosotras, pero no puede lograr que deje de existir y tampoco puede sacarla de nuestra vida.

Solo Jesús puede hacer eso. Solo Jesús puede rescatarnos «de este cuerpo de muerte». Debemos estar dispuestas a que nos rescate. Además, estoy aprendiendo que debo odiar mi pecado si alguna vez espero deshacerme de él.

Debo hastiarme de los jaloneos espirituales y de los jueguitos para que mi oración sea: «Señor, quiero estar de tu lado. Te escojo a ti».

¿Convicción o condenación?

¿No es maravillosa la ternura de la misericordia del Señor? Una de las conclusiones más lindas a las que he llegado es que Él conoce mi esencia. Al ser mi Creador, comprende mis limitaciones y está plenamente consciente de que solo soy polvo (Salmo 103:14). También tiene claro que la Mujer Carnal puede ser muy influyente. Así que no se sorprende tanto como yo por mis pecaminosos fracasos. Precisamente por eso, puso en marcha su plan de redención.

Está justo ahí en Romanos 8, inmediatamente después del pasaje que tan vívidamente describe nuestra agotadora lucha interna:

Por lo tanto, ya no hay ninguna condenación para los que están en Cristo Jesús, pues por medio de él la ley del Espíritu de vida te ha liberado de la ley del pecado y de la muerte. En efecto, la Ley no pudo liberarnos porque la carne anuló su poder; por eso Dios envió a su propio Hijo (Romanos 8:1-3).

Convicción versus condenación

¿Alguna vez te has preguntado cuál es la diferencia entre convicción y condenación? Necesitamos saberlo, porque una lleva a la vida y la otra conduce a la muerte.

CONVICCIÓN de Dios	CONDENACIÓN de Satanás
• Identifica problemas	• Oculta problemas
• Se dirige a acciones específicas	• Hace acusaciones generales
• Conduce al arrepentimiento (piadosa tristeza)	• Conduce al remordimiento (mundana tristeza)
• Ofrece soluciones	• Genera culpa
• Nos da esperanza	• Nos roba la esperanza
• Nos permite cambiar	• Nos impide cambiar
• Nos acerca a Dios	• Nos aleja de Dios

ADVERTENCIA: Lo que comienza como una convicción del Espíritu Santo puede convertirse rápidamente en condenación del enemigo si no respondemos inmediatamente con arrepentimiento. Obedece rápidamente y no entristezcas al Espíritu Santo, porque Él desea ayudarte.

¡Dichosos aquellos *a quienes se les perdonan las transgresiones, cuyos pecados son cubiertos!*

ROMANOS 4:7

Dios sabía que, incluso en mis mejores días, no podría enfrentarme a mi pecaminosa compañera de cuarto ni escapar de su perversa influencia. Entonces, en su misericordia, Dios se vistió de humanidad y descendió para habitar en esta tierra. Tomando mi pecado y pagándolo con su muerte, Cristo se convirtió en lo que yo era... para que yo pudiera llegar a ser lo que Él es.

Y el sacrificio de Cristo fue suficiente. Nada de lo que yo pueda hacer le añadiría o le quitaría algo. Nada, excepto mi negativa a recibir lo que Él con tanta gracia me ha dado.

Por eso nuestra elección es tan importante: es nuestra parte en el proceso de redención. Debemos elegir estar de acuerdo con el juicio de Dios contra nuestro pecado y aceptar su solución para el problema de la Mujer Carnal en nosotras.

En realidad es simple, aunque logramos hacerlo complicado. Lo sé. Durante años, Dios no pudo iluminar mi corazón con la luz de la convicción sin que Satanás empujara esa convicción hacia una exagerada condenación.

No podía admitir mis defectos sin sentirme abrumada por la vergüenza y la culpa.

Aunque últimamente el Señor me ha estado dando una visión más amplia, una especie de perspectiva en tercera persona que me permite retroceder y ver lo que Él ve y luego llamarlo como Él lo llama.

Fallar. Errar al blanco. Pecar.

En lugar de luchar contra la revelación o afligirme hasta quedar paralizada por las consecuencias, estoy aprendiendo a simplemente confesar mis faltas, mis debilidades e incluso mi pecado voluntario, aceptar el perdón de Dios y seguir adelante con mi vida.

De alguna manera en el pasado había confundido el arrepentimiento con la penitencia. «Soy mala, soy mala», lloraba en mi corazón mientras me castigaba duramente por mis fracasos. «¿Cómo pude haber hecho esto? ¿Cómo puede Dios seguir amándome?» Verás, había adquirido la falsa creencia de que debía sentirme realmente mal durante cierto tiempo antes de ser perdonada; estaba convencida de que debía añadir algo a la cruz y a la sangre derramada de Cristo.

Había un problema con esta retorcida forma de pensar: para cuando ya me «sentía» lo bastante mal como para recibir el perdón, solía suceder que ya había vuelto a pecar. Lo que me lanzaba a otro ciclo de culpa y vergüenza: «Soy mala, soy mala». Daba vueltas y vueltas en la espiral descendente de la condenación. Nunca experimenté alivio de la enorme carga de la culpa. Sentía acumulado el peso del pecado sobre más y más pecado acumulado.

No es de extrañar que no pudiera recordar las buenas nuevas. La amnesia espiritual había borrado el poder de la cruz y me había dejado sola como mi salvadora. Y, por más que lo intenté, nunca pude liberarme de este cuerpo particular de pecado y muerte.

Porque solo hay un Mesías.

Solo un Cordero perfecto.

Un León de Judá que puede romper todas las cadenas.

Desdragonizarse

En *La travesía del viajero del alba*, C. S. Lewis sigue las aventuras de un muchacho llamado Eustace Grubb. Detestable en extremo, Eustace siempre exige salirse con la suya y está seguro de que todos están en su contra. Cuando su barco el *Viajero del Alba* se detiene en una isla desconocida para repararlo, el chico decide dar un paseo solo. Al tropezar con un enorme tesoro en la guarida abandonada de un dragón, Eustace se llena los bolsillos de joyas y oro. Cansado, se queda dormido sobre la montaña de riquezas del dragón. Mientras duerme, oscuros pensamientos sobre dragones llenan su corazón, y al despertar, descubre que se ha convertido en un dragón.

Angustiado por este y otros acontecimientos, Eustace quiere ser diferente. Intenta ser diferente, pero al final de cada día, sigue siendo el mismo: un niño atrapado dentro del cuerpo de un dragón.

Entonces, una noche, se encuentra con el gran león Aslan, quien lo lleva a una laguna cristalina. Seguro de que el agua aliviaría su malestar, Eustace decide bañarse y Aslan le dice que primero debe desvestirse. Tres veces Eustace se rasca las escamas y se quita su piel de dragón, pero cada vez que lo hace, encuentra otra capa debajo.

«Tienes que dejarme desnudarte», le dice el León. Así lo describe Eustace:

El primer rasguño que hizo fue tan profundo que pensé que me había llegado al corazón. Y cuando empezó a arrancarme la piel, el intenso dolor era más de lo que nunca había sentido. Lo único que me ayudó a soportarlo fue el placer de saber que esa cosa se estaba despegando de mi cuerpo… Pues bien, él me quitó toda esa horrenda piel —tal como pensé que yo lo había hecho antes, pero sin dolor—. Allí quedó tirada en la hierba, solo que era mucho más gruesa, oscura y nudosa que las anteriores.[9]

Desnudo y tembloroso, Eustace se baña en la piscina y vuelve a ser un niño. Aslan le da ropa nueva y lo lleva de regreso a la playa donde espera el barco.

De vuelta a su nueva vida. Su vida transformada.

Necesitamos que nos desdragonicen, cada uno de nosotros lo necesita. Si lo hacemos por nuestra cuenta, solo rascaremos y arañaremos nuestra piel de dragón. Logramos pequeños avances, pero poco cambio. Hasta que pongamos nuestra vida ante el gran León de Judá, pidiéndole que haga su obra transformadora, nuestros esfuerzos de mejora solo generarán una capa de piel de dragón tras otra.

Quizá por eso Pablo nos suplica que, en vista de la misericordia de Dios, nos ofrezcamos «como sacrificio vivo, santo y agradable a Dios» (Romanos 12:1).

Súbete y acomódate en la mesa de operaciones, aconseja Pablo. Pon todo tu ser en las confiables manos de Cristo. Deja que el divino

Cirujano te quite la envoltura carnal del pecado que te ha revestido y atado durante demasiado tiempo. Quédate quieto bajo el afilado bisturí del amor inagotable de Cristo y permítele liberar aquello para lo que fuiste creado.

Me encanta cómo C. S. Lewis concluye esta historia. «Sería genial, y casi cierto, decir que "a partir de ese momento Eustace fue un chico diferente". Para ser estrictamente exactos, empezó a ser diferente. Tuvo recaídas, aunque no las mencionaré todas. La cura había comenzado».[10]

Y así ha comenzado para nosotros también.

Aunque todavía no soy lo que debería ser, gracias a Dios, no soy lo que era. Y tú tampoco. Porque «el que comenzó tan buena obra en ustedes la irá perfeccionando hasta el día de Cristo Jesús», nos asegura Filipenses 1:6. Aunque es posible que no veamos el producto terminado hasta cuando lleguemos al cielo, puedes estar seguro de que Dios terminará lo que ha comenzado. Mientras renunciemos diariamente y entregamos el control de nuestra vida a Jesucristo, nuestra transformación continuará.

Aunque la Mujer Carnal sigue siendo nuestra compañera de cuarto, ya no administrará la casa. En lugar de sembrar el caos y la anarquía, se verá obligada a doblar las rodillas y someterse al Espíritu de Dios y su gobierno.

Sin duda, ella hará berrinche. Hará cara de afligida y sollozará, pero ya no tendrá el mismo poder de controlarnos y manipularnos. Porque somos diferentes; somos nuevas criaturas en Cristo Jesús.

Y sí, es posible que tengamos recaídas, aunque no nos fijaremos tanto en ellas, excepto para confesarlas, arrepentirnos y aceptar el perdón que Cristo nos da tan libremente. Porque la cura, nuestra transformación divina, ha comenzado.

De gloria en gloria, Cristo nos está cambiando.

Y nunca seremos los mismos.

4

Chequeo espiritual

Examinemos y pongamos a prueba nuestras conductas
y volvamos al SEÑOR.

Lamentaciones 3:40

E se día había tensión en el aire. Todos podían sentirlo. Mezclado con el polvo que se arremolinaba a su alrededor a cada paso, había un propósito que los discípulos no entendían del todo.

Jesús había tratado de explicar algo sobre Jerusalén y la traición. Algo sobre ir allí a morir, pero no tenía sentido. *Probablemente otra historia figurada*, pensaron. *Otra parábola.*

El Maestro caminaba en silencio. Su rostro, inmóvil como una piedra, contemplaba el camino hacia la Ciudad Santa y la próxima Pascua.

En cuanto a Santiago y Juan, no podían sino negar con la cabeza a lo que acababa de suceder.

Era inadmisible que una aldea samaritana apartada y abandonada por Dios rechazara la petición del Rey de reyes de un lugar sencillo para recostar su cabeza. La hostilidad racial a menudo cerraba las puertas a los judíos que iban de camino a Jerusalén para adorar, ¡pero se trataba de Jesús! El Hombre que había sanado a sus enfermos y devuelto la vista a sus ciegos. Deberían haber hecho una excepción.

No sucedió, así que Jesús y los discípulos tendrían que dormir a la intemperie, en el duro suelo. Era más de lo que podían soportar. ¡Más de lo que *deberían* soportar!

Después de una reunión secreta, los dos hermanos idearon un plan. Alcanzaron a Jesús y discretamente le preguntaron: «Señor, ¿quieres que hagamos caer fuego del cielo para que los destruya?» (Lucas 9:54). Era una idea brillante, pensaron. Como los hijos de Israel cuando Elías invocó el fuego y destruyó a los profetas de Baal, toda Samaria sabría que Jesús era el Mesías, el único y verdadero Dios. Y todo Israel también lo sabría. Después de todo, no hay lección objetiva tan efectiva como un montón de ruinas carbonizadas y humeantes. ¿Recuerdas Sodoma y Gomorra?

Al menos ese había sido su razonamiento, pero la genialidad de su plan comenzó a desvanecerse cuando vieron que Jesús los miraba con incredulidad.

«No sabéis de qué espíritu sois», dijo Jesús en un susurro bajo y dolorido. Tomando suavemente a Santiago y a Juan por los hombros, pronunció las palabras que siempre resonarían en su mente: «El Hijo del Hombre no ha venido para perder las almas de los hombres, sino para salvarlas» (Lucas 9:55-56, RVR1960).[1]

¿DE QUÉ ESPÍRITU ERES?

Esa historia nunca falla en traspasar mi corazón. Es preocupante darme cuenta de que, así como los discípulos, puedo caminar con Jesús y recibir sus enseñanzas, pero actuar y reaccionar con base en el razonamiento humano, no en los principios que Él nos brindó para vivir. Incluso después de servir al Señor durante tanto tiempo, todavía tiendo a tomar las riendas cuando parece que nadie más se encargará de la situación. Cuando las cosas van demasiado lentas para mi bienestar. Cuando permanecen cerradas puertas que estoy segura que Dios quiere que se abran.

«¿Quieres que yo me encargue de esto, Señor?», pregunta mi carne, no mi espíritu, flexionando y mostrando mi fuerte brazo. «Soy muy buena en eso, ¿sabes?». Y al instante Twanda está en su mejor momento, abriendo paso a la Mujer Carnal que muestra su poderío para encargarse del asunto y poner a cada quien en su lugar.

Cuando eso sucede, debería preguntarme: «¿De qué clase de espíritu soy?».

Porque, para ser honesta, puedo verme entusiasmada junto a Santiago y Juan ofreciendo mis servicios a Jesús, más que dispuesta a darle una lección al mundo. El papel del dragón que escupe fuego es demasiado fácil para mí.

Y ese es mi problema —nuestro problema humano— en pocas palabras. Si nos dejamos llevar, siempre usaremos nuestras herramientas *carnales* predeterminadas. Así como mi computadora utiliza automáticamente un programa incluso cuando quiero que use otro, nuestras reacciones automáticamente tienden a ser expresiones de nuestro pensamiento carnal.

No tengo que decidir atacar cuando mi cónyuge dice algo que me duele. Las respuestas hirientes brotan automáticamente.

No tengo que reflexionar y elegir ser impaciente con los niños. Solo los dejo estar y en el momento preciso, mi mente y mi boca comienzan a echar humo sin que nadie se los pida.

No tengo que obligarme a decir esas pequeñas (o grandes) mentiras buscando protegerme. Simplemente se escapan.

El pensamiento y las respuestas carnales vienen *naturalmente* para nosotros los humanos. Preprogramada en nuestro sistema operativo desde la caída, nuestra baja naturaleza actúa en automático; pero lo que parece correcto para nuestra mente natural rara vez se alinea con lo que Dios quiere que hagamos. De hecho, Pablo dijo que la mente carnal «es enemiga de Dios» (Romanos 8:7). No solo se niega a someterse a la voluntad de Dios sino que es impotente para hacerlo.

Porque cuando vivimos carnalmente, somos del espíritu que no es de Dios, sino lo que 1 Corintios 2:12 llama el «espíritu del mundo». Es la Mujer Carnal de nuevo resistiéndose con todas sus fuerzas en una o muchas áreas de nuestra vida. Para colmo, es posible que ni siquiera sepamos que ella está allí, porque una de las características del pensamiento carnal es el autoengaño.

RENUEVA UN ESPÍRITU RECTO

«Crea en mí, oh Dios, un corazón limpio», escribió David en el salmo 51:10-11: «y renueva un espíritu recto dentro de mí. No me eches de delante de ti; y no quites de mí tu santo Espíritu» (RVR1960). He hecho esa oración miles de veces a lo largo de los años, pero quizá nadie la haya hecho con tanta sinceridad como quien la escribió.

El rey David, como sabrás, fue un hombre al que le descubrieron todos sus pequeños y sucios secretos: su lujuria por Betsabé, su complot para matar al marido, y su disposición para mentirse y mentir a sus súbditos sobre el asunto. Dios lo expuso todo a través del profeta Natán. Mientras leo el salmo, casi puedo sentir el peso del fracaso sobre el alma de David.

Sin embargo, cuando finalmente enfrentó la realidad de quién era y lo que había hecho, David fue al único lugar apropiado al que todos podemos ir cuando nuestra oscuridad y bajeza finalmente se revelan: derramó su corazón ante Dios.

Hizo lo mismo en el salmo 139:23-24: «Examíname, oh Dios, y conoce mi corazón (…) Fíjate si voy por un camino que te ofende».

No permitas que me siga engañando, estaba diciendo.

Muéstrame de qué espíritu soy…

También hago esa oración constantemente porque el autoengaño fácilmente viene a mí. A todos. Como vivimos tan superficialmente, creemos que podemos pasar por alto el pecado igual que cubrimos las marcas de crayones de nuestros hijos con una capa de pintura. Es posible llegar a ser tan hábiles en llevar una «vida no examinada»,[2] como la llamó Sócrates, que incluso el autor de los salmos veía posible robar la esposa de otro hombre, asesinarlo, engendrar un hijo ilegítimo y justificar todo en su mente.

Sin embargo, Dios nunca engaña o niega. En su misericordia, Él confronta lo que buscamos ignorar y revela lo nos afanamos por ocultar. Aunque tapemos nuestros oídos y tarareemos ruidosamente como un niño rebelde, Dios encontrará la manera de poner la verdad frente a nuestros ojos.

Puede enviar a un amigo para confrontarnos, como Dios envió a Natán para exponer el pecado de David. Puede hablar a través de las páginas de un libro o de las palabras de un consejero, o puede empujarnos a tomar conciencia en lo más profundo de nuestra alma. Algo podemos dar por hecho: Dios nos mostrará nuestro pecado.

¿De qué espíritu eres?

¿Por qué necesitamos que Dios renueve un espíritu recto dentro de nosotros? Porque el espíritu equivocado se infiltra en nuestro corazón y mente con más facilidad de lo que creemos. Por eso la Biblia advierte sobre muchos tipos de actitudes incorrectas. Aquí hay cinco que considero muy peligrosas, especialmente para las mujeres:

1. *Un espíritu competitivo*: Una mujer con espíritu competitivo necesita tener éxito, ser la mejor. Ella se regodea al ganar y empuja a los demás a tener éxito para que ella se vea bien. Aunque persigue posiciones y anhela logros, nunca tiene suficiente. Y porque nadie puede ganar todo el tiempo, a menudo se siente profundamente frustrada (ver Eclesiastés 2:22).

2. *Un espíritu controlador*: Un controlador microgestiona personas y situaciones debido a una desesperada «necesidad de saber» todo lo que está sucediendo. Ella da consejos que no le piden y espera que le reporten su cumplimiento. Su creencia de que ella es quien hace que las cosas sucedan puede generar una agotadora desesperanza cuando nadie coopera (ver 1 Pedro 4:15).

¿Y no te alegra que así sea? Después de todo, hasta que no veamos lo oscuro que nuestro corazón puede ser, nunca clamaremos por un corazón como el suyo. Continuaremos viviendo con el espíritu equivocado y la actitud equivocada, en vez de clamar por un corazón renovado a la semejanza de Cristo. Y seguiremos mintiéndonos sobre quiénes somos y por qué hacemos lo que hacemos.

Quizá por eso muchos de nosotros luchamos en nuestras relaciones y nuestros mejores esfuerzos son malinterpretados y menospreciados. Vivimos desde lo natural, lo carnal. Hacemos lo que creemos que es mejor, sin darnos cuenta de que el egoísmo y el pecado inherentes

3. *Un espíritu crítico:* Una mujer con esta actitud espera lo peor, no lo mejor, de las personas y de las situaciones. Ella anula todo lo positivo con su constante negatividad. No importa el logro, ella cree que *alguien* debería haberlo hecho mejor. Su secreta autocrítica puede causarle ira o depresión (ver Isaías 58:9).

4. *Un espíritu contencioso*: A esta mujer le encanta discutir y debatir, y pierde los estribos con facilidad. Corrige las versiones de una historia y crea drama al buscar peleas. Defiende ferozmente a sus hijos incluso cuando se equivocan, pero también es dura con ellos. Su profundo resentimiento puede provocarle dolencias físicas (ver 2 Timoteo 2:23).

5. *Un espíritu descontento:* Esta mujer nunca descansa y siempre está en movimiento. Acumula posesiones y relaciones en un intento por llenar su vacío. Saltando de una cosa a otra en busca de significado, inicia proyectos, pero casi nunca los termina. La decepción por lo que no sucede se traga su alegría por lo que sí sucede (ver Filipenses 4:12).

La luz del Señor penetra el espíritu humano
y pone al descubierto cada intención oculta

PROVERBIOS 20:27 (NTV)

a nuestra naturaleza pueden infectar incluso nuestras mejores intenciones.

Somos chicas buenas con ganas de hacer cosas buenas. Sin embargo, porque nuestro corazón no ha sido completamente reprogramado para operar de acuerdo con la verdad de Dios, nuestros mejores dones tienden a estar contaminados por el espíritu de Marta y también resultan distorsionados por el borde afilado de una actitud altiva, además de una o varias intenciones ocultas.

¡Más les vale que aprecien lo que he hecho!

Ya es hora de que me pidan que enseñe un estudio bíblico.

Si hago esto, entonces ellos tendrán que hacer aquello...

Por supuesto, no decimos semejantes cosas en voz alta —eso espero— y quizá pocas veces las pensamos. Aunque, inconsciente y frecuentemente, intenciones ocultas cubren lo que ofrecemos. No es de extrañar que sea mal recibido. Porque Dios quiere cambiar nuestro comportamiento carnal, no recompensarlo.

Estoy convencida de que por eso Dios no permitió que mi naturaleza carnal lograra lo que deseaba para el proyecto de construcción de nuestra iglesia. Verás, Dios está más preocupado por moldear lo eterno en su pueblo que por construir un reino externo que algún día pasará.

Aunque estemos ansiosos por hacer cosas para Dios, es importante darnos cuenta de que el ministerio, como cualquier tipo de poder o posición, puede ser un alimento atractivo para la carne. Nuestra naturaleza carnal puede crecer alrededor de nuestro llamado —incluso de nuestra carrera— como una vid silvestre cuya enredadera ahoga la dulzura de Jesús, dejando a su paso el hedor asqueroso de la ambición egoísta y la vanidad.

Y mientras tanto, Jesús susurra: *No sabes de qué clase de espíritu eres.*

Si no nos detenemos y escuchamos la corrección de Cristo, Dios a menudo permite que nos topemos con contratiempos y malentendidos en la iglesia, en el hogar y en el trabajo. Hablamos la verdad con amor solo para que la gente tome nuestras palabras como críticas. O etiquetan erróneamente nuestro don de administración como control. O malinterpretan nuestro deseo de ayudar como una intromisión. Nuestra familia puede incluso acusarnos —injustamente, por supuesto— de amar a todos los demás menos a ellos.

A medida que continuamos con nuestros esfuerzos con el espíritu equivocado y una mentalidad carnal, inevitablemente encontraremos que las personas descuidan —¡o se niegan rotundamente!— a seguir los libretos que tan cuidadosamente hemos preparado para ellos. No harán lo que queremos. No dirán lo que necesitamos escuchar; así que terminamos heridos y sintiéndonos rechazados.

De hecho, la vida puede llegar a parecer como una consecutiva profecía autocumplida: *Sabía que me dejarían fuera. Sabía que le darían ese puesto a otra persona. Nadie aprecia lo duro que trabajo.* Parece que lleváramos un gran letrero de neón pegado en la frente que dice «¡Hazme daño! ¡Recházame!», y la gente parece hacer fila alrededor de la manzana para obedecer. ¿Ves lo retorcido que puede llegar a ser todo este proceso? Porque no solo se malinterpretan nuestras mejores intenciones, sino que Satanás logra fortalecer esas inseguridades y las usa en nuestra contra. Cuando la herida ya es profunda, él se encargará de que nuestras legítimas necesidades de afirmación y aliento queden insatisfechas. Que nadie llame. Que a nadie parezca importarle. Y con cada herida, Satanás retrocede y sonríe, observando cómo añadimos un ladrillo más al muro que estamos construyendo alrededor de nuestro corazón.

Seguimos preguntándonos por qué la gente no nos trata bien.

Sin darnos cuenta de que el problema puede estar dentro de nosotros.

¿CÓMO HUELE TU ALIENTO?

Había sido un día difícil. Una vez más mi hijo de cuatro años y yo estábamos en un forcejeo de voluntades. Cada uno jalaba de su lado, sin disposición a ceder, y admitir que tal vez —solo tal vez— ambos podríamos estar equivocados. Yo le pedía que hiciera algo y él no lo hacía.

Él quería jugar y yo no podía. La rotunda frustración y la falta de siesta para ambos nos llevaron a un enfrentamiento cara a cara a media tarde.

«¡Tu actitud apesta, John Michael!», le dije bruscamente, con una mano en mi cadera y la otra agitando un dedo en su carita alzada.

Listo. Resumí el problema en solo tres palabras. Se estaba portando mal y necesitaba corregirlo.

En lugar de ver que lo entendió, vi algo más en sus ojos. Fue como si hubiera tomado su corazón y lo hubiera arrugado como una caja de jugo. Si bien su rebeldía pudo haber disminuido un poco, pude ver el dolor tomando su lugar.

«Oh, ¿sí?», dijo en voz baja y temblorosa. Una voz que sin duda yo necesitaba escuchar. «Bueno, tu aliento tampoco huele muy bien».

De la boca de los niños… Dios continúa usando este astuto análisis para cambiar mi vida. Porque incluso cuando tenemos razón, podemos estar equivocados.

¿Cómo huele tu actitud? ¿De qué espíritu eres?

¿No sería fantástico si tuviéramos una prueba de alcoholemia espiritual disponible en todo momento? En vez de medir la embriaguez y nuestra capacidad para conducir, indicaría la dulzura de nuestro espíritu. Aun si existiera tal instrumento, solo podría decirnos qué está mal, ya que no podría renovar un espíritu recto en nosotros. Una de las promesas y profecías más hermosas sobre la obra del nuevo pacto de Cristo se encuentra en Ezequiel 36:26-27:

> Les daré un nuevo corazón y derramaré un espíritu nuevo entre
> ustedes; quitaré ese corazón de piedra que ahora tienen y les pondré
> un corazón de carne. Infundiré mi Espíritu en ustedes y haré que
> sigan mis estatutos y obedezcan mis leyes.

¡Escucha estos versos! Lo que Jesús hizo en la cruz no solo nos salvó de nuestros pecados, sino que también puede salvarnos de nosotros mismos: de nuestras pésimas actitudes, de nuestro pensamiento predeterminado, de nuestro obstinado autoengaño. Y el Señor lo hace, pero no señalándonos dónde debemos cambiar o llamándonos a luchar contra la Mujer Carnal en el cuadrilátero.

Él hace una obra transformadora llenándonos de Él mismo.

Porque tú y yo necesitamos más que un espíritu recto para una vida que agrade a Dios. Necesitamos el Espíritu Santo de Dios vivo y activo en nuestro interior.

PEZ FUERA DEL AGUA

Cuando Jesús sopló sobre los discípulos en Juan 20:22 y dijo: «Recibid el Espíritu Santo», estaba, en esencia, respondiendo la oración de David y cumpliendo la profecía de Ezequiel. La palabra para espíritu en griego es *pneuma*. En el hebreo del Antiguo Testamento es *ruaj*. Ambas pueden traducirse como «aliento».[3]

Jesús vino a soplar su aliento —su dulzura, su plenitud, su mismo ser— en ti y en mí para que Él sea el sistema operativo predeterminado que utilicemos. Para que en Él «vivamos, nos movamos y existamos» (Hechos 17:28).

Tratar de vivir apartados del Espíritu Santo es como un pececito dorado que intenta sobrevivir fuera del agua. Podemos parecer vivos. Puede que nos agitemos mucho y movamos la boca, emitiendo extraños jadeos de vez en cuando, pero nunca sabremos lo que significa vivir de verdad. Deslizarse libremente, respirar y existir sin esfuerzo en la vida líquida de la gracia.

Me temo que con demasiada frecuencia los cristianos nos conformamos con este tipo de existencia como pez fuera del agua. «Bueno, solo soy un pecador salvo por gracia», jadeamos, como si eso de alguna manera justificara y explicara nuestro comportamiento espasmódico y errático: casi santo en un momento, completamente pecaminoso al siguiente.

Como si la venida y muerte de Cristo no hicieran más que asegurarnos un lugar en el cielo.

Como si la mediocridad espiritual fuera lo mejor que podemos esperar aquí en la tierra. Como si Dios nos creara para ser cautivos a pesar de que todo en la Biblia indica que ya hemos sido liberados.

El pastor y autor Mark Buchanan describe esta vida a medias con la que muchos cristianos se conforman como «conversión sin regeneración, un encuentro inicial con Jesús que no conduce a una vida permanente con Jesús». Lo llama «zona fronteriza».

La gente en la zona fronteriza se siente cómoda con el aburrimiento. Se han conformado con un Dios «a la carta», un Dios disponible para crisis y fiascos, que hace un poco de malabarismo con los patrones climáticos y los espacios de estacionamiento, pero que, de otro modo, permanece discreto como una camarera, ordena las cosas mientras estás tomando un café y deja suficiente papel alrededor de la tapa del inodoro para que sepas que todo está en orden. El problema, obviamente, es que este dios —tan amable, tan tímido, tan manso— no tiene nada que ver con el Dios de la Biblia. Este dios no se parece ni remotamente al Dios cuyo Espíritu anida en nosotros y danza, el Dios que derriba imperios, a veces de la noche a la mañana, el Dios que se revela en el Cristo que mira a los grandes hombres a los ojos y dice: «Sígueme», y luego se aleja, sin esperar una respuesta.[4]

Este es un Dios lo suficientemente audaz como para llamarnos a salir de la zona fronteriza y lo suficientemente amable para brindarnos una salida. Porque no nos hemos quedado desamparados. «El Cristo con el que tienes que tratar no es una persona débil fuera de ti», declara la traducción de Phillips de 2 Corintios 13:3: «sino un tremendo poder *dentro* de ti» (el énfasis es mío).

EL ESPÍRITU QUE LO CAMBIÓ TODO

Esta poderosa Presencia, este dinámico Cristo en nosotros, es la tercera Persona de la Trinidad: el Espíritu Santo que nos habita. ¡Si tan solo nos diéramos cuenta de la diferencia que el Espíritu puede hacer en nuestra vida, tal como lo ha hecho a lo largo de los siglos! Porque Él es el mismo poder vivificante que cambió a Pedro de arena movediza a roca sólida sobre la cual Cristo podía construir su iglesia.

Él es el poder transformador que convirtió a Saulo, un asesino perseguidor del Cuerpo de Cristo, en Pablo, un padre de la fe que planta iglesias.

Él es el poder revolucionario que tomó a un puñado de creyentes en un aposento alto de Jerusalén y los usó, en palabras de sus detractores, para «trastornar al mundo entero» (Hechos 17:6).

De hecho, no fue hasta después de la venida del Espíritu que los discípulos de Jesús tuvieron algún impacto en su mundo. Aunque habían vivido y caminado con Jesús durante tres años, estar en su presencia no los había transformado mucho. Sé que eso puede sonar blasfemo, pero sigue leyendo.

Estos doce hombres cuidadosamente seleccionados habían dejado a sus familias y sus medios de subsistencia para seguir a Cristo. Sin embargo, después de ser el privilegiado grupo al tanto de todo el funcionamiento interno de Dios en la tierra, después de disfrutar en primera fila de cientos de milagros nunca antes vistos por el ojo humano, todavía dudaban de Jesús cuando enfrentaron rugientes tormentas, sórdidos demonios y multitudes hambrientas. Incluso mientras Jesús caminaba hacia Jerusalén y la cruz, sus discípulos seguían discutiendo sobre quién sería el mayor en el reino que sabían que Él había venido a edificar. Estaban tan desorientados al final del tiempo de Cristo en la Tierra como al principio de su ministerio.

Porque aquí está la cuestión: podemos *saber* lo que debemos hacer. Incluso podemos tener a Dios físicamente a nuestro lado como ejemplo de carne y hueso de lo que debería ser la vida, y aun así ser impotentes para vivir como deberíamos.

Para cambiar de verdad —detener nuestro autosabotaje, expulsar a la Mujer Carnal y abrir nuestra vida a la transformación— necesitamos al Ayudador. El Fortalecedor, la Fuente interna de poder.

Alabado sea Dios; eso es exactamente para lo que Jesús nos envió al Espíritu Santo. Cincuenta días después de que Cristo se apareció a sus discípulos, después de que sopló sobre ellos diciendo: «Recibid el Espíritu Santo», el Espíritu vino en Pentecostés (Hechos 2).

Y nada ha sido igual desde entonces.

Marcados por el amor

No es de extrañar que Satanás haya intentado durante tanto tiempo sofocar la obra del Espíritu, al extremo de provocar que el precioso don del Espíritu Santo se convierta en controversial dentro el Cuerpo de Cristo. Nos hemos enredado tanto en los aspectos secundarios de la obra del Espíritu —hablar en lenguas, obrar milagros y si ahora estas manifestaciones son válidas o no— que a menudo nos perdemos de un recurso increíble.

«Hay todo un grupo de personas en el mundo cristiano que tienen más miedo del Espíritu Santo que del enemigo», dice Beth Moore en su serie de videos *Breaking Free*. «Y por lo tanto seguimos viviendo en derrota… [Debemos ser] totalmente dependientes del Espíritu Santo y de la Palabra de Dios para equiparnos».[5]

Como puedes ver, el Espíritu Santo vino a hacer más que permitirnos vivir en victoria. Jesús lo dijo, el Espíritu Santo nos ayuda a amarnos unos a otros, de esa forma el mundo se da cuenta de que somos hijos de Dios: «De este modo todos sabrán que son mis discípulos, si se *aman* los unos a los otros» (Juan 13:35, énfasis mío).

¡Y eso es exactamente lo que ha sucedido! El bautismo de amor que experimentó la iglesia del Nuevo Testamento después de la venida del Espíritu no se parecía a nada que el mundo hubiera visto jamás. Las personas apartaban tiempo diariamente solo para estar juntos, comer, reír, cantar y adorar a Dios. Cuando alguien estaba en necesidad, otros vendían sus posesiones —¡sin que se los pidieran! — para ayudar. Esclavo o libre, judío o gentil, incluso un completo extraño, todos tenían un lugar en la familia de Dios. Cuando se pedía a los observadores paganos que describieran a la Iglesia primitiva, su comentario más citado era: «¡Mirad cómo se aman unos a otros!».

Sin embargo, este no era un amor humano común y corriente. El amor humano se desgasta con el tiempo y la falta de gratitud. El amor humano está dispuesto a ayudar, pero solo hasta cierto punto. Las personas temen la dependencia nociva, por no hablar del compromiso a largo plazo. El amor humano puede esforzarse por ser puro y generoso, pero el egoísmo inevitablemente se filtra en alguna parte.

Sin embargo, este amor… ¡*este* amor! No hubo nada igual en la historia del mundo. Y es este mismo amor desinteresado el que estamos llamados a vivir todos los días. ¿Pero cómo hacemos eso? ¿Cómo lo hacemos *realmente*?

Creo que la capacidad de amar a las personas como deberíamos solo proviene de la seguridad de sabernos amados. Porque no puedes compartir lo que no tienes. Esta es otra razón por la que necesitamos al Espíritu Santo: porque Él da testimonio en nuestro corazón de que somos hijos de Dios y también de que somos muy amados (Romanos 8:15-16; 1 Juan 3:1).

MÁS QUE A TODOS

La velada había sido hermosa. Después de hablar en un evento en el sur, acompañé a una joven hasta su auto.

—Entonces, ¿qué te ha estado diciendo Dios últimamente? —pregunté. Sus ojos brillaron bajo las luces del estacionamiento cuando hizo una pausa.

—Bueno, me he dado cuenta de cuánto me ama Dios —dijo con su suave acento sureño—. ¡Lo más emocionante es que siento que Él me ama más que a todos ustedes!

Ser guiados

¿Cómo cooperamos con el llamado y la guía del Espíritu Santo? La siguiente no es de ninguna manera una lista completa, pero aquí hay algunas maneras en las que he experimentado la dirección del Espíritu. (¡Desearía ser más rápida en reconocer su guía y seguirla con más frecuencia!)

1. *Sintoniza tu corazón con su voz.* El Espíritu de Dios habla en una voz suave y apacible que rara vez es audible para el oído humano (¡al menos no para el mío!). Pero a medida que aquietamos nuestro corazón, Él a menudo usa sensaciones o nuestros propios pensamientos para dirigirnos. Cuanto más practicamos escucharlo, más probable será que reconozcamos su dirección.

2. *Verifica.* Cuando dudamos seriamente de si un camino es correcto, debemos simplemente esperar y no hacer nada. La dirección de Dios se fortalecerá con el paso del tiempo. Si el curso de acción no proviene de Él, en unos días o semanas se desvanecerá o desaparecerá por completo.[6]

3. *Comprueba el mensaje.* Debemos comprobar cualquier dirección interior que recibamos a la luz de las Escrituras. Si está alineada, entonces el consejo de amigos piadosos, las circunstancias providenciales, y lo que Catherine Marshall llama «sentido común santificado» también puede ser útil.[7]

Rápidamente aclaró que sabía que Dios nos amaba a cada uno de nosotros y que ella no pensaba que fuera mejor que nadie.

—Aunque ya sabes —me confesó con una dulce sonrisa— ¡todavía siento que soy su favorita!

4. ***Ponle atención a la repetición.*** Dios a menudo me envía confirmaciones de que he escuchado su voz a través de sermones, otras personas, o una provisión milagrosa. Se repetirán temas porque, como dice mi amiga Marla: «Dios es como tu mamá. Si no escuchas la primera vez, ¡Él insistirá!»

5. ***Da el siguiente paso.*** Aunque Dios a menudo da dirección, he descubierto que casi nunca traza una hoja de ruta para el futuro. Él intenta que esta vida sea un camino de fe. Así que, a medida que obedecemos un paso a la vez, el siguiente paso será visible. Mientras practicamos la obediencia, la voz del Espíritu se vuelve más clara y sus instrucciones más definidas.[8]

6. ***Ten cuidado con la retirada del Espíritu.*** Nuestra desobediencia entristece y obstaculiza la obra del Espíritu Santo. Si Él insiste en que obedezcas en algún área, hazlo, o sentirás su ausencia. Como Oswald Chambers expresa: «Dios nunca revelará más verdad (…) hasta que obedezcas lo que ya sabes».[9]

7. ***Pide y espera recibir sabiduría.*** No descartes la ayuda de Dios con los pequeños detalles de la vida. Si no permitimos que dirija nuestra vida cotidiana, es posible que no podamos seguirlo cuando llegue la crisi.[10] Cuando pidas, cree que el Espíritu te guiará a toda la verdad. Busca la respuesta con fe. ¡Dios está ansioso por ayudarnos!

Enséñame a hacer tu voluntad, porque tú eres mi Dios.
Que tu buen Espíritu me guíe por un terreno firme.

Salmo 143:10

Sus palabras despertaron algo en mi corazón. Después de sorprenderme por completo con su inocente audacia, sembraron en mí un anhelo por la misma seguridad y confianza que no solo iluminaba su rostro, sino también su vida.

«¿Cómo lo lograste?», pregunté, deseando la misma confianza. «¿Qué sucedió para que te sintieras tan segura del amor de Dios?»

Ella dijo que no estaba segura. «Pero creo que empezó cuando tuve a mis hijos».

He pensado en sus palabras muchas veces desde esa noche y creo que estoy empezando a comprender lo que podría haber querido decir. Después de todo, el amor que nace en el corazón de una madre cuando nace su hijo es verdaderamente único. Incondicional. Sacrificial. Intenso y personal. Como si nunca hubiera habido otro niño en el universo como el que descansa en sus brazos. El amor de una madre realmente es un reflejo del amor de Dios, pero que se traduzca en esa profunda confianza en que yo soy la más especial para Él… ¡Guau! Quiero experimentar ese amor.

Y en cierto modo lo he hecho.

Durante los primeros dieciséis años de mi vida, la abuela Nora vivió con nosotros. Ella ayudaba a criarnos mientras mi madre trabajaba, así que tengo maravillosos recuerdos de mi tiempo con ella. Hamburguesas con queso y Pepsi en la cafetería de Woolworth. Pollo y albóndigas para la cena y panqueques (¡tantos panqueques!) para el desayuno. Nos turnábamos para pasar la noche con la abuela, acurrucados en su gran cama de hierro, y nos quedábamos dormidos mientras ella oraba por los misioneros de todo el mundo. La abuela Nora nos bendijo con un rico legado de amor.

Cuando ella falleció, mi hermano, mi hermana y yo nos sentamos a compartir todo lo que había significado para nosotros.

—Me siento un poco mal —dijo mi hermanito Steve—. Espero que no estén enojados porque yo era su favorito.

Lo miré con asombro.

—¿Qué quieres decir? —le pregunté—. Yo era su favorita.

Linda nos miró a los dos y negó con la cabeza.

—¡De ninguna manera! ¡Yo era su favorita!

Todos nos miramos suspicaces y estallamos en carcajadas. Qué genial experimentar ese amor y atención al punto de que los tres nos considerábamos amados «más que a todos». ¡Guau! Yo quiero amar así.

Creo que esta experiencia podría explicar lo que le pasó a Juan, el discípulo de Jesús. Siempre me ha parecido extraño cómo Juan se refiere a sí mismo en el evangelio que escribió. En vez de usar su nombre, se refiere a sí mismo, una y otra vez, como «el discípulo a quien Jesús amaba» (por ejemplo, Juan 13:23). Los eruditos tienen todo tipo de explicaciones sobre por qué Juan pudo haber hecho eso, pero tengo la sensación de que es porque tuvo un encuentro con Cristo muy parecido al que describió mi dulce dama del sur. Refleja una sólida comprensión de cuán personal y apasionado es el amor de Dios por todos y cada uno de nosotros.

Cuando lees por primera vez la autodescripción de Juan puede parecer un poco arrogante y egocéntrica, pero a medida que continúas leyendo, te das cuenta de que solo hay un personaje principal en el evangelio de Juan: Jesucristo. Juan desaparece. Jesús es exaltado. Cuando es necesario insertarse en la escena, en vez de utilizar etiquetas y descripciones terrenales como *Yo* o *a mí* o incluso la tercera persona *Juan*, el discípulo se refiere a Aquel que lo ama. Después de todo, el amor de Jesús por él es la clave de la identidad de Juan.

En vez de definirse a sí mismo, Juan deja que Cristo lo defina. Y la increíble realidad de la aceptación de Cristo es tan profunda que desarraiga toda su inseguridad, incluso su preocupación sobre cómo otras personas podrían interpretar lo audaz de su identificación.

«Siento que Jesús me ama más que a todos ustedes», declara Juan. Sin embargo, en vez de disminuir el amor de Cristo por los otros discípulos, su declaración aumenta la asombrosa posibilidad de que Jesús es capaz de amar de la misma forma a todos. A tal punto que nosotros tampoco podríamos vernos y definirnos como lo hacíamos antes.

TEMPLADOS POR EL ESPÍRITU

Al final de su vida, Juan, antes conocido como «hijo del trueno», fue conocido como el apóstol del amor. El hombre que una vez consideró a las personas prescindibles —por no decir extinguibles— pasó los últimos años de su vida llamando al Cuerpo de Cristo a una gran misión. La misma misión que Jesús les había dado a los discípulos años antes: amarse unos a otros de una manera tan radical que no solo atrajera a la gente a Cristo, sino que también cambiara al mundo.

Al leer las últimas epístolas de Juan, es evidente que su comportamiento ardiente y afilado había sido templado por el Espíritu de Cristo que moraba en él. Es evidente un cristianismo cautivador que atraía a la gente. Aunque Juan claramente reprendió la herejía y la falsa doctrina en sus escritos a lo largo de su vida, su mensaje final abarcó un solo tema. El historiador Jerónimo registró las palabras de Juan:

«Hijitos, ámense unos a otros… este es el mandamiento del Señor, y esto es suficiente cuando se hace».[11]

Porque el mismo Espíritu que vivió en Juan habita en nosotros, también podemos ser transformados. Cuando entregamos nuestra naturaleza a Cristo, Él la reemplaza con la suya.

Él perfecciona nuestros dones y talentos para que Dios pueda utilizarlos eficazmente.

Purifica nuestras motivaciones e intenciones para que no nos desanimemos cuando decida usar a otra persona.

Restaura y sana nuestro pasado para que ya no afecte nuestro futuro.

Templa nuestra personalidad y espíritu de manera que sean aptos para el uso del Maestro, y que sean recibidos con gratitud por otros.

Todo esto describe el trato del Espíritu que desea vivir y moverse en ti si le das acceso.

Porque el Espíritu Santo de Dios puede crear en ti un corazón limpio y un espíritu recto.

Te devuelve tal gozo en tu salvación, tal compasión en tu corazón, que no sentirás la necesidad de invocar fuego del cielo.

Porque el ardiente amor del cielo llenará tu alma.

5

Líneas de falla

Yo sé que tú amas la verdad en lo íntimo;
en lo secreto me has enseñado sabiduría.

SALMO 51:6

La antigua ciudad de Sardis se alzaba orgullosamente sobre una ciudadela rocosa muy por encima de un valle fluvial en Asia Menor. Durante siglos, fue considerada una fortaleza aparentemente impenetrable y una de las ciudades más grandes del mundo. Su rey más famoso, Creso, gobernó audazmente Sardis, acumulando gran riqueza y poder. Aun hoy se utiliza «rico como Creso» para describir a alguien de riqueza inimaginable.

Mientras Creso llevó la ciudad a su auge, también la sumió en el desastre.

Después de recibir la profecía de un oráculo: «si cruzaba el río Halys, un gran imperio caería», Creso condujo sus tropas con confianza contra Ciro de Persia, solo para ser brutalmente derrotados. Mientras Creso se retiraba a la seguridad de su ciudadela, Ciro lo siguió y sitió Sardis durante catorce días, pero la ciudad disfrutaba de abundante suministro de comida y agua, entonces Ciro se dio cuenta de que Creso nunca se rendiría. Así que el rey persa ofreció una recompensa a quién pudiera encontrar una entrada a la ciudad.

Mientras tanto, Creso asignó solo unos pocos guardias a las murallas de la ciudad antes de retirarse a su palacio. No estaba preocupado. Todos sabían que su fortaleza era impenetrable.

Un día, a uno de los centinelas sardos se le cayó el casco. Un soldado persa llamado Hyeroeades observó cómo el guardia desapareció de su puesto en lo alto, salió de la base del acantilado, recuperó su casco y regresó a un pliegue oculto en la montaña. Con ese descuido el centinela reveló una falla en la gran ciudadela, una grieta en la pared de roca aparentemente inquebrantable.

Esa tarde, Hyeroeades con tropas de Ciro se deslizó por la misma grieta y tomó la ciudad desprevenida. La profecía del oráculo se cumplió. Al cruzar el río, Creso provocó el fin de un gran imperio. Así cayó Sardis.[1]

Fallas fatales

Tal como la ciudadela de Sardis, todos tenemos fallas que atraviesan nuestra alma. Puntos débiles de nuestra psiquis que pueden pasar desapercibidos —o simplemente ignorados— durante años. Al vivir muy por encima de las grietas ocultas, podemos funcionar bastante bien en nuestra vida. De hecho, podemos parecer tan fuertes e invencibles como se sentía el rey Creso. Rico y bien alimentado. Sin nunca reconocer nuestra vulnerabilidad o la necesidad de protegernos contra posibles ataques.

Estos son los mismos lugares que Satanás busca cuando ronda «como león rugiente buscando a quien devorar» (1 Pedro 5:8). Porque cuando el enemigo no puede derribar la puerta de nuestra salvación, busca una falla en la muralla, incluso la más pequeña grieta, un punto débil que puede aprovechar.

Es una estrategia tan antigua como el tiempo.

En Génesis 4, cuando Dios rechazó la ofrenda de Caín y aceptó la de Abel, se abrió una brecha de celos en el primogénito de Adán y Eva. Dios trató de razonar con él.

«¿Por qué estás tan enojado? ¿Por qué andas cabizbajo?[7] Si hicieras lo bueno, podrías andar con la frente en alto», dijo el Señor al joven. Dios estaba tratando de recordarle a Caín que el problema era entre él y su Hacedor, no entre él y su hermano. Al señalar el punto débil de la fortaleza de Caín, Dios le advirtió: «Pero si haces lo malo, el pecado está a la puerta para dominarte. No obstante, tú puedes dominarlo» (Génesis 4:6-7).

Desafortunadamente, Caín ignoró a Dios y llevó a cabo su plan. Si bien la sangre de su hermano calmó su ira por un momento, colocó a Caín bajo una maldición y lo separó de Aquel cuya aprobación anhelaba. «Este castigo es más de lo que puedo soportar», se lamentó Caín, «Nunca más podré estar en tu presencia. Andaré por el mundo errante como un fugitivo» (Génesis 4:13-14).

Y así es hoy. El pecado se agazapa a nuestras puertas, buscando grietas, buscando un punto de entrada a nuestros corazón y alma. Por eso es tan importante permitir que Dios exponga y confronte las fallas de nuestro carácter. Jesús a menudo hacía este tipo de trabajo en el Nuevo Testamento. Cuando señalaba los defectos de las personas que conocía, no estaba tratando de humillarlas; quería alertarlas del peligro y señalar el camino hacia la sanidad. A los fariseos empeñados en aparentar religiosidad, Jesús les hacía notar la grieta de la hipocresía.

Al joven rico que le preguntó sobre el camino al cielo, Jesús le expuso la peligrosa tendencia de amar el dinero más que a Dios.

Y aquel día en Betania, cuando Marta se le acercó quejándose, exigiendo ayuda, no fue la insensibilidad lo que hizo que la reprendiera (Lucas 10:38-42). Sabía que lo último que Marta necesitaba en ese momento era más ayuda en la cocina. Lo que realmente necesitaba era reconocer la grieta en su alma.

«Marta, Marta», le dijo suavemente, «Estás inquieta y preocupada por muchas cosas» (v. 41). Con esas palabras, Jesús señaló un punto débil en su mente: su ansiedad, su necesidad de tener éxito y el miedo al fracaso que alimentaba un exigente espíritu.

Ya sea una ira resentida como la de Caín, la necesidad de un fariseo de parecer exitoso, la pasión de un joven por las posesiones o la búsqueda de perfección al estilo de Marta, todos tenemos grietas, conflictos fundamentales que alimentan nuestros deseos y dan forma a nuestras acciones. Y cuando cedemos a nuestros impulsos naturales y vamos en contra de los caminos de Dios, podemos obtener lo que queremos, pero perder lo que más necesitamos.

Plena conciencia de la presencia de Dios.

Su bendición sobre nuestra vida.

¿Cuál es tu punto débil?

No sé cuál podría ser tu mayor problema, qué defecto recorre tu alma como la grieta oscura de Sardis. Las notas al margen del capítulo anterior podrían dar algunas pistas.

Realmente no me di cuenta de mi propia grieta hasta hace unos seis años. Aunque sabía que tenía áreas débiles y podía reconocer pecados recurrentes y puntos detonantes, no tenía idea de cuál era el conflicto fundamental hasta que todo en mi vida empezó a ir mal.

Esta afirmación puede sonar extraña o parecer demasiado familiar. Porque no hay nada como la adversidad para revelar de qué estamos hechos. Es más, estoy convencida de que los problemas y el estrés son dos de las formas más comunes en que Dios nos muestra la debilidad de nuestra carne y la inutilidad de los esfuerzos que hacemos por nuestra cuenta. En su misericordia, Él suele permitir que el estrés se acumule hasta que las áreas débiles de nuestra vida comienzan a ceder ante la presión.

Eso es exactamente lo que me sucedió.

Los detalles de mi situación no son importantes. Nunca lo son. Mi experiencia fue simplemente la herramienta que Dios usó para abrirme los ojos a la falla de San Andrés en mi vida: mi hambre de aprobación. Aunque antes había sentido pequeños temblores a lo largo de esta línea en particular, fue necesario un terremoto de 8.5 en mi escala emocional de Richter —y ver cómo mi propia California del Sur se deslizaba hacia el mar— antes de que al fin reconociera mi problema. Uno que ya no quería ocultar y, lo que es más importante, una cuestión fundamental que necesitaba la intervención de Dios.

Todo comenzó de una manera tan inocente, con una diferencia de opinión entre un grupo de amigas en la iglesia y yo. Hablando sin pensar, desde mi «tribuna de opinión no solicitada», hice un frívolo comentario que cayó como bomba entre mis relaciones más preciadas. Eran mujeres que amaba muchísimo (y todavía amo); mujeres que me habían apoyado durante el año más demandante de mi vida; mujeres que habían trabajado (y todavía trabajan) a mi lado en diversos ministerios de nuestra iglesia. Mujeres que, como yo, estaban agotadas y al borde de su resistencia.

Aunque sabía que nuestros puntos en común estaban gravemente desgastados por la falta de tiempo juntas, no tenía idea de cuán dañino resultaría mi imprudente comentario. Como un turista que arroja un cigarrillo por la ventanilla de su auto camino a Yellowstone, lancé mis palabras descuidadas y engreídas. Y de repente nuestro bosque estaba en llamas (ver Santiago 3:5-6).

A primera vista, no parecía el fin del mundo. Si llamas a los bomberos que conectan la manguera se apaga el incendio. Además, te cuidas de no encender más cigarrillos.

Sin embargo, cuando mis amigas y yo intentamos apagar el fuego que mis palabras habían iniciado, las cosas solo empeoraron. El malentendido se extendió. Los resentimientos estallaron. Las humeantes heridas del pasado volvieron a arder.

En circunstancias normales, todo el asunto no debería haberme destrozado como lo hizo. En circunstancias normales, la situación se habría disipado rápidamente y la brecha en nuestra amistad habría sanado por completo, pero creo que todos los involucrados estarían de acuerdo en que no eran circunstancias ordinarias. A riesgo de sonar melodramática, creo que Satanás había determinado terminar con nuestra amistad y tal vez con nuestra vida misma. Pero Dios tenía otro plan.

¿No te encantan esas palabras? *Pero Dios…* A lo largo de toda la Palabra (61 veces, para ser precisos), leemos esa pequeña frase justo antes de que Dios intervenga en una situación, tomando lo que Satanás destinaba para mal y convirtiéndolo en bien. Dios todavía interviene hoy.

Ten en cuenta esto. Dios puede intervenir, aunque no necesariamente interrumpir. De hecho, Él puede prolongar las circunstancias dolorosas y la injusticia para llevar a cabo su perfecto propósito en nuestra vida. Puede permitirnos experimentar las consecuencias de nuestros pecados para arrancarnos de ese engañoso abrazo. Porque Él es un Padre sabio y sabe lo que necesitamos. Incluso cuando cuestionamos sus caminos.

«¿Hasta cuándo, oh, Señor?», David preguntó repetidamente en los salmos: ¿Cuánto tiempo debe continuar todo esto? ¿Hasta cuándo sentiré que me has olvidado? Esas palabras resonaban en mi corazón a menudo durante esos días cuando mis amistades más cercanas parecían esfumarse. Porque no importa cuánto lo intentáramos, mis amigas y yo parecíamos no poder superar nuestros problemas. Nos disculpamos, aclaramos el asunto, nos arrepentimos, nos perdonamos, oramos juntas y pensamos que todo estaba bien; de repente, el dolor estallaba en otra parte. Y cualquier intento de reconstruir las relaciones parecía empeorar las cosas.

Una mamografía cada diez meses

Todavía me estremezco cuando pienso en ese doloroso momento. Al parecer, muchas personas importantes en mi vida estaban molestas

---

Cuatro falsas creencias

En *La búsqueda de significado,* Robert McGee identifica cuatro falsas creencias que Satanás utiliza a menudo para socavar nuestro sentido de valor. Aunque puedes verte reflejada en varias, una suele ser fundamental y se relaciona con tu problema fundamental. Reemplazar la mentira con la verdad de Dios en oración puede hacer mucho para fortalecer esta área débil de tu vida.

La trampa de la eficacia

Falsa creencia: «Debo cumplir con ciertos estándares para sentirme bien conmigo».

Síntomas: «Miedo al fracaso; perfeccionismo; impulso hacia el éxito; manipulación de otros para lograr el éxito; alejarse de los riesgos».

Verdad: «Soy portadora de la justicia de Cristo, así que soy plenamente agradable al Padre (Romanos 5:1)».

Adicción a la aprobación

Falsa creencia: «Debo ser aprobada (aceptada) por los demás para sentirme bien conmigo misma».

Síntomas: «Miedo al rechazo; intento de complacer a los demás a cualquier precio; extrema sensibilidad a las críticas; escape para evitar la desaprobación».

conmigo: se enojaban ante mis palabras, cuestionaban mis motivos e incluso evitaban mi compañía. Pero ahora sé, después todo lo que pasó, que se sentían tan heridas, aisladas y abandonadas como yo. Porque Satanás no desperdicia sus dardos de fuego en una sola persona cuando tiene la oportunidad de arruinar múltiples vidas, pero ten por seguro

---

Verdad: «Aunque estaba… alejada [de Dios], ahora soy perdonada… [y por lo tanto] totalmente aceptada por Dios (Colosenses 1:21-22)».

El juego de la culpa

Falsa creencia: «Los que fracasan son indignos de amor y merecen ser castigados».

Síntomas: «Miedo al castigo; castigar [y] culpar a otros por el fracaso personal; distanciamiento de Dios y de los demás; compulsión a evitar el fracaso».

Verdad: «Cristo aplacó la ira de Dios [contra el pecado] con Su muerte… por lo tanto, soy profundamente amada por Dios (1 Juan 4:9-11)».

Vergüenza

Falsa creencia: «Soy lo que soy. No puedo cambiar. No tengo esperanza».

Síntomas: «Sentimientos de vergüenza, desesperanza, inferioridad; pasividad; pérdida de creatividad; aislamiento; alejamiento de los demás».

Verdad: «Soy una nueva creación en Cristo (Juan 3:3-6)».[2]

Santifícalos en la verdad; tu palabra es la verdad

JUAN 17:17

que Dios tampoco desperdicia oportunidades. Porque Él es quien dispone «*todas* las cosas» y las hace obrar «para el bien de *aquellos*» (¡nótese el plural!) «que le aman» (Romanos 8:28, énfasis mío).

Ahora puedo mirar atrás y ver que Dios me estaba acorralando. Recuerdo cómo me reconfortaba ese concepto. Me encanta el salmo 139:5 que expresa: «Por detrás y por delante me has cercado, y tu mano pusiste sobre mí» (LBLA). Todavía me consuela pensar que Dios me acuna en sus manos y me mantiene a salvo en medio de la tormenta más oscura, pero en ese momento no me sentía acunada. Me sentí presionada, como si Dios estuviera estrechando mi vida, en vez de nutrirla. Despojándome de todo lo que (pensaba) me daba ayuda, consuelo y sentido.

Me dolía tanto que pensé que iba a morir.

A medida que pasaba el tiempo, comencé a ver un propósito en mi dolor.

Casi un año después, le dije a otra querida amiga que finalmente había descubierto una analogía para describir lo que estaba sucediendo.

«¡Sé lo que Dios está haciendo!» le dije a Patty mientras juntaba mis manos y las apretaba con fuerza. «¡Me hizo una mamografía de diez meses!».

«¡Ay!», respondió ella, recordando claramente su experiencia de tener una parte muy sensible de su cuerpo comprimida entre placas sólidas por el bien de su salud.

La analogía tenía sentido para mí. Dios estaba usando ese doloroso momento, esa terrible presión, para revelar lo que había debajo de la superficie de mi vida. Y lo que reveló no fue muy bonito. Carne. Mucha, mucha carne y un punto débil muy feo.

Fue como si el Gran Médico hubiera colocado los resultados de la mamografía en una pantalla para que finalmente pudiera ver lo que Él había sabido desde el principio. Allí, debajo del centro de mi ser, corría una mancha oscura, una anomalía que me impedía experimentar la verdadera salud. Una vulnerabilidad que, si no se modificaba, tenía el potencial de destruirme.

¿El diagnóstico del Espíritu Santo sobre mi problema? Preocupación egocéntrica y pecaminosa por cómo me percibían y lo que los demás pensaban de mí. Una excesiva y profundamente arraigada necesidad de aprobación. Desesperada hambre de adulación y afirmación, logros y elogios. Tendencia a buscar vida y sentido en las personas, no en Dios. Ahora, años después, puedo ver la obra del Señor durante toda esa noche oscura de mi alma. Si Dios no me hubiera quitado la necesidad de aprobación, si no hubiera frustrado mi idolatría hacia lo que otros opinaban de mí, me habría perdido el gozo de encontrar solo en Él todo lo que necesito. Si Dios no hubiera insistido en que me enfocara, como dice Martha Tennison: «no en lo que está sucediendo, sino en lo que realmente está pasando»,[4] no habría aprendido cuál era mi verdadero problema.

O, mejor dicho, *quién era* mi verdadero problema. Porque mi falla fatal —como la de todos— estaba siendo alegre y exitosamente aprovechada…por Satanás, por supuesto, pero en colaboración con alguien que ya conocemos.

Sip, lo adivinaste.

La Mujer Carnal.

NO ES MI AMIGA

Te presenté a la Mujer Carnal en el capítulo tres, pero ¿mencioné que ella es una luchadora de sumo de 300 kilos? ¿Y que sus áreas favoritas en tu vida y en la mía son las ubicadas a lo largo de nuestras grietas? No tenía idea de que ella había crecido hasta alcanzar proporciones tan monumentales o que estaba causando tantos estragos en mi alma. Después de todo, yo había sido una buena chica toda mi vida. No tenía remordimientos que atormentaran mis noches ni un pasado de abuso que perturbara mis días. No era alcohólica ni drogadicta ni una reina del porno. No había mucho con qué alimentar mi baja naturaleza.

O al menos eso pensé. Fue un despertar bastante duro descubrir lo perdida que estoy lejos de Jesús. Puede que mis conflictos fundamentales no sean tan evidentes como los de algunas personas, pero son igual de peligrosos. Quizás sean más peligrosos porque son fácilmente ignorados.

Porque, verás, no hace falta un pecado visible para alimentar a nuestra Mujer Carnal invisible. De hecho, estoy descubriendo que ella a menudo se deleita más en el festín interno: el pensamiento lleno de odio, la comparación llena de orgullo, las pequeñas críticas y murmuraciones que hacemos en nuestra mente sin decir una sola palabra. Estos son los platos que ella devora. Y, lamentablemente, muchos cristianos pueden ofrecer un gran banquete.

Si no tenemos cuidado, el llamado y el propósito de Dios para nuestra vida fácilmente pueden convertirse en alimento para el hambre voraz de la Mujer Carnal. Sentimos la necesidad de *hacer* algo, de *ser* algo, trascendental, para Dios, por supuesto; también, en secreto, para nosotros mismos, por inconscientes que puedan ser nuestros motivos. Si no tenemos cuidado, podemos terminar como Sansón después de su corte de pelo, quien «no sabía que el Señor lo había abandonado» (Jueces 16:20). Continuamos dando los pasos en el ministerio, seguimos viviendo como los elegidos de Dios, pero haciéndolo con nuestras fuerzas.

Sin su poder.

Sin su Espíritu.

Sin su aliento de vida obrando en nosotros.

¡Todo a causa de las grietas en nuestros cimientos!

Es posible pasar la mayor parte de nuestra vida librando las batallas equivocadas. Guerreamos contra personas y circunstancias cuando la Biblia deja claro que «nuestra lucha no es contra seres humanos, sino… contra fuerzas espirituales malignas en las regiones celestiales» (Efesios 6:12).

Permíteme agregar que a veces no estamos luchando contra el enemigo de nuestra alma.

A veces es la misma mano de Dios la que resistimos.

Porque Dios nos ama tanto, Él lucha contra nuestra negación, nuestras suposiciones ingenuas y nuestros intencionales malentendidos. Nos desafía a ver la verdad sobre nuestra situación. Porque debemos afrontar nuestras zonas débiles para fortalecerlas.

Aunque la grieta que Él está revelando puede haber sido creada sin que sea nuestra culpa.

CÓMO SE FORMAN LAS GRIETAS

Las líneas de falla son una consecuencia inevitable de vivir como un ser humano caído con otros seres humanos caídos en una tierra caída. A veces, las grietas se remontan a un evento o circunstancia dolorosa en nuestra vida, especialmente en la niñez.

Las necesidades insatisfechas o los traumas dolorosos pueden marcarnos de por vida, y acontecimientos posteriores pueden provocar poderosos sentimientos de miedo, ira, culpa o vergüenza. Esos sentimientos y respuestas originadas por nuestra baja naturaleza —perfeccionismo, rabia, represión, complacencia a la gente, por nombrar algunas—ayudan a crear puntos vulnerables en nuestra alma.

Puedo rastrear los inicios de mi particular debilidad hasta cuando tenía cinco años. Aunque no fue el único factor, creo que un intercambio lleno de lágrimas entre mi madre y yo después de que me porté mal me hizo abrazar la falsa creencia de que debía ser buena para ser amada.

Parece tan tonto ahora. Después de todo, no fue culpa de mi madre: ella era y es la mujer más cariñosa que conozco. Tampoco fue culpa mía: solo era una niña. De alguna manera mi baja naturaleza se aferró a la mentira y la trajo como una verdad hasta mi edad adulta.

En *La búsqueda de significado*, Robert McGee ofrece una explicación útil de cómo puede suceder esto. «Todos tenemos apremiantes necesidades, dadas por Dios, de amor, aceptación y propósito», escribe, «y la mayoría de nosotros hará todo lo posible para satisfacer esas necesidades». El problema, como señala McGee, es que con demasiada frecuencia descuidamos acudir a Dios para que satisfaga nuestras necesidades. En cambio, «muchos de nosotros nos hemos convertido en maestros del "juego" para tener éxito y ganarnos la aprobación de los demás».[4]

Exactamente eso me sucedió a mí. Había adquirido la falsa creencia de que:

MI DESEMPEÑO + LAS OPINIONES DE LOS DEMÁS = MI VALOR[5]

Tragarme esta mentira me hizo vivir como si tuviera un espejo en la mano. Se lo mostraba a otras personas y su respuesta me decía quién era yo. Si sonreían, yo era una buena persona. Si fruncían el ceño, yo era mala. Si me daban la bienvenida con su expresión, yo valía, pero si permanecían distantes o miraban hacia otro lado, su desinterés no se debía al cansancio o a un mal día. No. Obviamente yo había cometido un error y merecía su rechazo. De alguna manera los había decepcionado y me había hecho indigna de su amor.

Y, como resultado, indigna del *amor de Dios*.

Déjame decirte que no existe una manera de vivir más miserable y esquizofrénica. Porque esa mentalidad particular me empuja no solo a ser lo que *Dios* quiere que sea, sino también lo que todos los demás quieren que sea. ¡Incluyendo todo lo que *creo* que ellos quieren que yo sea! Como un camaleón histérico, me paso la vida cambiando constantemente de colores y atuendos para encajar en cualquier situación en la que me encuentre. Es agotador. Inútil. Desesperante.

Negarse a participar en el juego de la aprobación, pero aferrarse a la mentira, puede ser igualmente destructivo. «Algunos de nosotros…», escribe McGee, «hemos fracasado y experimentado el dolor de la desaprobación tan frecuentemente que nos hemos dado por vencidos, encerrándonos en cierto caparazón de dolor, entumecimiento o depresión».[6] La vergüenza y el remordimiento por el pasado nos dicen que nunca seremos diferentes, que somos incapaces de cambiar. El miedo a cometer un error puede impedirnos intentar cualquier cosa.

Ya sea que respondamos con perfeccionismo, retraimiento o una combinación de ambos, los resultados son los mismos, según McGee. Desarrollamos una mentalidad de «debo» hacia la vida en vez de una de «quiero».[7] Nos conformamos con el legalismo en lugar de la gracia. Perdemos el gozo y la paz de Cristo en nuestra búsqueda de la aprobación y los aplausos humanos.

Lo peor de todo es que podemos persistir en ver a Dios como un juez indiferente y distante, sosteniendo una tarjeta de puntuación para calificar cada uno de nuestros intentos de agradarle; no lo vemos como realmente es: Padre amoroso de rodillas con las manos extendidas y una sonrisa tan grande como la eternidad, que elogia cada uno de nuestros pasos y que nos levanta cuando tropezamos. Un amoroso Padre que nos ayuda a caminar y nos enseña a correr. Que está listo para darnos la aceptación y aprobación que nos hemos estado matando por obtener con nuestras fuerzas.

Por supuesto, es posible que tu conflicto fundamental no sea la aprobación, aunque creo que es un problema para muchas mujeres. Podría ser algo completamente diferente. Algo relacionado o intensificado por recuerdos más oscuros y mucho más terribles que los míos. El abuso durante la niñez. Una violación. El divorcio. Una enfermedad mental o física. Promiscuidad sexual. Circunstancias o sucesos que siguen haciéndote sentir vulnerable, víctima de nuevo cada vez que algo desencadena tu recuerdo. Abandono. Rechazo. Vergüenza y culpa. Tal vez los hayas sentido todos.

No importa el evento fundamental que provocó tu grieta, por favor escucha esta maravillosa, increíble, cambia-vidas y buena noticia: no importa lo que hayamos hecho o lo que nos hayan hecho, no importa lo profundas sean nuestras heridas o cuán dañado esté nuestro espíritu, tenemos un Dios poderoso que es capaz de redimir nuestros momentos más oscuros y nuestros miedos más profundos. Un Padre amoroso que promete vigilar nuestros puntos vulnerables, fortalecer nuestras áreas débiles, corregir las mentiras que nos han extraviado y sanar las fisuras en nuestra alma.

Solo si le damos acceso. A menos que adoptemos el espíritu de María, a menos que le demos permiso a Dios para arreglar el retorcido desorden de nuestra vida, no tenemos muchas esperanzas de evitar una invasión del enemigo.

Una vida a prueba de terremotos

Las estructuras en áreas propensas a terremotos requieren un código de construcción diferente, y nosotros también. Como somos propensos a tener grietas, no basta con una reconstrucción. Aquí hay algunas estrategias para asegurarte de que tu vida esté sólidamente construida desde los cimientos.

1. ***Invita al inspector.*** Dale permiso a Dios para que te lleve a un recorrido por tu vida. Déjalo mirar en armarios cerrados, sondear oscuros espacios y señalar zonas de peligro. Él puede traer plenitud a tu vida solo si le das acceso total.

2. ***Refuerza los cimientos.*** Lo que hay debajo de la superficie es lo que realmente cuenta. Mantener una relación fuerte con Dios es crucial. También lo es buscar la sanidad de las heridas emocionales del pasado. Si tu casa no está construida sobre roca sólida, te deslizarás como arena.

3. ***Refuerza tu estructura.*** Invierte en las principales relaciones de tu vida. Los buenos matrimonios no surgen por casualidad; están construidos. Las amistades fuertes requieren tiempo, y criar hijos piadosos requiere sabiduría. Trabaja en una vida sólida. Dios te ayudará.

4. ***Construye con cierta flexibilidad.*** Un edificio con la capacidad de moverse un poco tiene mejor oportunidad de sobrevivir a

Todo se reduce a esto. El dolor y la injusticia de la vida, nuestras malas acciones o las malas acciones de otros, pueden torcernos y distorsionarnos, creando fisuras y áreas débiles, pero es nuestra respuesta a estos problemas lo que marca la verdadera diferencia. Es lo que hacemos y lo que dejamos que Dios haga.

Mientras nos aferremos a nuestro dolor como excusa para nuestros problemas y una razón para ser y permanecer como somos, nunca experimentaremos la sanidad de Dios.

Mientras neguemos nuestra debilidad, nunca experimentaremos su fortaleza.

un terremoto que uno rígido e inflexible. El sentido del humor, una actitud relajada y confiada, y estar dispuesto a ceder en cuestiones que no son tan esenciales pueden ayudarte a sobrevivir a la actividad sísmica de la vida.

5. *Presta atención a los temblores.* Los temblores suelen preceder a los terremotos. Los signos de inestabilidad pueden incluir pensamientos destructivos, nuevas tentaciones o relaciones que se derrumban. No las ignores, estas son la forma en que Dios te advierte. Admítelas delante de un amigo y rinde cuentas. Elimina las actividades que te pongan en riesgo.

6. *Cuando la Tierra tiembla, elige permanecer de pie.* Realmente no se trata de *si* tendrás un terremoto, sino *cuándo*. Por favor, comprende que una vida edificada en Cristo puede sobrevivir a casi cualquier cosa. La Roca absorberá el impacto, y aunque puedas tambalearte, no tengas miedo. Dios te ayudará a mantenerte en pie.

Dios es nuestro refugio y nuestra fortaleza,
nuestra segura ayuda en momentos de angustia.
Por eso, no temeremos aunque se desmorone la tierra.

Salmo 46:1-2

Necesitamos tanto su sanidad como su fortaleza, porque incluso quienes crecemos y maduramos en el Señor tenemos puntos vulnerables a lo largo de nuestras grietas.

Mientras vivamos en esta Tierra caída, las placas tectónicas de nuestra alma se moverán de vez en cuando. Y cuando lo hagan, la destrucción puede estar a solo una decisión de distancia.

FALLAS OCULTAS

En la madrugada del 18 de abril de 1906, San Francisco fue despertado por los violentos golpes de un terremoto, probablemente tan fuerte como 8.25 en la escala de Richter. El terremoto, que duró poco más de un minuto, destruyó 490 manzanas y derribó un total de 25.000 edificios. Las tuberías de gas rotas provocaron incendios que asolaron la ciudad durante tres días. Más de 250.000 personas quedaron sin hogar y la capital de la fiebre del oro que había estado allí durante medio siglo quedó prácticamente destruida.[8] Todo debido a un punto débil en lo profundo de la tierra, una línea de falla cedió. Y nadie pudo prever la destrucción hasta que fue demasiado tarde. Las fallas geológicas quedan ocultas hasta que producen un terremoto. Esto también suele ser verdad con las fallas espirituales. A veces no somos conscientes de las áreas débiles de nuestra alma hasta que algo las desencadena. Mientras los habitantes de San Francisco eran incapaces de detener la actividad sísmica que destruyó su ciudad, nosotros podemos anticiparnos y fortalecer nuestra alma.

Mi amiga Tricia nunca esperó que la feliz estabilidad de su matrimonio fuera sacudida hasta que un antiguo novio, su primer amor, la contactó por correo electrónico. Su correspondencia comenzó inocente. Simplemente poniéndose al día con su vida. De pronto, él empezó a escribir: «Eres la única mujer que he amado. Nunca debí haberte dejado ir».

Con casi 34 años y después de tanto tiempo, mi amiga no debería haberse sentido tan afectada por sus halagadoras palabras, pero la misma relación emocionalmente estéril con su padre que había dejado a Tricia susceptible a relaciones poco saludables en su adolescencia también la hizo vulnerable como adulta. Esas inesperadas palabras sacudieron a Tricia hasta lo más profundo.

«Las emociones eran tan intensas. Era como si tuviera quince años otra vez», explica Tricia. «Este chico fue el primer hombre que me mostró amor. Él había sido todo para mí. Me encontré imaginando lo impensable y supe que estaba en problemas».

Con temblores en su corazón apuntando a un terremoto potencialmente devastador, Tricia inmediatamente pidió ayuda. Se hizo responsable ante sus amigos y, con su apoyo, se obligó a confesar la situación a su marido. Juntos le escribieron al exnovio de Tricia y le explicaron por qué todo contacto debía terminar.

«Las emociones tardaron un tiempo en calmarse», dice Tricia. «Incluso ahora, un mes después, tengo destellos de pensamientos de "qué pasaría si" que me toman por sorpresa, pero sé que no puedo consentirlos».

Acudir a la Palabra de Dios ha ayudado mucho. Cuando Tricia comenzó a leer lo que la Biblia enseña sobre el amor verdadero, dice: «Me di cuenta de que había experimentado una forma distorsionada de amor en ese reencuentro con mi exnovio. Era una falsificación de lo real».

También aprendió a orar tan pronto como los pensamientos le venían a la mente, sometiéndolos a Cristo y luego deliberadamente dirigiendo su mente a otra parte. Durante las primeras dos semanas, la lucha espiritual fue tan intensa que el esposo de Tricia oraba por ella por la noche y luego la llamaba durante el día para asegurarle su amor y orar una vez más.

Sacar la situación a la luz fue el primer paso crucial. «Una de las razones por las que sabía que estaba en problemas fue que no quería contárselo a nadie», señala. «Pero cuando lo dije, el poder de la mentira se rompió. Dios me mostró estas cosas ocultas con un propósito: quería traer sanidad a las áreas de mi vida donde era vulnerable».

Aunque el mundo de Tricia temblaba, se sacudía y giraba durante ese momento difícil, su casa se mantuvo firme. Todo porque le dio a Dios acceso a un conflicto fundamentalmente peligroso: su desesperada necesidad de amor y atención por parte de un hombre. Como resultado, una situación con el verdadero potencial de destruir terminó sanando algunas de las heridas emocionales de Tricia, además de fortalecer su matrimonio. «Nuestro matrimonio se ha convertido en un lugar seguro en vez de un lugar de secretos», dice.[9]

Tu vida también puede convertirse en un lugar seguro. Porque eso es lo que Dios genera cuando somos honestas con nosotras mismas y con los demás sobre nuestras debilidades, en vez de ocultarlas o negarlas.

Después de todo, las fallas que se dejan desatendidas son invitaciones al desastre.

Trazar caminos llanos

Uno pensaría que Sardis había aprendido la lección la primera vez, pero la historia realmente encuentra una manera de repetirse, especialmente para aquellos que se niegan a aprender. Después de 200 años de la caída de Creso, la ciudad de Sardis volvió a estar sitiada.

Durante casi un año, el rey seléucida Antíoco III intentó expulsar a Aqueo, gobernante de Sardis, de su fortaleza en lo alto de la gran roca. Cerca de doce meses no tuvo éxito. Quizás eso explique el exceso de confianza de Aqueo. Y su descuido.

Repitiendo la astucia de Hyeroeades y aprovechando un error de dos siglos atrás, un grupo de soldados enemigos trepó por los escarpados acantilados y encontró la ciudad desprotegida.

Y una vez más Sardis cayó.[10]

Aunque no debió suceder. Si Creso y Aqueo hubieran colocado una guardia en el punto débil, Sardis se hubiera mantenido segura en su ciudadela rocosa, pero no lo hicieron. Y yo repito su tonto error cada vez que me vuelvo perezosa o complaciente con las áreas débiles de mi vida.

Me he dado cuenta de que mientras viva, mientras la Mujer Carnal siga siendo mi compañera de cuarto, probablemente lucharé con mi necesidad de aprobación. Dios ha sido tan bueno al sanarme de muchas maneras. Su amor incondicional y aceptación continúan llenando el vacío que atraviesa mi alma. Sin embargo, creo que siempre seré vulnerable al pecado en esta área particular. No tan vulnerable como antes de que Dios me lo revelara, pero vulnerable al fin.

Eso podría sonar como falta de fe, pero prefiero llamarlo sabiduría. Aunque siento menos necesidad de aprobación, todavía tengo días cuando, como expresa Brennan Manning: «mis voraces inseguridades [hacen] que mi sentido de autoestima suba y baje como un velero que se deja llevar por los vientos de la aprobación o desaprobación de otros».[11]

Ser realista en cuanto a mi debilidad me impulsó a colocar un guardia en ese lugar. Con la ayuda del Espíritu Santo, he reconocido señales de advertencia que me alertan cuando el enemigo intenta aprovecharse. Reconocer y responder apropiadamente me ha protegido más veces de las que puedo contar.

Mis palabras imprudentes, por ejemplo, se han convertido en una señal de alarma. Cada vez que empiezo a pregonar mis opiniones como si fueran la verdad del evangelio, sé que se avecinan problemas. También aprendí a tener cuidado con la autocompasión. En mi caso, los pensamientos de «pobre de mí» son un boleto de ida a la depresión, así como una señal de que no confío en la provisión de Dios en mi vida. Y mi tendencia a la autopromoción es una verdadera señal de alerta. Cada vez que hago de «mí» y mis logros el tema de una conversación, sé que estoy pisando terreno peligroso. Me va mucho mejor al enfocarme en los demás.

Hebreos 12:13 promueve este tipo de conciencia saludable de nuestras debilidades. «Hagan sendas derechas para sus pies», dice, «para que la pierna coja no se disloque, sino que se sane».

No se escuchan muchos sermones sobre este versículo, pero encuentro útil su mensaje porque a veces necesitamos tomar medidas especiales para nuestras debilidades. Si queremos estar a salvo, hay algunos lugares, algunas situaciones que debemos evitar. Permíteme dar un ejemplo.

Cuando era niña, me encantaba ir al arroyo cerca de nuestra casa. Caminar sobre las rocas era uno de mis pasatiempos favoritos; pero en uno de esos paseos me torcí el tobillo, así que la actividad pasó a la clasificación de imprudencia. Los tobillos débiles necesitan lugares planos para caminar, no escarpadas riberas de arroyos.

Entonces, ¿cómo hacemos caminos llanos para nuestros pies? Buscando evitar actividades y experiencias que ejercen presión sobre nuestras grietas. Si luchas con la lujuria, por ejemplo, las novelas románticas sensuales pueden no ser el mejor material de lectura para ti. Si el descontento acecha a tu matrimonio, *Amas de casa desesperadas* puede ser una opción peligrosa de entretenimiento. Si tu punto débil es la envidia, hojear revistas sobre estilos de vida de los ricos y famosos puede alimentar tu incapacidad para disfrutar lo que tienes.

También he encontrado útil hacer una autoevaluación antes de salir a terreno potencialmente inestable. Así que regularmente reflexiono sobre mis motivaciones. Frente a una actividad, me pregunto: *¿Estoy haciendo esto para el Señor o para agradarle a la gente? ¿Qué inseguridad en mi vida me hace necesitar afirmación o ser el centro de atención?*

Tu lucha específica y tu punto débil pueden requerir diferentes preguntas:

- *¿Por qué siento la necesidad de poseer este artículo en particular?* ¿Realmente necesito lo que deseo, o lo que realmente deseo es prestigio o aceptación?

- *¿Por qué asumí que era culpa de la otra persona?* ¿Qué hace que me cueste asumir la responsabilidad de mi parte en la situación?
- *¿Por qué fui poco honesta en esa última conversación?* ¿Es porque tengo miedo de que la gente me rechace o porque realmente no sé quién soy?
- *¿Por qué evito esta llamada telefónica o esta conversación difícil?* ¿Este hábito indica rebelión pasivo-agresiva o algún tipo de miedo?

Quizás tengas que luchar un poco con ciertas cuestiones, pidiéndole al Espíritu Santo que te ayude a superar la negación, el autoengaño y la justificación. Llevar un diario con tus pensamientos y oraciones sobre estos temas también puede ayudar; ciertamente me ha ayudado a mí. (Consulta el Apéndice D para obtener sugerencias). Ten en cuenta que el objetivo no es encontrar «respuestas correctas», sino la honestidad ante el Señor. Porque hasta que reconozcamos nuestras debilidades y pidamos su ayuda, seguiremos tropezando. Mientras vivamos, necesitaremos la ayuda y protección de Dios frente a los puntos vulnerables en nuestra alma.

¿SE PUEDEN CURAR LAS GRIETAS?

En cierto sentido, quienes seguimos a Jesús vivimos en la Tierra Intermedia, atrapados entre un ahora y una realidad que aún no ha llegado. Gracias a lo que Cristo hizo en la cruz —a su continua obra redentora en nuestra vida— somos hechos nuevas criaturas. Sanados. Transformados. Ahora mismo, incluso mientras escribo esta línea. Sin embargo, porque vivimos como seres humanos en un mundo caído y pecaminoso, nuestra transformación completa aún está por venir.

Por eso debo poner mi vida constantemente bajo el reflector del cielo. Debo pedir a menudo al Espíritu Santo que me haga consciente de las trampas creadas por mis debilidades humanas y mis deseos engañosos.

Consciente, pero no ansiosa ni preocupada. Porque lo mejor que puedo hacer con mis fallas fatales es ponerlas en manos de Dios. Mis grietas e imperfecciones no son un obstáculo para Él, tampoco las tuyas. Porque Él es perfecto. Él ve lo que somos —con defectos y todo—, además ve lo que podemos ser.

Lo que antes nos hacía tropezar, Dios puede usarlo para ponernos de pie.

Lo que antes nos hacía agachar la cabeza, avergonzados, Él puede usarlo para su gloria.

Porque cuando pongo mi confianza en Cristo en vez de en Sardis para mantenerme a salvo, elijo una fortaleza inquebrantable. En vez de confiar en mi propia fuerza, sabiduría y capacidad, pongo mi esperanza en Aquel que «puede hacer muchísimo más de lo que podamos imaginarnos o pedir, por el poder que obra eficazmente en nosotros» (Efesios 3:20).

Los terremotos e invasores pueden venir. De hecho, vendrán. Satanás hará todo lo posible por explotar mis debilidades. Y la Mujer Carnal seguirá deleitándose al invadir los lugares donde más me duele.

Sin embargo, todo estará bien porque mi verdadero hogar ya no es una ciudadela construida sobre una falla tectónica. Mi hogar está construido sobre la sólida Roca que es Jesucristo.

Y si pongo mi confianza en Él, aunque el mundo a mi alrededor se sacuda y tiemble, incluso se derrumbe hundiéndonos en el océano; pase lo que pase, «no caeré» (Salmo 62:6).

6

Morir para vivir

Si alguien quiere ser mi discípulo, que se niegue a sí mismo,
tome su cruz cada día y me siga.

LUCAS 9:23

Habiendo reconocido la existencia de la Mujer Carnal, me doy cuenta de que ella se está volviendo cada vez más real para mí. Quizá demasiado real. Esta tarde, por ejemplo, mientras reflexionaba sobre cómo abrir este capítulo, de repente se me ocurrió una idea cinematográfica a color y en alta definición. Una película taquillera de gran presupuesto con banda sonora, primeros planos y avances muy entretenidos. (Te dije que ella podría estar volviéndose demasiado real).

Las luces se apagan y aparece el título en la pantalla: *Mujer Carnal crucificada.*

Luego el subtítulo: *Y pensabas que controlar tu peso era difícil…*

La película comienza con la Mujer Carnal abriéndose paso lentamente entre una multitud en el camino hacia su cruz. Una luchadora de sumo de 300 kilos apretujada dentro de un vestido de noche de lentejuelas moradas. Su rostro sonrojado, pero cuidadosamente maquillado y enmarcado por la nube de plumas de su chalina. A medida que la música de fondo se intensifica, ella se detiene de vez en cuando para saludar a sus admiradores que hacen valla a lo largo del camino.

Lágrimas de rímel negro corren por sus mejillas mientras Frank Sinatra canta *A mi manera*.

—¡Ojalá no tuvieras que ir! —la Gula grita entre la multitud. La Pereza y la Procrastinación coinciden con el lamento, llorando abrazadas.

—Sí, no ha sido lo mismo desde que dejaste el trono. —Le dicen entre sollozos —. Nos está costando mucho superarlo.

—Lo sé, mis amores. Lo sé, pero, como dicen, todo lo bueno debe terminar.

La Mujer Carnal lanza sus últimos besos a sus amigos más queridos. Aunque se siente derrotada cuando ve la viga de la cruz a mis pies y el martillo que sostengo en mi mano.

—¿De verdad, querida? —dice extendiendo la mano para acariciar mi brazo—. ¿Todo esto es necesario?

—Me temo que sí —respondo, firme en mi resolución y ansiosa por acabar de una sola vez—. Por favor, acuéstate. Es hora.

—Pero… pero… pero… —balbucea mientras la arrastro hacia su muerte—. Tenemos que hablar.

Ella se resiste bastante, pero yo estoy decidida. Sé que nunca tendré paz hasta que obedezca. «Los que son de Cristo Jesús han crucificado la carne con sus pasiones y deseos», afirma Pablo en Gálatas 5:24. ¡Lo hace parecer muy fácil! Me pregunto si Pablo tuvo que librar batallas fáciles en su lucha contra el pecado.

Con una rodilla sobre su pecho y un brazo sujeto a la cruz, intento inmovilizarla.

—Piensa en todo lo que te perderás —dice, luchando por levantarse. Intento ignorarla y concentrarme en lo que debo hacer.

—¡Todo lo que hago por ti! —añade con un puchero.

Aprieto los dientes y empiezo a tararear: «Como quieras, Señor, Haz como tú quieras…».[1] Y de repente Él está allí.

—¿Tienes problemas? —Cristo pregunta.

—Bastantes —admito—. Sin embargo, estoy dispuesta, Señor. Quiero que gobiernes y reines en mi vida.

—¿De qué estás hablando? —grita la Mujer Carnal, agitándose salvajemente al ver a mi Maestro—. ¡Te doy todo lo que quieras! ¡Me aseguro de que te salgas con la tuya! ¡Nadie te ama como yo! —asegura.

—Aquí, Señor —digo, dando un paso atrás y entregándole el martillo—. Supongo que es más de lo que puedo hacer por mi cuenta.

Cristo toma el pesado mazo y se arrodilla junto a mi carne agitada y frenética.

—Silencio —dice Él. Y la Mujer Carnal obedece. Porque toda carne calla delante del Señor (Zacarías 2:13, RVR1960). La música se detiene; todo queda en silencio.

La Mujer Carnal mira a Jesús con desdén. Luego, sometida, pero no vencida, se vuelve para mirarme.

—¿No lo sabes? —pregunta, con los ojos entrecerrados y fríos. Ella prolonga sus palabras en un esfuerzo por atraerme.

—¿No lo sabes? Cuando me matas, mueres también.

La cámara se acerca a mi cara. Me vuelvo para mirar a Jesús, luego miro a la miserable mujer que una vez adoré.

—Sí, lo sé —sonrío—. De hecho, ese es el punto.

Y la pantalla se pone negra. Telón. Fin. *Se acabó.*

Al menos por hoy.

La Mujer Carnal debe morir

Bueno. Lo sé. Eso fue un poco exagerado. Aunque me pregunto…

Si nuestros ojos espirituales pudieran de alguna manera abrirse, si pudiéramos ver nuestras luchas diarias con la carne como las ve el cielo, si pudiéramos vislumbrar la batalla que tiene lugar entre el Espíritu de Dios y Satanás sobre nuestra alma, bueno, creo que la escena descrita anteriormente podría parecer más un documental que una película para chicas.

Porque, nos demos cuenta o no, hay una guerra en marcha. Y la Mujer Carnal… bueno, ella es una doble agente.

«La única esperanza real que tiene Satanás para controlar mi vida soy *yo*», escribe el autor Mark Rutland en *Holiness* [Santidad]. «A menudo operamos bajo la noción equivocada de que Satanás quiere que hagamos *su* voluntad. Satanás no tiene voluntad sobre nuestra vida. Él solo quiere que hagamos *nuestra* voluntad. Nos hemos encontrado con el enemigo y el enemigo somos nosotros».[2]

O, para ser más precisos, la enemiga es esa Mujer Carnal. Y aunque *es* parte nuestra hasta cierto punto, no es nuestro verdadero yo.

Santa tensión

A medida que trabajas en este libro, podrás descubrir, como descubrí yo, ideas y pensamientos en las Escrituras que parecen contradecirse. Por ejemplo, Pablo enseña que la salvación viene únicamente por la fe (Romanos 3:22-26). Sin embargo, Santiago enseña que la fe sin obras está muerta (2:17). Pablo nos explica que nuestra carne ha sido crucificada con Cristo, ¡tiempo pasado! Luego nos motiva para «hacer morir las obras de la carne» (Romanos 8:13, rvr1960) continuamente.

Entonces ¿cuál es la enseñanza correcta? puedes preguntarte. *¿Cuál es verdadera? ¿Cuál debo seguir?*

Creo que la respuesta, a menudo, es… ambas. Ambas son ciertas. Y debemos hacer ambas cosas.

Si ahora estás aún más confundida, aquí tienes una explicación que puede ayudarte.

En el este de Montana, los agricultores y ganaderos suelen plantar árboles como cortavientos. Aunque para que un árbol joven sobreviva a las ráfagas invernales y al calor del viento de la pradera en verano, el agricultor debe sujetarlo. Entonces ata cuatro cuerdas al

No importa lo que ella diga y no importa con cuánto entusiasmo Satanás la respalde, ella no es quien Dios nos creó para ser.

Por eso las Escrituras sienten poca simpatía por nuestra baja naturaleza. Porque Dios sabe que la Mujer Carnal vive en directa oposición a Él. Realmente no hay término medio. Se nos dice: «No se preocupen por satisfacer los deseos de la carne» (Romanos 13:14) y que «los que viven según la carne no pueden agradar a Dios» (Romanos 8:8). Si bien es importante quitar a la Mujer Carnal del trono de nuestro corazón, nuestra transformación divina no estará completa hasta que ella haya sido ejecutada.

---

tronco y las clava al suelo con estacas, una en dirección cada punto cardinal: este, oeste, norte y sur. Así que el viento puede aullar, pero el arbolito no caerá, sostenido por la tensión entre las cuatro cuerdas.

Creo que Dios ha construido el mismo tipo de «santa tensión» de cuatro esquinas en su Palabra. Debido a que los humanos tendemos a los extremos, yendo demasiado lejos en una dirección y luego demasiado lejos en la dirección contraria, Dios escribió puntos de equilibrio en las Escrituras. Estos principios parecen contradictorios a primera vista, pero —cuando los seguimos— nos ayudan a crecer altos y rectos, fuertes y con raíces profundas.

A medida que continúo viviendo el misterio de estas paradojas bíblicas, empiezo a descubrir que tienen perfecto sentido. Y lo más importante: las contradicciones que ensanchan mi pensamiento son las que más profundamente me transforman.

¿No es ese el objetivo del cambio?

Ahora bien, Dios nos ha revelado esto por medio de su Espíritu, pues el Espíritu lo examina todo, hasta las profundidades de Dios.

1 CORINTIOS 2:10

Y aquí es donde todo se complica un poco. Porque la Biblia afirma que esta obra ya está hecha. En el momento en que Jesús murió en la cruz, la Mujer Carnal también murió.

«Sabemos que nuestra vieja naturaleza fue crucificada con él», escribe Pablo en Romanos 6:6-7, «para que nuestro cuerpo pecaminoso perdiera su poder, de modo que ya no siguiéramos siendo esclavos del pecado; porque el que muere queda liberado del pecado».

Gracias a la cruz ya no soy esclava del pecado. El espíritu de este mundo ya no me controla. Ya no soy cautiva por las fallas de mi alma. Tampoco estoy bajo el dominio y la influencia de la Mujer Carnal... por muy seductora e implacable que parezca.

¿Suena confuso? Admito que a mí me confunde un poco. ¿Cómo puede la Mujer Carnal estar muerta cuando parece que lucho con ella todos los días? ¿Y dónde está la victoria sobre el pecado cuando constantemente me siento atrapada por su poder?

He aquí una analogía que me ha ayudado.

El maestro titiritero

De las 45 veces que la palabra *pecado* aparece en Romanos, se usa como sustantivo en todos los casos excepto en uno. Esto tiene repercusiones radicales para mi vida y la tuya. Con demasiada frecuencia pensamos en el pecado como algo que hacemos: pensamientos, actitudes o comportamiento incorrectos. Sin embargo, según Romanos 5-8, el pecado es una entidad activa, una fuerza que actúa dentro de nosotros. Un espíritu impío, por así decirlo. Y esta entidad activa: pecado «que actúa en los miembros de mi cuerpo» (Romanos 7:23), me manipula a mí, así como a mi carne, para hacer lo incorrecto.

Antes de conocer a Cristo, el pecado estaba completamente a cargo de mi vida. El maligno titiritero movía mis hilos haciendo que bailara como indefensa marioneta. Esclavizada por su oscura coreografía, yo fracasaba aquí y allá, siguiendo el ritmo de la vida. Por fuera parecía tener el control, pero en realidad era una impotente cautiva. Una esclava.

Adicta al amor propio, a la evasión del dolor y al placer, hice la voluntad del pecado: castigarme por mis fracasos y darme palmadas en la espalda por mis logros. Era la estrella del espectáculo de títeres de Judy.

Entonces vino Jesús. Cuando le dije que sí, Él cortó los hilos que ataban mi alma al pecado, al titiritero, y me permitió vivir de verdad. Ya no era un Pinocho de madera que deseaba y anhelaba ser real. Cristo sopló su aliento de vida en mí y me liberó para convertirme en todo aquello para lo que fui creada.

Libre para vivir.

Libre para moverme.

Y libre para permanecer en la esclavitud si así lo deseaba.

Porque es posible que pertenezca a Cristo y actúe como si estuviera controlada por el pecado. Creer que el pecado me controla, aunque los hilos —las ataduras del pecado— hayan sido cortados por la muerte y resurrección de Jesús.

Yo lo llamo memoria muscular.

La *memoria muscular* es un término utilizado por pianistas y otras personas que realizan tareas que requieren habilidades físicas específicas. Se refiere a la experiencia en la que los músculos parecen actuar casi automáticamente, sin pensamiento consciente. Es un patrón físico desarrollado luego de muchos años de práctica.

Pecar constantemente puede tener el mismo efecto en nuestro cuerpo y alma. Aunque ya no estamos atados al pecado, con demasiada frecuencia los patrones del pecado permanecen. Es como si hubiéramos tocado la melodía del pecado tantas veces que se vuelve natural para nuestros dedos.

La maestra y autora Anabel Gillham lo explica: «Los patrones en tu vida se vuelven tan profundamente arraigados que los ejecutas habitualmente, sin siquiera reconocer que manifiestas un comportamiento no cristiano... o que tienes la opción de resistirte».

«Así soy yo», nos decimos a nosotras mismas.

No, dice Anabel: «es solo lo que has aprendido».[3]

¿Dónde entra la Mujer Carnal en todo esto? Veremos más de cerca su estado de muerta viviente un poco más adelante; por ahora solo recuerda que ella es nuestra baja naturaleza, controlada por los hilos del titiritero. Aunque nuestro espíritu ha sido transformado por la salvación, la Mujer Carnal sigue bailando al ritmo impío del pecado. Y debido a que ella está conectada con nosotros, tendemos a seguir los movimientos del pecado junto con ella.

Aunque no debe ser así. Nuestros hilos han sido cortados. Ese es el punto central de Romanos 6:14: «Así el pecado no tendrá dominio sobre ustedes, porque ya no están bajo la Ley, sino bajo la gracia».

Entonces, ¿cómo cambiamos esos patrones arraigados de memoria muscular que nos mantienen batallando contra el pecado y la carne incluso después de haber sido liberados de su influencia? El apóstol Pablo sugiere dos cosas que debemos hacer.

Primero, debemos *reconocernos muertos al pecado* y permitir que nuestra fe descanse completamente en lo que Cristo ha hecho por nosotros. Entonces debemos continuar *matando* lo que queda de nuestra naturaleza terrenal que incluso permanece y se resiste a morir después de que la Mujer Carnal fue crucificada (Romanos 6:11; Romanos 8:13).

¿Cómo lo hacemos?

¿Y cómo se ve eso?

Hacer cálculos

Cuando era niña, me encantaba ver ese clásico programa de televisión, *Bonanza*. Si eres un poco más joven que yo tal vez lo hayas visto en Nickelodeon. Una familia de hombres (el padre Ben y los hermanos Hoss, Adam y el pequeño Joe) vivían en un gran rancho llamado La Ponderosa.

Era entretenido. No solo porque el pequeño Joe (interpretado por Michael Landon) era guapo, sino porque también disfrutaba del buen Hoss.

—Bueno, papá —decía, inclinando su abultado sombrero para rascarse la frente calva—. *Estimo* que es mejor que reúna esos caballos.

—Sí —respondía Ben Cartwright, subiéndose los pantalones—. *Estimo* que deberías hacerlo.

Cada semana, uno de los chicos —casi siempre el pequeño Joe— se enamoraba.

—*Estimo* que eres la chica más bonita que he visto en mi vida —decía el Cartwright más joven mientras cabalgaba junto a ella en su pony pintado—. ¿No te casarías conmigo?

—Por supuesto —decíamos ella y yo al unísono, entrecerrando los ojos enmarcados por largas pestañas. Justo cuando el pequeño Joe finalmente había convencido a nuestro sobreprotector padre de sus buenas intenciones y casi había construido nuestra nueva cabaña de madera, moríamos de alguna terrible enfermedad.

Y cada semana lloraba. No solo porque el verdadero amor del pequeño Joe había muerto, sino también porque Michael Landon tenía edad suficiente para ser mi padre.

—*Estimo* que nunca me amarán así —sollozaba sobre mis palomitas de maíz. Al menos no alguien tan guapo… *estimo*.

Entonces apareció mi guapo actor de televisión: John, quien me demostró que estaba equivocada. Este año celebraremos 25 años de feliz matrimonio. Y aunque no seamos dueños de La Ponderosa, a diferencia de la mayoría de las estrellas de *Bonanza*, todavía estoy viva.

De hecho, yo *estimo* que soy la chica más bendecida del mundo.

Estimar siempre ha sido para mí la palabra en jerga del viejo oeste para decir «me parece» o «supongo». Una simple expresión de opinión. En la Biblia la palabra griega que se traduce en *estimar* es un término contable. El *Diccionario expositivo* de Vine define *logizomai* como «usado apropiadamente en un cálculo numérico».[4]

Cuando Pablo escribe en Romanos 6:11: «De la misma manera, también ustedes considérense muertos al pecado, pero vivos para Dios en Cristo Jesús», no nos pide que supongamos nada. Solo nos está diciendo que hagamos los cálculos. ¡Deja de complicar las cosas! ¡Solo súmalo!

Debido a todo lo que Jesús hizo, la deuda que tú tenías fue cancelada: «¡Pagada en su totalidad!». El pecado ya no te posee. Ya no estás obligada a obedecer sus órdenes. El Titiritero ha perdido su influencia.

Cuando estimamos nuestra cuenta a la luz del sacrificio de Jesús, no sumemos nuestros torpes intentos de ganarnos el amor del Señor, porque la suma de lo que nuestro Señor ha hecho por nosotros es tan asombrosa, tan notable e indiscutible que podríamos agregarla a nuestro saldo a favor en el banco.

No somos perdonados porque nos sintamos mal o porque muy en el fondo seamos buenas personas. Ni siquiera somos perdonados por el maravilloso amor de Dios. La única razón es porque Jesucristo murió en la cruz. Punto.

Sin embargo, debemos *apropiarnos* de lo que Él hizo. Debemos hacer los cálculos, hacer cuentas. Debemos elegir *creer* que la obra de la cruz fue suficiente para comprarnos la libertad del pecado.

Que muchos de nosotros perdamos las grandes riquezas de justicia que tenemos a nuestra disposición en Cristo es la tragedia contemporánea más grande de la iglesia. Conformarnos con tan poco cuando Jesús proporcionó tanto es como tener mil millones de dólares en una cuenta bancaria a nuestro nombre y a nuestra disposición, pero nunca ir al banco a hacer un retiro.

Lo que Cristo ha hecho por ti y por mí a través de su muerte y resurrección es esencialmente hacer un depósito enorme en nuestra cuenta. Su justicia, según Romanos 4:11 (rvr1977), nos ha sido «conferida», es decir, puesta bajo nuestro nombre. Hemos sido consagrados, apartados y santificados. Ahora nos pertenecen la posición de justicia de Jesús ante Dios y su poder para vivir correctamente.

Para pedir.

Para recibir.

Debemos pedir para recibir.

De lo contrario, todo lo que Cristo ha provisto para nosotros se queda en el banco mientras nosotros vagamos por las calles de la vida, mendigando pan, buscando propósito, tratando de compartir con otros sobre la bondad de Dios mientras nosotros estamos hambrientos, pasando miseria, desnudos y con frío.

¿Cómo, en la práctica, hacemos retiros de nuestra cuenta de justicia? Ahí es donde entra la fe. Lo hacemos creyendo.

La fe es nuestra boleta de retiro

Cuando era joven, Martín Lutero era un alma torturada. Quería agradar a Dios. Desesperadamente. Así que ingresó en un monasterio a los 22 años y dedicó toda su vida a consagrarse, sin importar el costo. Escrupuloso con el pecado, acudía constantemente a su confesor para arrepentirse de su maldad. El amable prelado trataba de guiarlo hacia el amor de Dios, pero los fracasos de Lutero lo atormentaban continuamente. El joven caminaba por su celda gritándose a sí mismo, tratando de luchar contra el pecado que parecía tan dominante, tan abrumador, tan implacable en su vida.

No fue hasta que Dios le mostró a Lutero el significado de las palabras de Romanos 1:17 que finalmente encontró la paz. «De hecho, en el evangelio se revela la justicia que proviene de Dios», dice el versículo, «la cual es por fe de principio a fin, tal como está escrito: "El justo vivirá por la fe"».

De repente Lutero se dio cuenta de que Dios no le estaba exigiendo que fuera santo por sí mismo. En cambio, le ofrecía aquello por lo que había luchado durante tantos años —no solo una vida correcta, sino la justicia de Dios en sí misma. Una justicia ofrecida como un regalo— que debe recibirse únicamente por la fe. «En ese momento me sentí como si hubiera nacido de nuevo y que había entrado por las puertas abiertas al paraíso mismo», escribe Lutero.[5]

Me encanta cómo la película *Lutero* retrata este momento.

«Mira a Cristo», le dice el padre confesor al joven monje mientras presiona un crucifijo en la mano de Lutero. «Únete a Cristo. Dile: "Yo soy tuyo. Sálvame"».

Sentado en el frío suelo de piedra de su celda, Lutero mira fijamente la cruz y luego la rodea con la mano. «Soy tuyo», le susurra a Jesús. «Sálvame».[6] Y en el momento en que decide confiar, por fin es libre. Ya no está atormentado, Lutero es un hombre en paz.

Como nosotros… cuando dejamos de esforzarnos y elegimos aprovechar el rico depósito de la gracia que Cristo compró para nosotros en la cruz.

Me encanta el cuadro que pinta Hannah Whitall Smith en su libro clásico *El secreto de la vida cristiana feliz*. Es un retrato de un cristiano cansado, muy parecido a Martín Lutero. A veces, muy parecido a ti y a mí.

Muchos cristianos, señala ella, son como el hombre que llevaba una pesada carga por un camino rural. El conductor de una carreta que pasaba le ofreció llevarlo y él aceptó alegremente. Sin embargo, incluso después de subir, el viajero mantuvo la carga sobre sus hombros. Así viajó encorvado bajo el enorme peso.

—¿Por qué no dejas tu carga? —preguntó el conductor.

—Oh, siento que ya es demasiado pedirte que me lleves. No podría pensar en dejarte llevar también mi carga —le respondió el viajero.[8]

Al igual que el hombre de la historia, muchos de nosotros seguimos caminando penosamente bajo el peso acumulado que este mundo pone sobre nuestros hombros. Mientras tanto, todo el tiempo, Jesús ha estado esperando para llevar esa carga.

«Al deshacerte de tus cargas», observó Hannah Whitall Smith, «lo primero de lo que debes deshacerte es de ti mismo».[9] De tus tentaciones, de tu temperamento, de tus sentimientos negativos y también de tus miedos.

Peligros de la autoevaluación

Crucificar a la Mujer Carnal significa que debo mirarme honestamente a mí misma, pero solo hasta cierto punto. Se me conoce por autoevaluarme hasta enfermarme. Explorando y hurgando en las zonas muertas que espero que todavía estén muertas, arrancando costras de cosas que casi han sanado. Aparte de la obra del Espíritu Santo, explica Hannah Whitall Smith, la autoevaluación realmente puede dar vida a la carne que estamos tratando de matar.

> El yo siempre está decidido a asegurar la atención y preferiría
> que se piense mal de él a que no se piense en él en absoluto.
> Y la autoevaluación, con todas sus miserias, a menudo le da
> una especie de satisfacción morbosa a la vida del yo en nosotros
> e *incluso* engaña al yo haciéndole pensar que es muy piadoso
> después de todo… Crecemos imitando aquello que vemos,
> y si pasamos nuestra vida mirando a nuestro odioso yo, nos
> volveremos más y más detestables. ¿No parece un hecho que la
> autoevaluación, en lugar de hacernos mejores, siempre parece
> empeorarnos?

La única autoevaluación saludable, según Smith: «Para cada mirada al yo, mira diez veces a Cristo».[7]

En esto sabremos que somos de la verdad y nos sentiremos
seguros delante de él: aunque nuestro corazón nos condene,
Dios es más grande que nuestro corazón y lo sabe todo.

1 JUAN 3:19-20

«Así como [Cristo] vino a llevar tus pecados por ti, también ha venido a vivir su vida en ti», continúa Smith. «Eres tan impotente en un caso como en el otro. Podrías haberte librado de tus pecados con la misma facilidad con la que ahora podrías lograr por ti mismo la rectitud. Cristo, y solo Cristo, debe hacer ambas cosas por ti; tu parte es simplemente dejar ambos asuntos en sus manos para que obre, y luego creer que Él lo hará».[10]

La fe realmente marca la diferencia en mi capacidad de vivir como una mujer libre. Creer que lo que Cristo hizo en la cruz fue suficiente para mí, para mi vida y mi situación. También creer que fue suficiente para todos los que se acerquen a Él y le pidan... crean... y reciban.

Porque solo la fe es nuestra boleta de retiro.

Es la tarjeta de débito que accede a nuestra cuenta.

La fe hace posible matar a la Mujer Carnal y seguir adelante con el proceso de ser renovada de adentro hacia afuera.

¡Ka-ching!

Uno de los estudios bíblicos más transformadores en los que he participado es la serie de videos *Believing God* [Creerle a Dios] de Beth Moore. Cada semana durante el estudio, Beth nos hizo repetir un pequeño ejercicio. Levantando un dedo a la vez para enfatizar cada punto, recitaríamos estas cinco básicas declaraciones de fe:

1. Dios es quien dice ser.
2. Dios puede hacer lo que dice que puede hacer.
3. Soy quien Dios dice que soy.
4. Todo lo puedo en Cristo que me fortalece.
5. La Palabra de Dios está viva y vive en mí.[11]

Después de cada declaración, nos hizo señalarnos a nosotros mismos, luego señalar nuestra cabeza y luego a Dios, diciendo: «Le estoy...creyendo...a Dios».

Interesante ejercicio. Ingeniosa estrategia de memoria. Y eso es todo lo que habría sido. Excepto porque en algún momento mientras repetía la declaración de identidad de Dios y la mía en Él, comencé a experimentar un cambio divino en mi comprensión de la fe. En mi aprendizaje surgió de repente un conocimiento que se filtró de la cabeza al corazón. Como si las piezas de un rompecabezas gigante se hubieran unido y viera lo que había estado flotando ante mí todo el tiempo:

Dios *es* quién dice ser.

Y yo *puedo* ser quien Él dice que soy.

Porque «¡Todo lo *puedo* en Cristo que me fortalece!» (Filipenses 4:13, énfasis mío).

Toda mi vida había estado diciendo esas palabras, pero ahora estaba empezando a creerlas de verdad y apropiarme de ellas.

Una semana, mientras Beth hablaba de Abraham y de cómo su fe en Dios le fue acreditada (es decir, contada) como justicia (Romanos 4:3), el Espíritu Santo comenzó a llevarme en un viaje espiritual. Entre las palabras de Beth, Dios me recordó cómo he vivido con una balanza en mi corazón, balanza que medía mi valor según mi desempeño. Siempre intenté hacer que lo bueno pesara más que lo malo. Sin embargo, por mucho que me esforzara, el más pequeño de los fracasos desplazaba fácilmente cualquier éxito.

Utilizando la metáfora contable de Romanos 4, Beth citó el octavo versículo: «¡Dichoso aquel cuyo pecado el Señor no tomará en cuenta!».

De repente, esa verdad convergió con la realidad de Isaías 64:6, que dice: «todos nuestros actos de justicia son como trapos de inmundicia», absolutamente inútiles y que no pesan nada a nuestro favor. Colocadas al lado de mi pecado en la balanza de mi mente, me di cuenta de que mis buenas obras simplemente no cuentan. No obstante, debido a la muerte de Jesús en la cruz, tampoco hago las cosas malas que hago.

No creo que pueda explicar con claridad lo que esta revelación hizo en mi espíritu. Déjame intentarlo. La verdad, como un pergamino que se despliega, comenzó a llenar mi corazón. *Si mis pecados no cuentan y mis buenas obras no cuentan, entonces ¿qué cuenta?*

La fe. Eso es lo único que cuenta en las matemáticas de Dios.

Abraham le creyó a Dios, y su fe le fue contada como justicia. Porque eligió confiar en Dios ante las imposibilidades, un depósito de santidad se acreditó en su banco espiritual: «¡Ka-ching!» sonó la caja registradora.

Sin embargo, el tipo de fe que agrada a Dios, que inclina la balanza a nuestro favor, no es pasiva. No se trata de asentir ante una idea y decir: «Supongo que suena bien». Nada de eso.

La verdadera fe requiere obediencia. Requiere disponerse a arriesgarlo todo por el amor y la fidelidad de Dios y luego hacer lo que Él pide.

Incluso cuando no lo entendemos.

Incluso cuando Él exige que renunciemos a las cosas que más amamos. Ese es el tipo de fe que mostró Abraham cuando tomó a su hijo con una carga de leña y se dirigió al monte Moriah (Génesis 22). Si hubieras estado allí escuchando, creo que habrías escuchado: «¡Ka-ching!».

Y si hubieras estado allí cuando Abraham levantó su cuchillo y bendijo a su Dios, con la plena intención de obedecer, creyendo que Dios cumpliría su promesa (Hebreos 11:19), habrías escuchado un «¡Ka-ching!», además de una voz del cielo diciéndole que se detuviera y el ruido de un carnero de sacrificio atrapado en el matorral. Casi puedo oírlo ahora: «¡Ka-ching!».

Porque, aunque Dios le había prometido a Abraham: «tu descendencia se establecerá por medio de Isaac» (Génesis 21:12), el acto más grande de fe era dejar el cálculo en manos de Dios. Y lo mismo ocurre con nosotros.

Cuando dejamos de intentar tener el control de nuestras circunstancias y comenzamos a entregárselas a Dios, sucede algo increíble. Él toma todo lo que le damos y comienza a trabajar a nuestro favor. Porque hemos elegido creer y confiar en vez de dudar y temer, Él hace que todo —lo bueno y lo malo— cuente a nuestro *favor* y no en nuestra contra. Ahí es cuando comenzamos a acumular importantes tesoros en el cielo. Y tesoros en la tierra.

«¡Ka-ching!». La fe nos es contada por justicia, y esa justicia viene en forma de semejanza de Cristo. Porque cuando creo que Jesús no solo es capaz de salvarme sino también de santificarme, hago depósitos en mi banco de justicia. «¡Ka-ching, ka-ching, ka-ching!».

Y cada vez que lo hago, según el cálculo, termino pareciéndome más a Jesús y menos a mí.

Matar lo que ya está muerto

El problema, por supuesto, es que todavía hay muchas ocasiones en las que no me parezco a Jesús en absoluto. Tantos días en los que me miro a mí misma y me estremezco ante mis persistentes fracasos y pecados. Tantas áreas de mi vida donde parece que la Mujer Carnal todavía gobierna y el Titiritero mueve mis hilos.

Lo que nos lleva de nuevo a algunas preguntas difíciles: si la Mujer Carnal realmente está muerta, si realmente fue crucificada con Cristo, ¿por qué todavía parece tan viva? ¿Y por qué me dicen que debo matar algo que las Escrituras afirman que ya está muerto? De hecho, si la Mujer Carnal no tiene poder, ¿cómo puede afectar gran parte de mi vida?

Me temo que no tengo respuestas definitivas a estas preguntas. Las verdades espirituales vividas en los confines de nuestra carne y de este mundo natural a menudo parecen contradecirse. Sin embargo, estoy descubriendo que las verdades más profundas a menudo se encuentran en algún lugar del espacio entre lo que parecen ser contradicciones.

Pablo lo sabía. En sus epístolas, a menudo destacaba el choque de conceptos en vez de ignorarlos. En Romanos 7 y 8, por ejemplo, señala directamente la paradoja de que, si bien el pecado ha perdido su poder y somos verdaderamente libres, todavía debemos lidiar con sus efectos mientras vivamos.

Martín Lutero también reconoce esa paradoja. «La fe no nos libera del pecado hasta el punto de que podamos ser ociosos, perezosos y seguros de nosotros mismos, como si ya no hubiera pecado en nosotros», escribe Lutero en su libro. *Preface to Romans* [Prefacio a Romanos]. «El pecado está ahí… Por lo tanto, tenemos en nosotros mismos toda una vida de trabajo por delante; tenemos que dominar nuestro cuerpo, matar sus concupiscencias, obligar a sus miembros a obedecer al espíritu y no a las concupiscencias».[12]

Aunque puede que no entienda completamente las implicaciones teológicas de esta guerra continua entre el pecado y mi espíritu, definitivamente la siento. Aunque el poder del pecado ha sido quebrantado en mi vida y la Mujer Carnal está condenada, todavía debo participar en la lucha contra el pecado y la carne. Si quiero esa transformación divina de la que hemos hablado, todavía me queda mucho trabajo por hacer.

Cada vez que esta paradoja me confunde, me ayuda recordar el árbol gigante que solía crecer en el jardín delantero de nuestra iglesia. Era un álamo imponente que ofrecía una sombra maravillosa, pero también estaba infestado de insectos. Cada verano dejaba caer hojas deformes con enormes brotes nudosos por el suelo. Cuando los brotes se abrían, molestas criaturas parecidas a mosquitos volaban y llenaban el jardín. A mis hijos les gustaba abrirlos antes de tiempo para ver las larvas. Era asqueroso. Realmente repugnante.

Finalmente, decidimos que el árbol tenía que irse. Sacamos las motosierras y fue cayendo, rama por rama, hasta que lo único que quedó fue la inmensa base del tronco como de dos metros de ancho que sobresalía del suelo. Agregamos algunas macetas sobre la nueva superficie para decorar y asumimos que ese era el fin del problema.

No pasó mucho tiempo antes de que nos diéramos cuenta de que el árbol estaba lejos de haber desaparecido. Sí, lo habíamos cortado, pero durante toda la primavera y el verano siguiente luchamos contra los brotes como en *Invasion of the Body Snatchers* [La invasión de los exhumadores]. Crecían por todas partes. En cualquier lugar. Los cortabas, pero volvían a aparecer. Los arrancabas de raíz, solo para arrastrar una línea desgarrada de césped que conducía —¡adivinaste!— directamente al árbol original,

Después de luchar contra el antipático álamo durante varios veranos, finalmente alquilamos una máquina especial y lo trituramos hasta la raíz. No fue suficiente talarlo. Tuvimos que desenterrarlo.

Lo mismo ocurre con la Mujer Carnal. La muerte y resurrección de Cristo definitivamente pusieron fin a su reinado. La cruz derribó su altanera figura que ya no se alza sobre el jardín de nuestra vida. Ella no tiene poder para hacernos pecar como antes, pero todavía se las arregla para hacer sentir su presencia. Y el proceso de desenterrarla continuará durante bastante tiempo.

Los brotes, esas molestas obras de la carne que surgen cuando menos lo esperamos, son lo que Pablo dijo que debemos matar diariamente. Pasaremos el resto de este libro aprendiendo cómo lograrlo. Nunca lo olvides, este desarraigo es una obra que debe hacerse en el poder del Espíritu Santo y no por nuestra cuenta.

El gran intercambio

Pasé gran parte de mi temprana vida cristiana como el joven Martín Lutero. Aunque no vivía en una celda oscura, me odiaba a mí misma y vivía obsesionada con mis pecados y fracasos. Pensando que debía «golpear mi cuerpo», como Pablo instruyó en 1 Corintios 9:27, me castigaba a diario para matar a la Mujer Carnal.

Desafortunadamente, la disciplina a la que Pablo se refería con «golpear» no funcionaba para que la Mujer Carnal dejara de disfrutar de su festín.

Tratar de crucificar mi yo natural para que Cristo pudiera vivir a través de mí era una admirable iniciativa, pero no lo lograba. Incluso en mis días más disciplinados, lo mejor que podía lograr era un funeral simulado con un ataúd vacío. Muchas flores y lágrimas, pero poco efecto espiritual.

En *Beyond Our Selves* [Más allá de nosotros] la escritora Catherine Marshall describe el problema y la imposibilidad de renovarnos espiritualmente:

Nuestra naturaleza podría compararse con una manzana cubierta por manchas oscuras. No hay forma de cortar cada mancha y salvarla; la condena de la descomposición está en la fruta... Cada uno de nosotros está teñido de voluntad propia; con ambiciones; con el deseo de ser mimado, adulado y admirado; con una crítica excesiva hacia los demás y una hipersensibilidad sobre nosotros mismos; con un impulso de agrandar el yo acumulando cosas. Así, por mucho que intentemos separar estas cualidades egocéntricas de las desinteresadas, el yo sigue apareciendo una y otra vez, haciéndonos tropezar.[13]

La única solución, concluye Marshall, es hacer de Jesús verdaderamente nuestro Señor y dejar que Él se encargue por completo de la desaparición de la Mujer Carnal. Lo que requiere «la dolorosa entrega total... a Él de todo nuestro yo natural para que sea destruido (las partes buenas y también las áreas con manchas) para que Cristo pueda darnos un nuevo yo, uno nacido de lo alto, uno donde Él sea el centro de nuestro ser».[14]

Nuestra lucha interior con la Mujer Carnal acabaría en gran medida si decidiéramos hacer eso, pero entregarla para que la destruyan tampoco es fácil. En parte porque, siendo honestas, no estamos tan seguras de desear su muerte.

La Mujer Carnal es como una «gemela siamesa», dice mi amiga Barb. «Ella se parece a mí, se siente como yo. Es difícil imaginar que necesito deshacerme de ella porque, en el fondo, creo que ella soy yo».

Debo confesar que he albergado esperanzas de que mi propia Mujer Carnal pudiera ser redimida. Que, con suficiente tiempo y rehabilitación espiritual, podría convencerse de aceptar la manera de pensar de Cristo. Aunque las Escrituras no señalan tal reconciliación de la

---

Oficiar tu propio funeral

Oswald Chambers escribe: Nadie entra en la experiencia de la santificación total sin pasar por un «blanco funeral»: el entierro de la vieja manera de vivir. Si nunca has enfrentado esta crisis de la muerte, la santificación no es más que una visión. Debe haber... una resurrección a la vida de Jesucristo. Nada puede perturbar tal vida con Dios para un propósito, ser testigo de Él.

¿De verdad has llegado a tus últimos días? Has sentido que sí, pero ¿has llegado a ellos *realmente*? La muerte significa que dejas de ser. ¿Estás de acuerdo con Dios en dejar de ser el afanado y riguroso cristiano que has sido? Rondamos el cementerio, pero nos negamos a ir a la muerte...

¿Hay algún lugar en tu vida marcado como el último día, un lugar al que la memoria regresa con un recuerdo de aprendizaje que te inspira agradecimiento?: «Sí, fue entonces, en ese "blanco funeral" que hice un acuerdo con Dios».

¿Estás dispuesto a pasar por ese «funeral» ahora? ¿Estás de acuerdo con Él en que este es tu último día en la tierra? El momento del acuerdo depende de ti.[16]

—*En pos de lo supremo*

Nadie me la arrebata [la vida], sino que yo la entrego
por mi propia voluntad. Tengo autoridad para entregarla
y tengo también autoridad para volver a recibirla.
Este es el mandamiento que recibí de mi Padre.

Juan 10:18

carne. Más bien, apunta categóricamente a su aniquilación: la Mujer Carnal debe morir. Además, lo que recibimos a cambio hace que valga la pena todo ese caótico proceso.

C. S. Lewis lo expresa de esta manera: «Cristo dice: "Dame *todo*. No quiero cierta cantidad de tu dinero ni de tu trabajo; te quiero *a ti*. No he venido a atormentar a tu yo natural, sino a matarlo. Ninguna medida a medias sirve... En su lugar, te daré un nuevo yo. De hecho, te daré mi Yo, mi voluntad será la tuya"».[15]

Ese es el gran intercambio. La vida de Cristo por la mía.

La verdadera transformación divina.

7

Un espíritu dispuesto

—Aquí tienes a la sierva del Señor —contestó María—.
Que él haga conmigo como me has dicho.

Lucas 1:38

M e pregunto cómo pudo haber sido. ¿Sucedió mientras caminaba hacia el pozo en busca de agua o mientras ordenaba su habitación? ¿Estaba contemplando las colinas alrededor de Nazaret o ayudando en la casa? ¿Despertó esa mañana con la sensación de que ese día sería como ningún otro?

No sabemos cuándo ni dónde recibió el mensaje de que su vida estaba a punto de cambiar. La Biblia no da muchos detalles. Solo afirma que Dios envió al ángel Gabriel a una joven virgen llamada María que vivía en un pueblo llamado Nazaret (Lucas 1:26-27).

«¡Te saludo, tú que has recibido el favor de Dios!» dijo el ángel (v. 28). «El Señor está contigo».

Y en ese instante la vida de María cambió para siempre.

Necedades para confundir a los sabios

Dios siempre parece usar a las personas que uno menos imagina y de las formas más inusuales para llevar a cabo su perfecta voluntad. Una práctica arriesgada, creo. Después de todo, los humanos nos las arreglamos para encontrar la manera de estropear las cosas. Procrastinación. Orgullo. Sin mencionar nuestra tendencia a agregar algunas cosas o saltarnos algunos pasos para «mejorar» los planes de Dios.

Incluso el arcángel seguramente se preguntó qué estaba tramando Dios al confiarle su gran plan a esa modesta joven. Frederick Buechner escribe en su libro *Peculiar Treasures*:

> Al ángel Gabriel le pareció que ella apenas tenía edad para tener un hijo, y mucho menos este hijo, pero se le había encomendado un mensaje que darle, y él se lo dio. Le dijo cómo debía llamarse el niño, quién iba a ser, y algo sobre el misterio que iba a venir sobre ella. «No debes tener miedo, María», le dijo. Mientras lo decía, solo esperaba que ella no notara que, bajo las grandes alas doradas, él mismo temblaba de miedo al pensar que todo el futuro de la creación dependía de la respuesta de una niña.[1]

Entonces, ¿por qué, entre todas las jóvenes judías que alguna vez vivieron, Dios eligió a María?

Ciertamente, podría haber sido que ella estuviera en el lugar correcto en el momento adecuado. Después de todo, ella vivía en Nazaret y estaba por casarse con un descendiente de David, un hombre que pronto sería llamado por un censo romano a regresar a Belén, la ciudad de David, todo lo que preparó el escenario para el cumplimiento de varias profecías. Aunque ¿elegir a la mujer que daría a luz a su propio Hijo? Seguramente debía haber algo más en la lista de deseos de Dios que una genealogía, un domicilio y su disponibilidad para un viaje.

Creo que lo hubo. Porque María no era una adolescente más, como descubriremos. Ella era una mujer dispuesta a decir sí a Dios, a entregar sus esperanzas y sueños para que los planes y propósitos divinos se cumplieran. María era el tipo de mujer que Dios sigue buscando hoy.

Porque, por alguna misteriosa pero maravillosa razón, Dios voluntariamente vincula sus esperanzas y sueños con humanos inestables que fallan como tú y yo. Y en esa locura divina, veo tres maravillosas implicaciones:

- Dios realmente nos ama.
- Debe estar tramando algo más grande y maravilloso de lo que sabemos.
- Quiere que nos unamos a Él en la aventura.

Oh, cómo deben temblar los ángeles al darse cuenta de estas verdades. Cómo deben inclinarse sobre los portales del cielo, esperando ver, atentos para oír. Estupefactos al pensar que todo el futuro del cristianismo depende, una y otra vez, de tu respuesta y de la mía, de nuestra voluntad de decir sí a lo que Dios pide. De reorganizar nuestra vida para cumplir sus planes.

Un espíritu dispuesto

Gladys Aylward nació en Londres en 1904. Cuando era joven, dedicó su vida a Jesucristo y se convenció de que estaba llamada a predicar en China. Desafortunadamente, no aprobó su examen del consejo misionero, pero Gladys no era el tipo de persona que se daba por vencida. Cuando se enteró de que un anciano misionero buscaba a alguien para continuar su obra; Gladys escribió y recibió la noticia de que, si podía llegar a China, tendría un lugar para servir al Señor.

Gladys, una pobre sirvienta, no tenía suficiente dinero para un boleto en barco, pero logró reunir lo suficiente para un boleto de tren. Así que, en octubre de 1930, con solo su pasaporte, su Biblia y dos libras y nueve peniques, Gladys Aylward dejó Inglaterra y se dirigió a China en el ferrocarril Transiberiano. Y así comenzó un ministerio que la convertiría en una de las misioneras más famosas del siglo xx. Todo porque ella estaba dispuesta y le dijo sí a Dios.

Es sorprendente lo que Dios puede hacer con un corazón rendido a Él. Un corazón que dice sí a pesar del costo.

Un corazón de María unido con un espíritu de María.

Solo puedo imaginar lo que debió pasar por la mente de la futura madre de Jesús cuando Gabriel se le apareció. Las visitas angelicales no eran comunes en Israel en aquellos días. De hecho, los 400 años que precedieron al nacimiento de Cristo habían estado extrañamente desprovistos de la presencia manifiesta de Dios. «Vienen días», había advertido Dios a su pueblo en Amós 8:11: «cuando enviaré hambre a la tierra—no hambre de pan ni sed de agua, sino hambre de oír las palabras del Señor». Y esa profecía se había cumplido. Debido a la dureza del corazón de Israel, Dios había dejado de enviar señales a su pueblo. No había columnas de nube. No había columnas de humo. Ni siquiera una voz profética. Y ciertamente, no había ángeles.

Entonces, en la villa de Nazaret, Jehová decidió hablar una vez más.

No a un sacerdote o tal vez a un rey, sino a una adolescente asustada. Lucas 1:28-37 cuenta la historia:

—¡Te saludo, tú que has recibido el favor de Dios! El Señor está contigo.

Ante estas palabras, María se perturbó y se preguntaba qué podría significar este saludo.

—No tengas miedo, María; Dios te ha concedido su favor —le dijo el ángel—. Quedarás embarazada y darás a luz un hijo, y le pondrás por nombre Jesús. Él será un gran hombre y lo llamarán Hijo del Altísimo. Dios el Señor le dará el trono de su padre David y reinará sobre el pueblo de Jacob para siempre. Su reinado no tendrá fin.

—¿Cómo podrá suceder esto —preguntó María al ángel—, puesto que soy virgen?

Y el ángel dijo:

Un sí a la vez

Donna Otto escribe: Hasta donde puedo decir, una vez que María le dijo sí al ángel, siguió diciendo sí a todo lo que Dios estaba haciendo en su vida y en su hogar. Ella dijo: «Sí, iré a Belén con mi esposo aunque esté embarazada». Ella dijo: «Sí, me conformaré con un establo» y «Sí, aceptaré que todos esos pastores sucios vean a mi recién nacido». Mucho más tarde dijo: «Sí, dejaré que mi Hijo salga de casa para ser predicador itinerante». Y «Sí, estaré con Él pase lo que pase, incluso al pie de una cruz».

La vida de María muestra que las cosas grandes, las cosas importantes, siempre comienzan cuando alguien dice sí a Dios y luego avanza un sí a la vez. Cuando tienes presente que toda tu vida es tierra santa, te mantienes abierta a las maravillosas oportunidades que Él ha planeado para ti…

Habrá sacrificios y sorpresas cuando decidas decir sí a Dios: sacrificios en tu tiempo, en tus planes y, a veces, en tus sueños más queridos…

Pero… la intención de Dios en general es bendecirte, en tu vida como mujer y en tu vida en el hogar. Él ya te ha bendecido… Él ha prometido morar en ti, así como tú moras en Él. Y Él ciertamente te ha favorecido entre las mujeres al darte una parte vital en el proceso de manifestar su reino en la Tierra.

Una vez que le digas sí al Señor, no sabrás exactamente dónde terminarás, pero podrás saber que siempre encontrarás el camino a casa.[2]

—*Finding your purpose as a mom* [Encuentra tu propósito como mamá]

¿Están ustedes dispuestos a obedecer?
¡Comerán lo bueno de la tierra!

ISAÍAS 1:19

—El Espíritu Santo vendrá sobre ti y el poder del Altísimo te cubrirá con su sombra. Así que al santo niño que va a nacer lo llamarán Hijo de Dios. También tu parienta Elisabet va a tener un hijo en su vejez; de hecho, la que decían que era estéril ya está en el sexto mes de embarazo. Porque para Dios no hay nada imposible.

¿No te encanta lo minucioso que es el Señor? Él pone su atención a las necesidades de María, diciéndole, en efecto: «En caso de que pienses que esto podría ser demasiado difícil, María, ¿te acuerdas de Isabel? ¿Tu pariente que es, bueno... mayor? Ella también tendrá un bebé. ¡Solo piensa! No estarás sola. ¡Incluso puedes compartir ropa de maternidad!

Estoy segura de que encontrar algo que ponerse era la menor de sus preocupaciones al escuchar el anuncio del ángel. Este embarazo planeado por Dios tenía profundas implicaciones para ella. «¿Qué pasaría con José?», seguramente se preguntó. «¿Qué pasaría con nuestro futuro matrimonio?».

Lo peor de todo: «¿Qué dirá la gente?».

María debía saber que sería considerada una mujer adúltera y que José probablemente terminaría su compromiso con un divorcio. Según la ley judía, incluso podrían apedrearla. Eran pocas las razones por las que se aplicaba un castigo tan severo. De todos modos, María sabía que el costo de este embarazo no planeado sería alto.

Sin embargo, el llamado de Dios era más alto. Entonces María respondió al ángel: «Aquí tienes a la sierva del Señor... Que él haga conmigo como me has dicho» (v. 38).

Dile sí a Dios

Debo confesar que me cuesta mucho relacionarme con María. Ella es todo lo que yo no soy, al menos en lo natural. Tranquila. Sumisa. Dispuesta a confiar en Dios.

Si se me hubiera aparecido un ángel diciéndome que había sido elegida para llevar al Hijo de Dios en mi vientre, habría pedido muchos más detalles antes de decir: «Hágase en mí como has dicho». Y lo más probable es que un canto de alabanza no hubiera sido lo primero que saliera de mi boca (Lucas 1:46-55). En lugar de reflexionar sobre estas cosas en mi corazón, como lo hizo María, probablemente habría salido corriendo a comprar una camiseta de maternidad con la palabra *MESÍAS* y una flecha señalando mi vientre, y la frase *MUY FAVORECIDA DE DIOS* en mi espalda.

Pero cómo deseo tener un espíritu dispuesto como el que tuvo la madre de Jesús. Quiero tener la capacidad de decirle sí al Señor sin preguntar por qué, dónde y cómo. Desgraciadamente, entiendo muy bien lo que escribe Richard Foster en *Oración: Verdadero refugio del alma:* «Celebrar la voluntad de Dios, hacer la voluntad de Dios, incluso luchar por la voluntad de Dios no es difícil… hasta que se opone a nuestra voluntad. Entonces se trazan lo límites, comienza el debate y se impone el autoengaño».[3]

Una cosa es querer la voluntad de Dios y otra muy distinta hacerla. Como hemos visto, el corazón humano tiene una enorme capacidad de autoengaño y nuestra carne es contraria a sus caminos del Señor. Entonces, incluso cuando le digo a Él que sí con la cabeza, con demasiada frecuencia mis acciones dicen que no.

Por eso regreso a la oración del rey David en el salmo 51: «Crea en mí, oh Dios, un corazón limpio; y renueva un espíritu recto dentro de mí» (v. 10, RVR1960) Sin embargo, es la última frase de esta oración la que he llegado a apreciar de manera especial: «¡Dame un espíritu dispuesto a obedecerte!» (v. 12 RVC).

Un espíritu dispuesto: eso es lo que necesito. Un corazón y una mente que digan sí a Dios; además de una voluntad y un cuerpo que ponen ese sí en movimiento. Filipenses 2:13 nos asegura que el Espíritu Santo es más que capaz de ayudarnos tanto en «el querer como el hacer para que se cumpla su buena voluntad». Sin esta ayuda, no sé si alguna vez lograría hacer lo que Dios quiere que haga.

¿Qué te ha estado pidiendo Dios últimamente? ¿Te parece imposible? ¿Sientes que quizás eligió a la persona equivocada para la tarea? ¿Te descubres enumerando las razones por las que no puedes obedecer, en lugar de las formas en que Él sí puede obrar?

De ser así, déjame compartir contigo una pequeña lección que he estado aprendiendo últimamente. Una lección que María me ha estado enseñando.

No es nuestro trabajo cumplir la voluntad de Dios. Esa responsabilidad le pertenece solo a Él. Nuestro trabajo es simplemente decir sí a cualquier tarea específica que Él nos ponga por delante. Luego cumplir, un pedido a la vez, con nuestra vida y con nuestra boca: «Hágase en mí como has dicho».

Obedecer y luego simplemente creer que Dios hará lo que dice que hará. Incluso cuando no parece tener sentido.

CREERLE A DIOS

Sería una temporada ocupada para el ángel Gabriel. Debía dar a María y luego a José la buena noticia de que estaban a punto de ser los padres de Dios. Antes tuvo la agradable misión de sorprender a un viejo sacerdote en Jerusalén mientras quemaba incienso ante el Señor.

¡Imagina cómo debió haber sido ese día para Zacarías! No esperaba ser elegido para el honor anual de sacrificar al Señor. Estar realmente en Jerusalén y de servicio en el templo era una cosa. Ser elegido para entrar al Lugar Santísimo, eso era otra muy diferente. Cientos de sacerdotes vivieron y murieron sin experimentar tremendo privilegio.

Y que un ángel apareciera justo cuando estaba a punto de encender el incienso, eso en sí mismo era suficiente para provocarle un ataque al corazón a un anciano.

«No temas, Zacarías», dijo el ángel, «pues ha sido escuchada tu oración. Tu esposa Elisabet te dará un hijo y le pondrás por nombre Juan» (Lucas 1:13).

De todo lo que uno podría esperar que dijera un ángel, esto seguramente fue lo último que Zacarías esperaba escuchar. De hecho, exigió pruebas. «¿Cómo podré estar seguro de esto? (…) Ya soy anciano y mi esposa también es de edad avanzada» (v. 18).

Si bien me conmueve la cuidadosa redacción de Zacarías sobre la edad de su esposa, a Gabriel no le impresionó en absoluto su respuesta. ¿Quién era Zacarías para cuestionar la capacidad de Dios y exigir una señal?

«Te vas a quedar mudo. No podrás hablar hasta el día en que todo esto suceda», le dijo Gabriel al sacerdote, porque «no creíste en mis palabras» (v. 20).

«¿Quieres una señal, Zacarías?», estaba diciendo. «Te daremos una señal».

¡Bam! Durante los siguientes nueve meses, el sacerdote estuvo literalmente sin palabras. Sin poder comunicarse excepto por escrito. Completamente mudo.

Cuando dudamos de la capacidad de Dios para cumplir sus promesas en nosotros y a través de nosotros, ninguna explicación de su parte, ninguna señal ni prodigio que nos beneficie será suficiente. Y Dios lo sabe. Entonces, a veces, en vez de soportar todas las preguntas, el cinismo y el debate teológico, Él simplemente pone su mano sobre nuestra boca y nos hace callar, aunque no tan literalmente como lo hizo con Zacarías.

«Shh… solo espera», nos dice. «Ya verás».

Lo que plantea una cuestión. María también había cuestionado a Dios, ¿recuerdas? ¿Por qué Dios no la silenció?

Una posibilidad es que ella no estuviera preguntando *si* Dios podría cumplir lo que había prometido. Su pregunta era una indagación inocente sobre *cómo* Dios lo haría realidad, y el ángel le respondió tranquilizándola (Lucas 1:35-37). Creo que la verdadera diferencia entre la respuesta de María y la de Zacarías se encuentra en las palabras proféticas que Isabel, prima de María, usó para saludarla cuando llegó de visita. Lucas 1:42-45 (el énfasis es mío) cuenta la historia:

> ¡Bendita tú entre las mujeres y bendito el hijo que darás a luz! Pero ¿cómo es esto que la madre de mi Señor venga a verme? Te digo que tan pronto como llegó a mis oídos la voz de tu saludo, saltó de alegría la criatura que llevo en el vientre. ¡Dichosa tú que *has creído*, porque lo que el Señor te ha dicho se cumplirá!

«Dichosa tú que has creído»: esa es la clave. Creer que Dios es quien dice ser y que Él puede y hará lo que dice que hará. Ese tipo de fe libera lo imposible. Le da permiso a Dios para trabajar ininterrumpidamente y sin obstáculos en nuestra vida. Lo mejor de todo es que ese tipo de fe libera bendición. ¡Y el asombro de todo esto hizo cantar a María! Lucas 1 registra su famoso Magníficat, o canto de alabanza, un testimonio del amor de Dios entonado desde un corazón lleno de gratitud y humilde admiración:

> Mi alma glorifica al Señor
> y mi espíritu se regocija en Dios mi Salvador,
> porque se ha dignado fijarse en su humilde sierva.
> Desde ahora me llamarán dichosa todas las generaciones,
> porque el Poderoso ha hecho grandes cosas por mí.
> ¡Santo es su nombre! (Lucas 1:46-49)

No te pierdas la bendición

Zacarías dudó. Pero —y esto me sorprende— Dios todavía obró. Sus planes y propósitos se cumplieron. Lo triste es que Zacarías, un hombre que de verdad amaba al Señor, se perdió el gozo de cooperar, de dar un paso atrás voluntariamente y dejar que Dios lo hiciera a su manera. Zacarías vio el milagro, pero no pudo cantar el cántico. Hasta el día en que se puso de acuerdo con Dios.

Cuando Isabel finalmente dio a luz a su tan esperado hijo, todo el pueblo se alegró con el sacerdote y su esposa. Seguramente Dios fue bueno al mostrar toda su misericordia después de tantos años. Ocho días después, cuando llegó el momento de circuncidar al bebé, todos estaban dispuestos a llamarlo por el nombre de su padre.

«¡No! Tiene que llamarse Juan», insistió Isabel, queriendo ser obediente a las instrucciones del ángel (Lucas 1:60).

Probablemente se escuchó un murmullo entre la multitud y algunas cejas probablemente se alzaron. No había nadie en la familia con ese nombre. ¿Qué podría significar eso?

Sin embargo, cuando los vecinos y parientes fueron a ver a Zacarías, el anciano sacó una tablilla y escribió firmemente: «Su nombre es Juan» (v. 63).

Y cuando lo hizo, el silencio impuesto por el ángel a Zacarías terminó inmediatamente. «Abrió su boca y se desató su lengua, recuperó el habla y comenzó a alabar a Dios» (v. 64).

¿Ves la progresión aquí?

Con la obediencia de Zacarías a las instrucciones de Dios llegó la liberación. Y con la liberación vino un cántico. Una bendición.

Entonces, lleno del Espíritu Santo, Zacarías comenzó a profetizar:

Bendito sea el Señor, Dios de Israel,
    porque ha venido a redimir a su pueblo.
Y tú, hijito mío, serás llamado profeta del Altísimo,
    porque irás delante del Señor para prepararle el camino.
Darás a conocer a su pueblo la salvación
    mediante el perdón de sus pecados (Lucas 1:68, 76-77).

María voluntariamente dijo sí a lo extraordinario, aunque no lo entendiera del todo. Como resultado, creo que pasó sus nueve meses acurrucada en las tiernas manos de Dios. La practicidad de Zacarías y la edad que figuraba en su licencia de conducir exigían un diagrama de flujo y un plan de negocios bien pensado. Así que pasó sus nueve meses envuelto en silencio, encerrado, obligado a esperar y a preguntarse mientras se desarrollaba el plan perfecto de Dios.

Es una lección que debemos tomar en serio. Cuando Dios viene a nosotros, cuando nos pide que nos unamos a su gran plan de salvación y redención, podemos dudar y cuestionar, pero si persistimos en la incredulidad, nos perdemos la bendición.

Por eso me digo esto a mí misma y a ti: no permitas que tu apego crónico a los hechos y la racionalidad te hagan perder las cosas milagrosas que Dios quiere hacer en tu vida. No seas tan adicta a los detalles que pierdas la oportunidad de unirte a Dios en grandes aventuras.

Cuando Su Espíritu te hable, di que sí.

Elije creer que Dios cumplirá lo que ha prometido.

Regocíjate en ello.

Luego confía en que Dios se encargará del resto.

El arte de la meditación

La tradición nos cuenta que cuando algunos antiguos artesanos representaban a María en vitrales, utilizaban material transparente. Sin tintes, sin colorantes, solo vidrio transparente como el agua. La razón fue que, cuando María se ofreció a Dios, se ofreció sin reservas y por completo. «No había nada en ella que afectara la luz que llegaba», afirma el pastor y autor Ben Patterson. «Ella no podía avanzar por sí misma y hacer avanzar la obra de Dios».[4]

María era ese excepcional tipo de mujer que conocía su papel y lo cumplía sin intentar nada más. Tenía un espíritu obediente y confiado. Dejó que Dios tomara las decisiones y se dejó llevar.

Cuando los pastores llegaron a adorar a Jesús y le dijeron a María y a José lo que habían dicho los ángeles, la Biblia nos relata que «María atesoraba todas estas cosas, reflexionando sobre ellas en su corazón» (Lucas 2:19 LBLA).

¿Entiendes eso? En vez de hablar de lo que estaba pasando, María reflexionaba. Pensaba sobre ellas. Mantuvo los acontecimientos en su

Di sí a las pequeñas cosas

Tendemos a pensar que decir sí al llamado de Dios en nuestra vida implica grandes cuestiones: acontecimientos dramáticos del tipo «¡Aquí estoy, Señor! Envíame». Aunque estar disponibles para ser usados por Dios a menudo se ve mejor en nuestra disposición a hacer las pequeñas cosas: esos sí pequeñitos que pueden parecer insignificantes en su momento, pero que marcan una enorme diferencia al ayudar a otros, pero más importante aún, al cambiarnos a nosotros.

- Decir sí a la incomodidad para que alguien más sea bendecido.
- Decir sí a un papel secundario, aunque estemos completamente calificados para estar al mando.
- Decir sí a hacer lo que no se ve, lo que no se nota y lo que no se aprecia.
- Decir sí a pasar por alto las faltas y los desaires desconsiderados.
- Decir sí a la escucha paciente, aunque haya mucho por hacer y más que decir.
- Decir sí a las tareas que realmente otros deberían hacer.
- Decir que sí cuando preferiríamos decir que no.

El que es fiel en lo poco también lo será en lo mucho.

LUCAS 16:10

corazón en vez de compartirlos cuando iba al pozo de agua o al mercado del pueblo.

Ya te lo dije, esa no soy yo. Si hubiera estado en el lugar de María, me temo que habría sentido la tentación de interrumpir, relatar mi propio encuentro angelical y obligar a mi esposo a compartir su historia también. Después de todo, los pastores ya estaban difundiendo la noticia a todo el que quisiera escuchar. Añadir nuestras historias no haría sino confirmar lo que estaban diciendo. Los mejores programas de noticias y espectáculos nos rogarían por una entrevista. ¡Con una combinación tan espectacular de publicidad anticipada, nuestro bebé podría ser coronado rey de Israel en una semana!

María se negó a complacer al público. En cambio, meditaba en privado. Y me pregunto si no sería inteligente seguir su ejemplo. Porque, con demasiada frecuencia, cuando Dios nos invita a unirnos a Él en su obra, nos adelantamos tratando de ayudarlo. En vez de permitir que el Señor lleve a cabo su plan cuando es conveniente, sacamos nuestra navaja y tratamos de abrir el capullo antes de que florezca.

Y cada vez que lo hacemos, causamos problemas.

Pregúntale a José. No al esposo de María, sino al hijo de Jacob en el Antiguo Testamento. Si hubiera meditado y atesorado sus sueños en vez de exhibirlos frente a sus hermanos, su viaje al palacio del Faraón tal vez no hubiera requerido un desvío en el pozo ni trece años en la cárcel.

Pregúntale a la madre de Jacob, Rebeca. Si ella hubiera confiado en que Dios cumpliría su promesa en lugar de engañar a su esposo, Isaac, para que bendijera a su hijo menor, le habría ahorrado a toda la familia un gran dolor.

Si bien sé que Dios usó la esclavitud de José y las artimañas de Rebeca para lograr sus propósitos, no puedo evitar preguntarme qué habría sucedido si hubieran elegido esperar y meditar en vez de apresurarse. Mi propia experiencia como una «Marta en recuperación» me ha enseñado que un corazón rendido dice sí a Dios, pero no exige un plazo ni una garantía de devolución de dinero. Después de todo, a veces aceptar la voluntad de Dios significa decir no al derecho a hacer que suceda como nos gustaría y decir sí a las pruebas y dificultades, a la angustia y al sufrimiento, a las pérdidas terribles y al gran dolor.

Solo pregúntale a María. Treinta y tres años después de que el profeta Simeón sostuviera a su hijo en brazos, lo bendijera y profetizara sobre Él, ella aprendió que la profecía del anciano había sido acertada (Lucas 2:35). Porque con cada golpe del martillo que ensartaba clavos en el cuerpo de su precioso primogénito, una espada atravesaba el alma de María. Rompiendo su corazón al ver morir a Jesús en la oscura colina del Gólgota.

La verdad es que decir sí a Dios trae bendición, pero también puede traer dolor. Por eso necesitamos un corazón rendido que siga creyendo… incluso cuando duela.

CONFÍA EN SU CORAZÓN

¿Por qué creemos en secreto que seguir a Jesús siempre debería ser fácil? Sé que no lo decimos en voz alta. En cambio, en voz alta hablamos sobre el precio de la obediencia y el costo del discipulado, pero cuando llega el momento y las cosas se ponen difíciles, ¿no nos hemos preguntado todos si de alguna manera malinterpretamos las instrucciones de Dios? ¿Si tal vez perdimos de vista la voluntad de Dios cuando, como Bugs Bunny, tomamos ese giro a la izquierda en Albuquerque? Si realmente camináramos en obediencia al plan de Dios, razonamos, las cosas no deberían ser tan difíciles.

María debió haber tenido todos esos pensamientos y otros más cuando escuchó lo que estaba pasando con su hijo mayor al comienzo de su ministerio. No había visto a Jesús muy a menudo desde que se fue de casa, tres años antes. Lo extrañaba tanto que a veces se quedaba sin aliento.

«¿No sabían que tengo que estar ocupado en los asuntos de mi Padre?», Jesús se lo había dicho a ella y a José casi veinte años antes, después de que su frenética búsqueda finalmente los llevó a encontrarlo enseñando en el templo a los doce años (Lucas 2:49). Y eran los negocios de su Padre los que ahora lo mantenían alejado de ella. La mayor parte del tiempo, María estaba bien con eso, pero a medida que las noticias de milagros y sanidades dieron paso a informes de reuniones del Sanedrín e intentos de capturar a su Hijo, ella seguramente se preguntó si había malinterpretado todos los acontecimientos que rodearon su nacimiento.

Quizás no debería haberle pedido a Jesús que interviniera en las bodas de Caná. Después de todo, Él había dicho claramente: «Aún no ha llegado mi hora» (Juan 2:4). Ella no lo había presionado, solo había ordenado a los sirvientes que «hagan lo que él les ordene» (v. 5). Aunque en ese momento, a la luz de toda la controversia que giraba en torno a Jesús, María no pudo evitar preguntarse. *¿Olvidé hacer algo? ¿Lo arruiné todo?*

Su corazón de madre seguramente le dolía al recordar el día en que ella y los hermanos de Jesús viajaron al lugar donde Él estaba con la esperanza de llevarlo a casa. Incluso entonces hubo amenazas: disturbios e intentos de lapidación. Toda la familia había estado preocupada por la salud de Jesús, tanto física como mental. Sin embargo, en lugar de salir a saludarlos y explicarles lo que estaba haciendo y tranquilizar su corazone, la única respuesta de Jesús a la noticia de su llegada había sido una amonestación sin disimulo: «Cualquiera que hace la voluntad de Dios es mi hermano, mi hermana y mi madre» (Marcos 3:35).

María seguramente se sintió afligida por el giro de los acontecimientos que parecían llevar a su Hijo hacia la cruz en vez de hacia la corona. Y así nos sentimos nosotros cuando nuestros grandes planes de hacer algo importante para Dios se desvanecen y nuestras esperanzas se desploman.

En momentos como estos, debemos recordar que Dios sabe lo que está haciendo.

Cuando no podemos ver su mano, debemos confiar en su corazón.

Días oscuros, comienzos gloriosos

«Todavía puedo creer que llegará un día para todos nosotros», escribe Arthur Christopher Bacon, «por muy lejano que esté, en el que entenderemos; cuando estas tragedias que para nosotros ahora ennegrecen y oscurecen el aire mismo del cielo ocuparán su lugar en un plan tan majestuoso, tan magnífico, tan gozoso, que nos reiremos de asombro y deleite».[5]

Esa es la futura realidad a la que debemos aferrarnos en esos momentos cuando el alto costo de decir sí a Dios pesa demasiado en nuestro corazón.

Porque Dios siempre ve un panorama más amplio que nosotros. Y aunque Él nos ama con tierna pasión, utilizará cualquier método necesario para hacernos más parecidos a su Hijo.

Aunque duela.

Incluso cuando luchamos por entender.

Mi escena favorita en *La pasión de Cristo* es mientras Jesús transitaba con mucho esfuerzo camino hacia el Calvario. Aunque está ensangrentado, golpeado y casi muerto de pie, los soldados lo azotan para obligarlo a seguir adelante. Tratando de alcanzar a su Hijo, María lucha entre la multitud, pero no puede llegar a Él. Entonces, de alguna manera, justo cuando Jesús se desploma bajo el peso de la cruz, sus caminos se encuentran y por un momento parecen estar completamente solos.

Mientras la sangre mezclada con el sudor del cansancio gotea, Jesús levanta el rostro y mira a su madre. Luego, con una intensidad que todavía hoy resuena en mi corazón, Él pronuncia estas palabras: «He aquí, yo hago nuevas todas las cosas».[6]

«No mires lo que ves», le dice Jesús. «Recuerda lo que sabes. Recuerda lo que dijo el ángel. Recuerda las profecías. No olvides que nací para morir. Porque yo soy el sacrificio final. Yo abro el camino a la vida eterna en este camino hacia la muerte. Y porque yo muero, tú —y todos los que vendrán después— vivirán. Hago nuevas todas las cosas. Y eso te incluye a ti».

Los caminos de Dios rara vez tienen sentido para nuestra mente humana y finita. Y si no tenemos cuidado, pasaremos la mayor parte de nuestra vida discutiendo con Dios en vez de aceptar sus caminos. Dudando de sus promesas en vez de confiar en su poder. Resistiendo su amor en vez de descansar en sus brazos.

UN PATRÓN A SEGUIR

Aunque no era perfecta, María hizo bien muchas cosas. Por lo tanto, como mujer piadosa y madre fiel, ella nos dio un ejemplo a seguir.

Una obediencia y disposición para decir sí a Dios.

Hágase en mí como has dicho (Lucas 1:38).

Un corazón que creyó lo imposible y respondió con alabanza.

Mi alma glorifica al Señor y mi espíritu se regocija en Dios mi Salvador (vv. 46-47).

Una sumisión a la voluntad de Dios y sus tiempos.

Guardaba todas estas cosas en su corazón y meditaba en ellas (2:19).

Un corazón que hacía peticiones, pero se negaba a hacer demandas.

Hagan lo que él les ordene (Juan 2:5).

Sobre todo, ella ejemplifica un corazón de amor que siguió a Cristo hasta la cruz y que murió a sí mismo para poder vivir con Él.

Porque para María la muerte de Jesús no fue el final. En un sentido muy real, fue un nuevo comienzo. Después de la resurrección y ascensión de su Hijo al cielo, María se unió a los discípulos en el Aposento Alto mientras esperaban la promesa de la venida del Espíritu Santo (Hechos 1:14).

Después del nacimiento de la iglesia el día de Pentecostés, la madre de Jesús desapareció en el anonimato bíblico. Y quizás eso sea lo mejor. Porque si bien era una mujer increíble, una madre tierna y una discípula fiel, creo que María querría que nos enfocáramos en Jesús. Porque Él es el verdadero tesoro. Cristo es Aquel en quien debemos reflexionar, a quien debemos venerar y adorar.

Sin embargo, también quiero aprender de su madre. Quiero que mi vida sea como la ciudad de Belén. Quiero ser un portal a través del cual Cristo pueda venir a mi mundo.

Quiero que mi corazón sea un vientre en el que Jesús no solo sea concebido, sino también un trono desde el cual Él gobierne y reine. Quiero tener un espíritu como el de María.

Porque creo que Dios todavía está buscando personas dispuestas a través de quienes pueda llevar a cabo sus propósitos y llevar adelante sus planes. Personas que dicen que sí en vez de preguntar cómo. Personas dispuestas a vender todo lo que poseen para comprar un campo ordinario que podría contener la perla de gran precio (Mateo 13:45-46).

María era ese tipo de persona. Y también lo fue Gladys Aylward.

La joven misionera no tenía idea de lo que le esperaba cuando dijo sí al llamado de Dios para ir a China. No tenía forma de saber que, debido a su disposición a entregarse al Señor, el corazón de China se volvería a Dios. La historia de la vida de Gladys Aylward fue tan maravillosa que finalmente se llevó al cine.[7] Y aunque cenó con reyes y reinas, lo más notable de Gladys fue su sencilla disposición a decir sí, a estar disponible para Dios.

Gladys dijo una vez: «Yo no fui la primera opción de Dios para lo que hice por China… No sé quién fue… Seguramente fue un hombre… un hombre bien educado. No sé qué pasó. Quizá murió. Quizás él no estaba dispuesto… Y Dios miró hacia abajo… y vio a Gladys Aylward… Y Dios dijo: "Bueno, ella está dispuesta"».[8]

Me pregunto qué podría hacer Dios a través de ti y de mí si dejáramos de cuestionar su plan, dejáramos de intentar comprenderlo y simplemente dijéramos que sí. ¿Qué obra nueva y milagrosa podría realizar Dios en nuestro mundo si tan solo uno o dos de nosotros dijera: «Hágase en mí como has dicho» (Lucas 1:38)?

No sé ustedes, pero yo quiero saberlo.

«Aquí estoy. ¡Envíame a mí!» (Isaías 6:8).

8

Control mental

Porque cual es su pensamiento en su corazón, tal es él.

PROVERBIOS 23:7 (RVR 1960)

E l cerebro puede no parecer impresionante; pesa menos de tres libras, tiene una apariencia arrugada y grisácea, similar a la gelatina, y está compuesto por un 80 % de agua,[1] no tendría ninguna posibilidad en el mundo exterior, pero alojado en un compartimento de hueso y conectado a la neurología del cuerpo humano es un superordenador que va más allá de todo lo que el mundo haya conocido jamás.

De hecho, se ha estimado que la supercomputadora Cray (el procesador más grande del mundo en algún momento, capaz de hacer 400.000.000 de cálculos por segundo) tendría que funcionar casi cien años para igualar lo que el cerebro humano puede lograr en solo un minuto.[2]

Como centro de mando de nuestra vida, el cerebro utiliza una red de nervios de 50.000 kilómetros para transmitir información a una velocidad de hasta 350 kilómetros por hora.[3] Envía señales para acciones como caminar, hablar, reír, llorar: toda la información necesaria para la vida se envía mediante diminutos impulsos eléctricos que se disparan a través de pequeños espacios llamados «sinapsis» entre alrededor de cien mil millones de neuronas (células nerviosas) que forman nuestro cerebro. Con cada neurona cerebral conectada con hasta 40.000 otras, la mente humana tiene la capacidad de establecer tantas conexiones sinápticas como estrellas hay en el universo.[4] En verdad, estamos formidable y maravillosamente diseñados.

Hermosos y peligrosos

Aunque somos criaturas asombrosas que vivimos en un mundo increíble, a la mayoría de los científicos les gustaría que creyéramos que todo esto es solo un accidente cósmico. Con suerte, tal vez, pero totalmente imprevisto. Los mismos científicos afirman que tú y yo realmente no somos nada especial ya que compartimos el 90 % de nuestro ADN con los chimpancés. Aunque hace poco escuché que también compartimos el 50 % de nuestro ADN con la levadura, el dato de los chimpancés no me impresiona. Debo creer que hay algo más allá de mi estructura genética que me diferencia de George de la Selva y un pedazo de pan.

Y lo hay. Algunos lo llaman chispa divina.

Dios lo llama «su imagen».

En Génesis 1:26, el Señor dijo: «Hagamos al ser humano a nuestra imagen y semejanza». Entonces Dios formó al hombre del polvo de la tierra y «sopló en su nariz aliento de vida y el hombre se convirtió en un ser viviente» (Génesis 2:7). No del todo animal. Ni del todo Dios. Una extraña mezcla de barro y divinidad en una extraordinaria creación llamada *ser humano*.

Con su aliento y su vida, Dios dio a hombres y mujeres la asombrosa capacidad de razonar, tomar decisiones, conocerlo y amarlo. A diferencia del resto de las criaturas de la Tierra, no estamos esclavizados a instintos animales ni a impulsos primitivos. No somos salmones, llevados sin pensar río arriba hasta nuestro lugar de nacimiento para desovar y morir. Esta vida que nos han dado es mucho más rica y compleja.

¡Es maravilloso pensar que este poder de decisión cambia vidas reside principalmente en una masa gelatinosa de menos de tres libras no más grande que dos puños! No hay parte de nuestro cuerpo más importante que el cerebro. Y ningún aspecto de nuestra personalidad es más vulnerable que nuestra mente.

No es de extrañar que la Biblia nos advierta sobre el eterno conflicto en cada uno de nosotros. Porque como ya hemos leído en Romanos 7:23: «Hay otra ley que actúa dentro de mí y que está en guerra con mi mente» (LBLA).

Es una feroz batalla que tiene consecuencias eternas.

¿POR DÓNDE SE VA AL FRENTE?

Para ser honesta, siempre me he imaginado el campo de batalla como una vieja película de guerra de John Wayne: con muchos tanques y pelotones, ametralladoras y granadas explotando. Las fuerzas del mal marchando contra las fuerzas del bien en una nube de polvo, sudor y un horrible color verde militar. O quizás una batalla épica de *La guerra de las galaxias,* con Darth Vader y Luke Skywalker luchando por mi alma con sables de luz y efectos especiales. El tipo de batalla donde la única respuesta práctica es mantenerse al margen y esperar que ganen los buenos.

Aunque me estoy dando cuenta de que, aunque pueda parecer todo un enfrentamiento nuclear, la batalla por mi mente es más bien una partida de ajedrez. Sigue siendo un juego peligroso, pero de movimientos sutiles y estrategia intensa, muy parecido a lo que describe C. S. Lewis en su conocido libro *Cartas del diablo a su sobrino.*

Usando una trama ficticia de cartas intercambiadas entre un demonio mayor y más experimentado llamado Screwtape y Wormwood, su joven sobrino, Lewis ofrece una íntima mirada al secreto plan de batalla de Satanás. Las cartas revelan los métodos diabólicos, pero engañosamente simples que el enemigo usa en la guerra por nuestra mente. Ten en cuenta que cuando Screwtape escribe «el Enemigo» está hablando de Dios.

En su primera carta, por ejemplo, el tío Screwtape escribe:

Una vez tuve un paciente, un ateo convencido, que solía leer en el Museo Británico. Un día, mientras estaba sentado leyendo, vi que un pensamiento en su mente comenzaba a ir en la dirección equivocada. El Enemigo, por supuesto, estaba a su lado en un momento. Antes de darme cuenta, vi que mis veinte años de trabajo comenzaban a tambalearse…. Ataqué instantáneamente la parte del hombre que tenía mejor controlada y sugerí que ya era hora de que almorzara. El Enemigo presumiblemente hizo la sugerencia contraria (sabes cómo nunca se puede escuchar *del todo* lo que Él les dice) de que esto era más importante que el almuerzo. Al menos creo que esa debió ser su línea, porque cuando dije: «Ciertamente. De hecho, es *demasiado* importante para abordarlo al final de la mañana», el paciente se animó considerablemente; y para cuando añadí «Es mucho mejor volver después del almuerzo y abordarlo con una mente fresca», ya estaba a medio camino de la puerta. Una vez que estuvo en la calle, la batalla estaba ganada… Ahora está a salvo en la casa de nuestro Padre.[5]

¿Por qué esas distracciones insignificantes son una estrategia de batalla tan importante para el enemigo de nuestra alma? Porque él está absolutamente decidido a evitar que nuestra mente funcione como Dios quiere y que haga lo que Dios quiere. Por encima de todo, Satanás quiere impedir que conozcamos y amemos a nuestro Padre celestial.

Verás, servimos a un Dios que anhela conocernos y ser conocido por nosotros. Un Dios que ha hecho todo lo posible para revelarse a sí mismo y su amor a la humanidad. Romanos 1:20 afirma que «desde la creación del mundo las cualidades invisibles de Dios, es decir, su eterno poder y su naturaleza divina, se perciben claramente».

Una de las razones por las que Dios se dio a conocer, explica Hechos 17:27, es «para que todos lo busquen y, aunque sea a tientas, lo encuentren. En verdad, él no está lejos de ninguno de nosotros». Y una de las herramientas importantes de búsqueda y conexión que Dios nos da es la mente.

Usando las facultades físicas del cuerpo que Dios nos dio, podemos ver y disfrutar de su creación, enviando a nuestro cerebro tanto información como retroalimentación emocional en forma de reacciones químicas. Si el proceso se detuviera ahí, no seríamos diferentes a miles de otras especies que habitan la Tierra. Recordemos que nosotros, los humanos, somos más que un conjunto de reacciones en cadena que se pueden representar fácilmente en una maqueta de una feria de ciencias de secundaria. Tenemos alma y espíritu, así como un cerebro superior. Eso significa que podemos pensar y razonar, conocer a Dios y —lo más importante— tomar decisiones sobre nuestra vida.

Todo lo cual explica por qué Screwtape estaba tan decidido a interferir los pensamientos del hombre con las distracciones de la vida. Satanás quiere que nuestros pensamientos estén totalmente enfocados en asuntos carnales, que nuestras emociones nos confundan y estén en conflicto, y que nuestra voluntad se debilite por la indecisión y la preocupación.

Porque una mente centrada en «las cosas terrenales» tiene tendencia a luchar contra el llamado a seguir a Jesús, pero una mente puesta «en las cosas de arriba» (Colosenses 3:2) es una mente que elige la obediencia sin esperar sentir las ganas.

Y esa es una mente realmente peligrosa. Una que no solo hace temblar al tío Screwtape, sino que también sacude los oscuros rincones del infierno.

El sucio secreto de Satanás

Escribir nunca me resulta fácil. Debo decirte que nunca he experimentado el tipo de oposición interna que sentí mientras intentaba escribir este capítulo en particular.

Durante las últimas semanas, probé todos los trucos posibles para plasmar algo en papel. Intenté hacer esquemas y lluvia de ideas, alejarme y avanzar, pero cada vez que me sentaba frente al teclado, mi mente se quedaba vacía.

A pesar de mucha intercesión, los espacios en blanco y los callejones sin salida parecían ser lo único que podía lograr.

La peor parte fue el miedo abrumador que amenazaba con arrastrarme como un tsunami emocional, hundiéndome hasta ahogarme en la duda y la desesperación.

¿Dónde atacó este miedo? ¿Dónde se libró la batalla?

En mi mente, por supuesto.

Supongo que no debería sorprenderme. Escribir sobre el campo de batalla de la mente aumenta las posibilidades de que veas un poco de acción al respecto. De hecho, he descubierto que hay que vivir un libro para escribirlo. Por eso he decidido que mi próximo esfuerzo editorial será: ¡Cómo ser una bella y brillante multimillonaria! (Búscalo en un Wal-Mart cercano).

Aunque no esperaba un ataque a tan gran escala, me alegro de que haya ocurrido. Porque me estoy dando cuenta de que este tema puede ser lo más importante que discutamos en todo el libro.

Satanás obviamente no quiere que andemos en la luz. Prefiere mantenernos en la oscuridad, vagando sin rumbo en la ignorancia. Sin entrenamiento, sin disciplina ni orden. Mentalmente estériles y sin ninguna amenaza para él ni sus tortuosos planes.

El diablo sabe que una mente controlada por el Espíritu Santo de Dios y operada por un seguidor de Cristo completamente despierto y plenamente consciente significa literalmente su ruina. Porque quien controla la mente y la voluntad, controla a la persona.

Ese ha sido el pequeño y sucio secreto de Satanás desde el principio. Y seguiremos perdiendo este juego mortal y peligroso si no nos damos cuenta de que debemos participar como jugadores, no como peones.

El poder de la voluntad

Uno de los mitos de los que debemos eliminar como cristianos es la falsa creencia de que no tenemos autoridad. Que somos, como mencioné en un capítulo anterior, solo marionetas indefensas y desventuradas manejadas por el titiritero.

Dios nos ha hecho para ser mucho más que eso. Dentro de cada uno de nosotros se encierra un poder y un potencial increíbles a los que accedemos a través del portal de nuestra mente que se abre con la llave de nuestra voluntad.

¿Qué quiero decir con voluntad? Es la parte de nuestra alma que toma decisiones y elige lo que haremos. Aunque está estrechamente ligada a nuestra capacidad de razonamiento y a nuestras emociones, la voluntad también opera de forma independiente. Significa que realmente podemos tomar decisiones sobre cómo pensamos y qué sentimos. Y aunque nuestros pensamientos y sentimientos pueden empujarnos a ciertas acciones, podemos elegir no hacerlas, al ejercitar nuestra voluntad.

Incluso las personas que no han entregado su vida a Cristo tienen este poder de libre albedrío. El pecado puede influir en su mente o emociones, haciéndolos *pensar* o *sentir* impotentes ante sus circunstancias o hábitos, pero cada día miles de ellos toman decisiones positivas y también negativas. Los alcohólicos dejan de beber. Los fumadores dejan de fumar. Los jugadores dejan de jugar. Por la pura fuerza de la voluntad que Dios puso dentro de ellos al nacer, deciden detenerse, y lo hacen, al menos por un tiempo.

Sé que algunas personas pueden considerar una herejía decir que los incrédulos tienen la capacidad de tomar buenas decisiones morales, pero consideremos la realidad de lo que es nuestro en Cristo. Si los incrédulos pueden usar su libre albedrío para tomar decisiones que mejoren su vida —y creo que pueden hacerlo— ¡¿cuánto más poder de decisión tenemos tú y yo cuando se trata de cambiar nuestro comportamiento?! Porque una vez que abrimos nuestra vida a la obra del Espíritu, también comenzamos el proceso de transformar nuestra alma, es decir, nuestros pensamientos, sentimientos y voluntad. A medida que lo hagamos, nuestro comportamiento también cambiará.

La Biblia lo confirma. Filipenses 2:13 afirma que Dios mismo está obrando en nosotros «tanto el querer como el hacer para que se cumpla su buena voluntad». Efesios 1:19-20 menciona que «incomparable es la grandeza de su poder» que resucitó a Cristo de entre los muertos y que también está obrando «en favor de los que creemos».

Podría seguir y seguir. Decenas de pasajes describen las gloriosas riquezas y el poder sobrenatural que tenemos a nuestra disposición en Jesucristo.

Como ya dije, debemos asociarnos con Él para avanzar en el proceso. Porque cuando elegimos ejercitar nuestra voluntad, esta comienza a moldear nuestra mente.

Aceptar a Cristo como Salvador fue una única decisión que tomé el día que entregué mi vida a Dios. Aunque mi decisión de *seguir* a Cristo como Señor se compone de cientos de pequeñas decisiones que tomo todos los días. ¿Cómo actuaré? ¿Cómo reaccionaré? ¿En qué pensaré? ¿A quién obedeceré?

Cada vez que decido responder esas preguntas a la luz de la Palabra de Dios y obedecerla deliberadamente, se libera todo el poder del cielo para ayudarme a seguir adelante. Como lo expresa Oswald Chambers, Dios «impondrá lo que sea necesario a la estrella más remota y al último grano de arena para ayudarnos con todo su poder omnipotente».[6] Porque ha invertido todo lo que Él es y todo lo que tiene para ayudarte a ti y a mí a vivir más como Cristo y menos como el mundo.

Imagina lo que sucedería si realmente retomáramos el timón de nuestra mente y tomáramos decisiones conscientes sobre en qué enfocarnos en vez de permitir que nuestros pensamientos y sentimientos vaguen sin restricciones.

No sé tú, pero casi puedo sentir cómo tiemblan las puertas del infierno en este momento. «¡Rápido, Wormwood!» grita tío Screwtape. «¿Dónde pusiste ese tsunami?».

Ah… qué lástima, qué triste. Creo que llegas demasiado tarde.

El cambio en nuestra mente

«Durante la mayor parte de mi vida», escribe Joyce Meyer en *El campo de batalla de la mente*, «no pensaba en lo que estaba pensando. Simplemente pensaba en lo que se me venía a la mente. No tenía la revelación

Lo que sé, no lo que siento

Las emociones son un regalo de Dios, pero estaban destinadas a enriquecer la vida, no a gobernarla. Siempre que tus sentimientos se apoderen de ti, cuando lo que sientes amenaza con bloquear lo que sabes, es útil volver a la verdad de las Escrituras:

Cuando siento miedo…
> «El Señor es mi luz y mi salvación; ¿a quién temeré?» (Salmo 27:1).

Cuando me siento abrumada…
> «Te basta con mi gracia, pues mi poder se perfecciona en la debilidad» (2 Corintios 12:9).

Cuando tengo ganas de huir…
> «Y se mantendrá firme, porque el Señor tiene poder para sostenerlo» (Romanos 14:4).

Cuando me siento amenazada…
> «¡Sálvame, Señor mi Dios, porque en ti busco refugio! ¡Líbrame de todos mis perseguidores!» (Salmo 7:1).

de que Satanás pudiera inyectar pensamientos en mi mente. Mucho de lo que tenía en la cabeza eran mentiras que Satanás me estaba diciendo o simplemente tonterías, cosas en las que realmente no valía la pena pensar y dedicarles mi tiempo. El diablo controlaba mi vida porque controlaba mis pensamientos».[7]

Cuando me siento traicionada...

«Sean fuertes y valientes. No teman ni se asusten ante esas naciones, pues el SEÑOR su Dios siempre los acompañará; nunca los dejará ni los abandonará» (Deuteronomio 31:6).

Cuando me siento confundida...

«Si a alguno de ustedes le falta sabiduría, pídasela a Dios y él se la dará, pues Dios da a todos generosamente sin menospreciar a nadie» (Santiago 1:5).

Cuando me siento enojada...

«Todos deben estar listos para escuchar, pero no apresurarse para hablar ni para enojarse; pues el enojo de una persona no produce la vida justa que Dios quiere» (Santiago 1:19-20).

Cuando me siento deprimida...

«Me sacó del foso de desesperación, del lodo y del fango. Puso mis pies sobre suelo firme y a medida que yo caminaba, me estabilizó» (Salmo 40:2, NTV).

Cuando no me siento amada...

«Con amor eterno te he amado; por eso te he prolongado mi fidelidad. Te edificaré de nuevo; ¡sí, serás reedificada!» (Jeremías 31:3-4).

Todo lo que es verdadero, todo lo honesto, todo lo justo, todo lo puro, todo lo amable, todo lo que es de buen nombre; si hay virtud alguna, si algo digno de alabanza, en esto pensad

FILIPENSES 4:8

Recientemente, Dios me ha estado convenciendo de ese pensamiento tan descuidado. De permitir que los pensamientos vayan y vengan como los vehículos que cruzan la carretera en la frontera entre Oklahoma y Arkansas. Sin puestos de registro. Sin puntos de control fronterizo. Sin perros que olfatean y detectan pecados. Sin disciplina de la voluntad. Pensar descuidadamente es un hábito peligroso. Porque hacia donde van nuestros pensamientos, allí van nuestras emociones. Y hacia donde van nuestras emociones, allí a menudo va nuestra fe. Si el enemigo puede confundirme, puede desanimarme. Si puede desanimarme, puede hacerme dudar. Si puede hacerme dudar, puede distraer mi mente… y eso está a solo un paso de partir mi corazón en pedazos.

Estoy aprendiendo que, si la dejo, la Mujer Carnal alejará mi mente de las cosas de Dios con muy poco esfuerzo. El antojo por un Frappuccino puede impedir el estudio de la Biblia. Recordar que olvidé encender la secadora puede sacar mi corazón de la oración.

No es de extrañar que Dios diga que nuestra transformación implica lo que Romanos 12:2 llama «la renovación de la mente». Necesitamos una transformación mental que sane nuestras suposiciones erróneas y nuestros pensamientos retorcidos, nuestras respuestas emocionales instintivas y a menudo inapropiadas, nuestra toma de decisiones sesgada y egoísta, incluso la forma en que nos hablamos a nosotras mismas; porque nada es más destructivo que los monólogos internos que la Mujer Carnal reproduce incesantemente en nuestra cabeza.

LOS PELIGROS DEL DIÁLOGO INTERNO

Los estudios han demostrado que cuando hablamos normalmente, lo hacemos a un ritmo de unas 120 palabras por minuto. Sin embargo, los psicólogos aseguran que cuando nos hablamos (es decir, cuando mantenemos una conversación con nosotros mismos en nuestra cabeza) ¡hablamos a un ritmo de unas 1300 palabras por minuto![8]

Imagina el impacto de este constante diálogo interno. Unas 1300 palabras por minuto equivalen a 78.000 palabras por hora, lo que equivale a 1.248.000 palabras por día (sin incluir las ocho horas que dormimos). Y la mala noticia, según el autor Tim Hansel, «es que aproximadamente el 70 % de nuestro diálogo interno es negativo. Eso significa que tú y yo pasamos bastante tiempo diciéndonos cosas como *Oh no, no debería haber hecho eso*, o *Ay que idiota soy*, y otras frases similares y contraproducentes».[9]

El impacto de ese diálogo interno es realmente destructivo. No solo por su negatividad sino también por su naturaleza implacable. Porque si Tim Hansel tiene razón, cada día escuchamos más de un millón de conversaciones internas degradantes que no incluyen a Dios. Y, para empeorar las cosas, puede que no siempre sea yo quien me hable.

«Satanás es tan capaz de usar los pronombres personales *Yo*, *tú*, y *a mí* igual que nosotros», explica Anabel Gillham.[10] En su libro *The Confident Woman* [La mujer segura] ella escribe:

> Estos pensamientos se correlacionarán perfectamente con tu versión única de la carne (tus viejas maneras, tus viejos hábitos) y se disfrazarán de la forma en que *siempre has pensado*, la forma en que tu [computadora] mental ha sido programada. El éxito del enemigo llega cuando tú (porque esos pensamientos son tan familiares, tan «como tú») los aceptas. Entonces él te atrapa, y terminas haciendo exactamente lo que no quieres hacer.[11]

¡Qué bien entiendo este tipo de diálogo interno! A menudo se me viene a la mente antes de que tenga tiempo de pensar. Satanás disfraza sus mentiras como valoración personal y reproduce una y otra vez las declaraciones denigrantes dentro de mi cabeza como una canción sin fin:

- «No sirve de nada comenzar este proyecto; nunca lo terminaré».
- «¡No puedo creer que me haya olvidado de hacer eso! Soy un desastre».

- «Soy una pesadilla doméstica: ni siquiera el perro se come mi comida».

Por supuesto, tus diálogos internos pueden ser diferentes a los míos. Están moldeados por tus propias experiencias e ideas erróneas sobre la vida (con un poco de ayuda del enemigo de tu alma). El resultado, como señala Anabel Gillham, es que se adaptan maravillosamente a tus cuestiones fundamentales. Por eso son tan difíciles de ver y de cambiar.

Sin embargo, el cambio *es* posible. Ese es el objetivo de renovar la mente. Con la ayuda del Espíritu Santo, podemos aprender a reconocer las mentiras. Podemos aprender a detener la reproducción constante de estos diálogos mentales, a expulsar los videos de «si tan solo…» que reproducen nuestros fracasos y el software de «qué pasaría si…» que se aprovecha de nuestros miedos.

Sin embargo, necesitaremos diligencia para hacerlo. Porque debemos tener una patrulla mental fronteriza para detectar nuestro pensamiento erróneo tan pronto como aparezca.

Pensamientos cautivos

Está ahí mismo en 2 Corintios 10:5. Se nos ordena «destruir argumentos y toda altivez que se levanta contra el conocimiento de Dios, y llevar cautivo todo pensamiento».

Si bien es posible que no pueda evitar que un pensamiento negativo venga a mi mente, debo asumir la responsabilidad de lo que permito que se quede. Mantener cautivos los pensamientos significa captarlos a medida que llegan y tratar de inmediato con aquellos que son incorrectos o inapropiados. Como dice el viejo refrán, no puedo evitar que los pájaros vuelen sobre mi cabeza, pero sí puedo evitar que aniden en mi cabello.

Las cinco R para controlar tus pensamientos

¿Qué haces cuando te salta en la cabeza un pensamiento impío? Nos pasa a todas; no podemos evitarlo, pero la forma en que manejamos esos pensamientos marca la diferencia. En *The Confident Woman*, Anabel Gillham sugiere estas «cinco R» para manejar los pensamientos pecaminosos con prudencia:

1. **Reconocer** el pensamiento como pecado. Reconócelo como difamatorio, egoísta, condenatorio, que ataca tu carácter, que te acusa o confunde. Reconócelo como lo que es: la herramienta del engañador, una mentira, un pensamiento destructivo.

2. **Rechazar** el pensamiento como propio y no insistir en él. Sabes de dónde viene.

3. **Reconocerte** muerta al poder del pecado (Romanos 6:7; Colosenses 3:5). Justo como si estuvieras muerta, no respondas al poder de la sugestión del pecado.

4. **Reposar** en la certeza que estás en Cristo y Él está en ti. Y cuando falles, cuando caigas, no pases el resto del día recibiendo pensamientos sobre cómo te odias a ti misma, permitiendo que el poder del pecado genere repeticiones instantáneas, repasando una y otra vez lo que deberías haber hecho, pero no hiciste.

5. **Recordar** quién eres en Cristo, quítate el polvo, confiesa que escuchaste al engañador y realmente creíste sus mentiras. Dile a Dios que lo sientes, aprende de tu error, date cuenta de cómo caíste en el engaño y sigue adelante con tu vida, caminando con el aplomo y confianza de una mujer que se sabe profundamente amada, totalmente perdonada y completamente capaz de vivir tu propósito. *Todo gracias a Cristo Jesús.*[12]

*¡Tú guardarás en perfecta paz
a todos los que confían en ti,
a todos los que concentran en ti sus pensamientos!*

Isaías 26:3 (NTV)

Sin embargo, no basta con mantener cautivos los pensamientos. Según 2 Corintios 10:5, también debo llevarlos a la obediencia a Cristo. Lo que significa que, después de desenmascarar las mentiras con la verdad, necesito entregárselas inmediatamente a Jesús.

Esto es especialmente importante para mí, porque tiendo a poner mis pensamientos bajo el microscopio de la introspección y los estudio con tanta atención que quedo cautiva de esos mismos pensamientos que he cautivado. Los analizo y escudriño tanto que esos pensamientos encarcelados me encarcelan a mí.

¡Lo que muestra cuán desordenado puede volverse mi pensamiento! Es mejor llevar mis pensamientos cautivos al Señor y dejar que Él se ocupe de ellos. Porque Él siempre está ahí, luchando por mí en esta constante batalla por mi mente.

«Las armas con las que luchamos no son del mundo», nos recuerda 2 Corintios 10:4. «Sino que tienen el poder divino para derribar fortalezas». Y nosotros también tenemos ese poder, porque el Espíritu Santo vive dentro de nosotros. Nos proporciona las armas que necesitamos para fortalecer nuestra débil forma de pensar. Nos ayuda a establecer puntos de control mental para desterrar las mentiras del enemigo. Y lo más importante, nos muestra cómo reemplazar los pensamientos negativos con las promesas de la Palabra de Dios.

EL PODER DE LA PALABRA DE DIOS

Nunca olvidaré un domingo que llegué tarde a casa después de la iglesia cuando los niños eran pequeños. La noche estaba oscura. Sin luna. Sin estrellas. Tomé la mano de John Michael al salir del auto y caminar a casa.

De repente, los agudos ladridos de un perro muy grande rompieron la quietud. Sonaba como si estuviera justo detrás de nosotros. Asustados, mutuamente apretamos más nuestra mano. Estaba a punto de intentar tranquilizarlo diciéndole que el perro se escuchaba a varias casas de distancia, pero antes de que pudiera hacerlo, con una vocecita temblorosa, mi hijo de cuatro años comenzó a citar: «El Señor es quien me ayuda, no tengo miedo; ¿qué me puede hacer un simple mortal?» (Hebreos 13:6).

Me alegra mucho que Colleen, la maestra de John Michael, no pensara que los niños de tres y cuatro años eran demasiado pequeños para memorizar y guardar la Palabra de Dios en su corazón. Como resultado de su dedicación y que practicamos sus versos mientras conducíamos en el auto, mi pequeño sabía catorce pasajes bíblicos cuando tenía cinco años. Y no fue solo conocimiento mental o aprendizaje de memoria porque el Espíritu Santo lo trajo a su corazón cuando lo necesitó.

Cuando estaba oscuro y el peligro rugía detrás de él, John Michael no me miró a mí. Sabía que tenía que mirar a Dios.

Estoy aprendiendo a hacer eso cada vez más. Porque no hay nada más poderoso que la Palabra de Dios cuando se trata de derribar las mentiras de Satanás y desarmar sus maquinaciones. Especialmente cuando somos capaces de recordar las Escrituras.

En Juan 14:26, Jesús nos asegura que el Espíritu Santo nos ayudará a recordar todo lo que hemos aprendido de Él. Y es cierto. En esos momentos que nos asustan, confunden y frustran, Dios es fiel al traer verdades de las Escrituras a nuestra mente y corazón que nos consuelan y nos guían.

Desafortunadamente, si no hemos memorizado o estudiado activamente esas promesas, el consuelo puede parecer un poco diluido. Creemos que en algún lugar la Biblia se menciona que Dios nunca nos deja ni nos abandona, pero no estamos seguros dónde. Quizás fue solo un sermón que escuchamos… o algo de Shakespeare… o de nuestra madre. Y aunque la idea resulta tranquilizadora, dudamos en depositar nuestra confianza en la opinión humana. En momentos como estos, no necesitamos sentimientos reconfortantes. Necesitamos la Palabra de Dios.

El autor y orador Mike Quarles está de acuerdo. En *One Day at a Time* [Un día a la vez], Quarles y sus coautores afirman categóricamente que llenar nuestra mente con «la clara y cristalina Palabra de Dios» es la única manera de obtener la victoria sobre las mentiras y las artimañas de Satanás.

Simplemente intentar detener los pensamientos negativos no funcionará. ¿Deberíamos reprender todos esos pensamientos tentadores, acusadores y engañosos? No. Si intentáramos ganar la guerra por nuestra mente de esa manera, no estaríamos haciendo más que reprender pensamientos cada momento de vigilia por el resto de nuestra vida.

Sería como decirle a un hombre en medio de un lago que mantenga doce corchos sumergidos golpeándolos con un pequeño martillo. Pasaría toda su vida chapoteando y golpeándolos. ¿Qué debería hacer? Debería ignorar los tontos corchos y nadar hacia la orilla. No estamos llamados a disipar la oscuridad. Estamos llamados a encender la luz. ¡Vencemos al padre de la mentira eligiendo la verdad![13]

A medida que llenamos nuestra mente con la claridad de la Palabra de Dios, Cristo la usa para santificarnos, «purificando [a nosotros, su iglesia], lavándola con agua mediante la palabra» (Efesios 5:26). Y a medida que se limpia nuestra mente natural, sucede algo maravilloso: se forman nuevos patrones sinápticos en el ámbito natural y en el sobrenatural, entonces comenzamos a pensar (y actuar) de manera diferente. Como lo expresa la Nueva Traducción Viviente de Romanos 12:2: «No imiten las conductas ni las costumbres de este mundo, más bien dejen que Dios los transforme en personas nuevas al cambiarles la manera de pensar».

Aunque pueda llevar tiempo, estamos siendo transformadas, todo gracias al increíble poder de la Palabra de Dios para limpiar nuestra mente. (Para más información sobre memorizar de las Escrituras, consulte el Apéndice E.)

Una mente completamente nueva

«¡A todos ustedes, los cristianos, les han lavado el cerebro!», exclamó el enojado presentador de un programa de radio mientras colgaba el teléfono a un oyente y continuaba su violento discurso contra la derecha religiosa. Fue un intercambio desagradable, así que apagué la radio, pero sus palabras se quedaron conmigo: «A los cristianos les han lavado el cerebro».

Había querido decir esa frase como una puñalada, una crítica. Sin embargo, cuanto más consideraba lo que había dicho, comencé a orar para que tuviera razón. Porque en cierto sentido, un lavado de cerebro es exactamente lo que tú y yo necesitamos. No manipulación ni control mental, por supuesto. Sino una profunda limpieza de la mente. Que se borre totalmente ese diálogo interno autodestructivo. Una limpieza de viejos patrones de pensamiento y creencias falsas. Que el Espíritu Santo reprograme nuestro circuito mental para que podamos «ser renovados en la actitud de [nuestra] mente» (Efesios 4:23).

La Palabra de Dios promete todo eso, y algo aún mejor. Según 1 Corintios 2:16, «tenemos la mente de Cristo».

No entiendo completamente lo que eso significa, pero estoy segura de que aún no lo he logrado del todo. Sin embargo, este versículo parece decir que tú y yo podemos experimentar la sabiduría, el poder y la perspectiva de Cristo. Sus procesos de pensamiento, razonamiento y poder de toma de decisiones, todos trabajando dentro de nosotros.

Esta es nuestra herencia. Y gracias a la muerte y resurrección de Jesús, podemos reclamarla aquí y ahora. La mente de Cristo. Para mí. Para ti.

¿Cómo obtendremos este tesoro?, te preguntarás.

Tim Hansel cuenta la historia de una clase a la que asistió donde un brillante estudioso de la Biblia preguntó al grupo qué palabra era más importante en el Nuevo Testamento.

«Todos lo intentamos», escribe Hansel.

—¿Amor? ¿fe? ¿esperanza? ¿santificación? ¿gracia?

—No —respondió el erudito—. Es la palabra *dejar*. D-E-J-A-R, es decir, P-E-R-M-I-T-I-R.

Dejar, permitir.

Así como en: «*Dejen* que sus buenas acciones brillen a la vista de todos» (Mateo 5:16, NTV).

También en: «*Permitan* que el mensaje de Cristo viva plenamente entre ustedes» (Colosenses 3:16 PDT).

Y en: «No imiten las conductas ni las costumbres de este mundo, más bien *dejen* que Dios los transforme en personas nuevas al cambiarles la manera de pensar. Entonces aprenderán a conocer la voluntad de Dios para ustedes, la cual es buena, agradable y perfecta» (Romanos 12:2 NTV).

«*Dejar* y *permitir* son transformadoras palabras de fe, con cientos de significados vertidos en ella», observó Hansel. «*Dejar* asume el amor y el poder total del Creador. Asume que el cielo está repleto de buenos regalos que el Padre quiere dar a sus hijos. La palabra profundamente simple *dejar* es la puerta que se abre a ese poder. Le da permiso a Dios para obrar su poder en nosotros».[14]

Dejar. Permitir. Elegir. Si me das permiso. Cristo promete. Mi mente por la tuya. Todas estas palabras sugieren un intercambio sagrado.

Quizás sea una tontería, pero soy muy visual. Así que comencé a tomar esta promesa de la Palabra de Dios y a reclamarla mediante un ejercicio simple. A veces, en mi mente, (en días especialmente difíciles) con un toque en el pecho, presiono un botón imaginario. Luego, por fe, imagino que mi mente desaparece de mi vista mientras la mente de Cristo surge para ocupar su lugar.

Después de todo, hay situaciones y circunstancias en mi vida cuando una mente brillante y lavada por la Palabra no es suficiente. Momentos en los que necesito que mis pensamientos, sentimientos y voluntad sean los de Cristo.

Según la Biblia, puedo tenerlos.

Lo natural se volvió nuevo; lo sobrenatural se hizo mío.

Mi mente unida a la suya.

Menos de tres libras de materia gelatinosa llena de su poder.

9

Cuidar el manantial

Por sobre todas las cosas cuida tu corazón, porque de él mana la vida.

PROVERBIOS 4:23

El pequeño y pintoresco pueblo estaba enclavado en lo alto de los Alpes austríacos. Rodeado de bosques esmeralda y picos alpinos, se había convertido en un favorito de los turistas que querían escapar de la vida urbana. Ubicado en el centro del pueblo había un estanque reluciente alimentado por un arroyo que descendía desde las montañas. Cada verano, hermosos cisnes blancos nadaban en sus resplandecientes aguas mientras la gente del pueblo y los visitantes se sentaban en sus orillas cubiertas de hierba. Todo el lugar era paradisíaco, decían algunos. Un paraíso absoluto.

Una noche, mientras el consejo municipal se reunía para revisar su presupuesto, un miembro señaló cierto gasto del que nadie se había dado cuenta antes.

—Guardián del manantial —decía la línea.

—¿Qué es eso? —preguntó.

—Solo un anciano que vive en la montaña —respondió otro—. No estoy muy seguro de lo que hace. Algo que ver con el manantial y el suministro de agua de la ciudad.

Quizás esta era un área donde podrían ahorrar dinero, razonaron. Y entonces enviaron un mensaje de que los servicios del anciano ya no serían necesarios. Al principio nada parecía cambiar. El estanque no estaba tan limpio como antes, pero nadie se dio cuenta. Y en la primavera siguiente, cuando los cisnes no regresaron, varios lo notaron. Otros se preguntaban por el color amarillento de tinte marrón del agua y el olor que había cuando hacía buen tiempo. Las reservas turísticas disminuyeron y el ayuntamiento pensó hacer una campaña publicitaria nacional, pero nadie pensó en el anciano de la montaña, hasta el día en que unos cuantos curiosos caminaron hasta la fuente del manantial.

En el camino, notaron rocas y escombros que bloqueaban el flujo de agua, pero el verdadero problema estaba en el manantial mismo. Sus profundidades, una vez burbujeantes, ahora estaban quietas y oscuras, obstruidas con hojas podridas y basura del bosque, esas que el anciano fielmente pasaba el verano limpiando.

Y fue ahí que todos se dieron cuenta.

Nadie era más importante para la ciudad que el Guardián del manantial.[1]

EL PROBLEMA DE COMPROMETER

«Por sobre todas las cosas cuida tu corazón», escribió el rey Salomón en Proverbios 4:23, «porque de él mana la vida». Pensada como consejo para su hijo, esta fue una lección que el propio Salomón debería haber tenido en cuenta. Porque, aunque comenzó como el hombre más sabio que jamás haya existido, Salomón terminó su vida en desgracia y ruina. Todo porque no cuidó su corazón.

Desde el comienzo de su reinado, Salomón comenzó a comprometer los principios de Dios. Al principio se trataba de cosas pequeñas como adorar al Señor en lugares altos, una práctica que Jehová había prohibido claramente (ver 1 Reyes 3:3 y Números 33:51-52). Esa transgresión aparentemente insignificante condujo a concesiones más grandes. Al final de su vida, Salomón no solo había construido templos para los dioses paganos de sus esposas, sino que también se había inclinado y los había adorado él mismo (1 Reyes 11:3-6).

Esta mezcla de lo santo con lo profano es una tentación que los seguidores de Dios todavía enfrentan hoy. No funcionó entonces y no funcionará ahora. No porque Dios sea irrazonable en sus demandas, sino porque sabe que tal concesión eventualmente nos destruirá y también destruirá todo lo que Él quiere hacer a través de nosotros. Porque incluso un pequeño pecado tiene el poder de contaminar nuestro manantial y corromper la esencia de quiénes somos.

Si el rey Salomón estuviera aquí hoy, creo que nos advertiría: ¡Guarda tu corazón! Todo lo que permitas que entre en tu vida eventualmente saldrá a la luz, tanto lo bueno como lo malo.

El pecado importa

Jesús reforzó esa verdad en Mateo 12:34-35: «Porque de la abundancia del corazón habla la boca. El hombre bueno, del buen tesoro del corazón saca buenas cosas; y el hombre malo, del mal tesoro saca malas cosas».

Desafortunadamente, debido a la caída, es muy posible que la fuente de la vida de un cristiano produzca agua dulce y amarga, salada y dulce. Debido a que la Mujer Carnal todavía influye en nuestra vida, el pecado todavía nos hace tropezar.

Y el pecado siempre importa.

Por favor, no olvides esa verdad fundamental a la luz gloriosa de la gracia de Dios. Debido a que Cristo nos perdona instantáneamente cuando confesamos nuestros pecados, podemos cometer un grave error al creer que lo que hacemos no hace ninguna diferencia. Al estar tan confiados en el perdón de Dios y su voluntad de darnos un nuevo comienzo, seguimos pecando. No nos damos cuenta de que, si siempre regresamos a la línea de salida, nunca llegaremos a donde debíamos estar: la línea de meta.

La mayoría vivimos como un chico del grupo de jóvenes, quien llegó a la escuela dominical con una evidente resaca. Nos dijo: «Sí, anoche me divertí y tomé unas cervezas, pero antes le pedí perdón a Dios». Como si eso de algún modo anulara cualquier sentimiento de culpa. Muchos sacudiríamos la cabeza ante tal afirmación, pero solo porque no somos tan tontos como para pedir perdón de antemano. Más bien ejecutamos nuestros planes con alevosía y ventaja. Sabiendo que nos sentiremos avergonzados el domingo por la mañana, nos divertimos el sábado por la noche. Aceptamos nuestro pecado y luego nos arrojamos a la misericordia de Dios. Como si Él no supiera lo que estábamos tramando. Y nos engañamos pensando que nuestro pecado no hará mucha diferencia a largo plazo.

Cada vez que actuamos así, endurecemos un poco más nuestro corazón a la voz del Espíritu, haciendo que nuestra conciencia quede como si «hubiera sido quemada con hierro candente» (1 Timoteo 4:2 PDT). Con el tiempo, se forma una cicatriz moral y nuestro corazón se vuelven indiferentes al hecho de que desagradamos al Señor.

La verdad es que, cuanto más vemos el pecado, menos nos molesta. Y cuanto menos nos moleste, más probable es que lo dejemos entrar en nuestra vida.

Desafortunadamente, nuestro mundo está tan inmerso en el pecado que no es necesario esforzarse mucho para contaminar nuestro manantial. Solo enciende la televisión al azar. Lee una novela cuestionable. Pasa una tarde escuchando lo que se habla en un salón de belleza. Escucharás el pecado. Verás el pecado. Y antes de que te des cuenta, el agua fresca de tu corazón adquirirá el gusto y sabor del mundo.

Oídos que no pueden oír

Santiago 1:21 recomienda: «Por esto, despójense de toda inmoralidad y de la maldad que tanto abunda, para que puedan recibir con humildad la palabra sembrada en ustedes, la cual tiene poder para salvarles». Santiago estaba escribiendo a una iglesia dispersa, rodeada de decadencia que hacía concesiones. Vio de primera mano los efectos del pecado que se infiltra en el corazón de un cristiano. Quizá por eso usó la palabra griega *ruparía* —traducida como «inmundicia moral»— cuando escribió ese versículo. El erudito del Nuevo Testamento

¿Por qué el pecado es tan mortal?

En *Beyond Our Selves* [Más allá de nosotros], Catherine Marshall citó la explicación de un amigo predicador sobre por qué el pecado, especialmente el pecado no confesado, es tan mortal en nuestra vida espiritual:

• «Nuestros pecados se interponen entre nosotros y Dios, y hacen difícil sentir su presencia. Son como barro y suciedad arrojados sobre un cristal, lo que bloquea la luz del sol».

• «Incluso los pequeños pecados reducen el canal por el cual la vida y la vitalidad fluye hacia nosotros, ahogando la creatividad. Aunque muchas veces no entendemos la conexión entre nuestra falta de productividad y el pecado».

• «El pecado nos divide por dentro, nos parte en pedazos. Separa la mente consciente de la subconsciente, de modo que seamos una personalidad en conflicto con nosotros mismos».

• «Nuestras transgresiones nos separan de otros seres humanos. Dios se inclina para tomar mi mano. Con mi otra mano toco la vida de otras personas. Solo cuando se hacen ambas conexiones puede fluir el poder. Y el pecado siempre romperá la conexión».[3]

Luego, cuando el deseo ha concebido, engendra el pecado;
y el pecado, una vez que ha sido consumado, da a luz la muerte.

Santiago 1:15

William Barclay afirma que *ruparía* proviene de la raíz de la palabra usada para cera de oído.[2]

¿Has notado, como yo, que ya no te molestan ciertas cosas? ¿Te has dado cuenta que se han vuelto naturales algunas actitudes que evitabas, además de que parecen normales ciertos comportamientos que antes hirieron tu corazón tanto como el de Dios? Eso es lo que hace *ruparía*. Así como el cerumen acumulado en el oído, la inmundicia moral ahoga la voz del Espíritu en nuestra vida, lo que dificulta discernir entre lo bueno y lo malo. Como resultado, comenzamos a vivir según la filosofía del mundo en lugar de la verdad de Dios. Caminamos peligrosamente por el camino «que parece correcto», sin darnos cuenta de que en realidad vamos por un camino que «termina en muerte» (Proverbios 14:12 PDT).

COSECHA DE LA DUREZA DE CORAZÓN

Chip Ingram en *Holy Transformation* [Santa transformación] escribe: «Cuando una persona peca por primera vez, puede haber una sensación efímera de adrenalina, pero también puede haber remordimiento y arrepentimiento en el corazón. Si la persona continúa en pecado, llega un momento en que pierde toda sensibilidad y puede hacer las cosas más vergonzosas sin ningún sentimiento en absoluto. Su conciencia se ha petrificado».[4]

En otras palabras, después de justificar un pecado, nos resulta mucho más fácil cometer otros. Porque la naturaleza del pecado es reproducirse en cada área de nuestra vida; esto provoca que hagamos cosas antes impensables para nosotros.

Una vez almorcé con una amiga que recientemente había dejado a su esposo e hijos para mudarse con otro hombre. En vez de sentirse avergonzada por la situación, rebosaba de emoción por su nuevo amor. Me quedé atónita. Se había criado en un sólido hogar con fuertes valores cristianos. Sin embargo, ahora, en el fragor del romance, parecía haber perdido todo fundamento moral.

Me explicaba efusivamente: «¡Oh, Joanna!, no lo entiendes. Nosotros *oramos* juntos ¡antes de hacer el amor!».

Ella sentía que Dios bendecía su pecado, aunque la Biblia es bien clara respecto al adulterio. No discutía ni se ponía a la defensiva, pero cualquier mención de tales principios era rápidamente desestimada porque, desde su perspectiva, esos versículos no se aplicaban a su situación.

Si bien me siento agradecida al decir que mi amiga finalmente se arrepintió y su matrimonio fue restaurado, el costo del pecado fue alto. Siempre lo es. Porque el pecado importa. Pablo escribió en Gálatas 6:7-8: «No se engañen: de Dios nadie se burla. Cada uno cosecha lo que siembra. El que siembra para agradar a su carne, de esa misma carne cosechará destrucción; el que siembra para agradar al Espíritu, del Espíritu cosechará vida eterna».

Esta ley de la cosecha afirma que hay consecuencias lógicas para todo lo que hacemos. No plantas un limonero y esperas cosechar manzanas. No siembras tu jardín con rábanos y esperas que broten frijoles. Sin embargo, como alguien ha dicho, tendemos a sembrar salvajes decisiones y luego oramos para que la cosecha fracase.

La verdad es que muchos de nosotros ya estamos viviendo con las consecuencias sobre las que escribió Pablo. Hemos tomado malas decisiones en el pasado. Hemos alejado a la gente. Nos hemos negado a perdonar. Hemos comprometido nuestros valores o incluso nos hemos rebelado abiertamente. Hemos elegido mal. Hemos amado mal. También nos han herido las palabras y acciones de otros. Sabemos cómo se siente la decadencia y la muerte del pecado. Vivimos con su hedor todos los días.

Porque, aunque el Señor *perdona* el pecado, Él no necesariamente elimina las *consecuencias* de ese pecado. Espiritualmente hablando, el perdón significa que nuestros pecados nunca más serán traídos contra nosotros, pero en el ámbito natural, muchos de nosotros vivimos en medio de un huerto donde crecen pepinos silvestres entre maleza gracias a nuestras decisiones y las de los demás. Vivimos enredados, en aprietos. Preguntándonos cuándo terminará nuestro dolor.

SEMBRANDO PARA EL FUTURO

Si eso es cierto para ti hoy, ¿puedo ofrecerte una palabra de aliento? No puedes volver atrás y deshacer el pasado o evitar sus consecuencias, pero hoy puedes tomar decisiones que mejorarán tu futuro. Incluso si estás viviendo consecuencias que no son completamente de tu cosecha.

Cuando mi amiga Lauraine[5] atravesó un divorcio terrible, pasó mucho tiempo sintiendo como si estuviera siendo castigada por el pecado de su marido. Después de todo, fue la infidelidad de su esposo lo que destruyó su matrimonio. La amargura y el dolor que envolvían su corazón amenazaban con ahogar cualquier esperanza de un futuro feliz. Se encontró convirtiéndose en una mujer dura y enojada.

—Odio lo que esto me está haciendo —me dijo un día—. Lo único en lo que puedo pensar es en lo que mi esposo me robó.

—Definitivamente estás cosechando las consecuencias de sus acciones —estuve de acuerdo. Se me rompió el corazón al escuchar todas las cosas que mi amiga tuvo que afrontar: el dolor de sus hijos, la lucha con sus finanzas, un futuro incierto. Parecía muy injusto y me enojaba cada vez más junto a ella. Entonces Dios interrumpió mi simpatía con un pensamiento profundo.

—¿Qué estás sembrando hoy, Lauraine? —le pregunté a mi amiga—. Porque lo que siembras hoy determina lo que cosecharás mañana.

Ambas comenzamos a llorar mientras permitíamos que Dios sanara nuestra perspectiva. Porque en realidad lo que importa no es lo que nos han hecho, ni siquiera lo que hemos hecho nosotros. Es lo que dejamos que esos eventos hagan en nuestro corazón. Entonces ambas oramos: «Señor, cámbiame».

Porque el pecado, tanto el hecho como nuestra respuesta a ese hecho, realmente importa. Sí, Dios perdona. Y Él trae sanidad y restauración a quienes le entregamos nuestros intentos fallidos y nuestros sueños destrozados.

A la luz de las dolorosas consecuencias del pecado —corazones endurecidos, sordera espiritual y vidas destrozadas—, ¿no tiene sentido hacer todo lo posible para evitar el pecado tanto como sea posible?

¿No es más fácil proteger el manantial de nuestro corazón hoy que arreglar una vida desordenada más adelante?

Una gracia equilibrada

Quizás el paso más importante que podemos dar para proteger nuestro corazón es permitir que Dios establezca límites y fronteras en nuestra vida: decidir de antemano lo que nos permitiremos ver, oír y hacer.

Cuando permitimos que Dios nos ayude a establecer convicciones personales basadas en su Palabra, no en la opinión popular o en lo que todos hacen, comenzaremos a *pensar y a vivir* bíblicamente.

John Ortberg escribe en *Un amor más allá de la razón*: «Si quiero experimentar plenamente el amor de Jesús, debo recibir uno de los regalos más importantes que él me envía: sus enseñanzas… Debo confiar en que Él tiene razón en todo; incluso en lo que no estoy de acuerdo con Él» y, debo añadir: «Cuando el mundo no está de acuerdo con Él, seguramente estoy equivocado o no he comprendido lo que Él estaba diciendo. Aun así, debo permitir que Jesús me enseñe cómo vivir».[6]

Permitir que las Escrituras establezcan límites a la vida personal no es una idea popular hoy en día, ni siquiera en la iglesia. De alguna manera, hemos permitido que la propaganda mundial se infiltre en nuestro pensamiento, al punto de etiquetar la idea de tener escrúpulos

—es decir, fuertes creencias morales o éticas que afectan el comportamiento— como algo intolerante o legalista.

Decimos: «Bueno, puede que sea malo para ti, pero no me digas que es malo para mí».

Soy la primera en aplaudir que ya no estemos sujetos a las reglas legalistas que marcaron gran parte de los últimos cien años del cristianismo evangélico. Estoy emocionada con el nuevo énfasis en la gracia que nos hace libres. Sin embargo, me preocupa un poco que podamos llevar esta idea de libertad personal a tal extremo que se convierta en algo completamente diferente de lo que Dios quiso que fuera.

El apóstol Pablo habló directamente de esa preocupación cuando escribió, en 1 Corintios 6:12: «"Todo me está permitido", pero no todo es para mi bien. "Todo me está permitido", pero no dejaré que nada me domine».

En otras palabras, si no tenemos cuidado incluso las cosas buenas pueden esclavizarnos y dominarnos como si fueran nuestros amos en lugar de Dios. Y es posible distorsionar nuestra libertad en Cristo a tal punto que hagamos lo que queramos —incluyendo pecar deliberadamente— solo para demostrar que podemos hacerlo. Esa es la herejía que Pablo, el gran defensor de la gracia, encontró en la iglesia de Galacia: «Ustedes han sido llamados a ser libres; pero no se valgan de esa libertad para dar rienda suelta a sus pasiones» (Gálatas 5:13).

Creo que una de las razones por las que nos confundimos es que malinterpretamos la relación entre el legalismo y la gracia. Tendemos a pensarlos como opuestos. He llegado a creer que lo opuesto al legalismo no es la gracia, sino el libertinaje, definido por el *Diccionario ilustrado de la Biblia* de Lockyer como «comportamiento indisciplinado y desenfrenado» y «conducta escandalosa» que «va más allá del pecado e incluye un desprecio por lo que es correcto».[8]

La gracia, por otro lado, es el lugar central donde el amor y el perdón de Dios equilibran su absoluta santidad y su sentido de justicia. Es un espacio de seguridad creado por la cruz, un regalo que nos permite no solo acercarnos a un Dios Santo, sino también ser aceptados como suyos. Cada vez que nos inclinamos demasiado hacia el libertinaje o el legalismo, nos alejamos de ese equilibrio perfecto y caemos en el error.

LIBERTINAJE · LEGALISMO

GRACIA

Otros pueden, pero tú no

Si Dios te ha llamado a ser como Cristo, puede que te lleve hacia una vida de crucifixión y humildad, y te imponga demandas de obediencia que no te permitirá seguir a otros cristianos, y de muchas maneras parecerá permitir que otras personas buenas hagan cosas que Él no te permitirá hacer.

Otros cristianos, que parecen muy religiosos y útiles, pueden esforzarse, manipular y conspirar para llevar a cabo sus planes, pero tú no puedes hacerlo; y si lo intentas, te encontrarás con tal fracaso y una represión del Señor que te harán sentir profundamente arrepentido.

Otros pueden jactarse de sí mismos, de su trabajo, de su éxito, de su escritura, pero el Espíritu Santo no te permitirá hacer nada de eso, y si empiezas a hacerlo, te llevará a una profunda mortificación que te hará despreciarte a ti y a todas tus buenas obras.

A otros se les permitirá tener éxito con el dinero… pero es probable que Dios te mantenga pobre, porque quiere que tengas algo mucho mejor que el oro, y eso es una desesperada dependencia de Él, para tener el privilegio de suplir tus necesidades diarias con un tesoro invisible.

El Señor permitirá que otros reciban honra y sean promovidos, y te mantendrá escondido en la oscuridad porque quiere producir algún fruto fragante y selecto para su gloria venidera.

Somos personas pendulares,[9] que pasamos la mayor parte de nuestro tiempo practicando el deporte de oscilar entre esos extremos. Y los deportes extremos son el pasatiempo favorito de Satanás. Le encanta aprovecharse de la convicción y también de la complacencia, entonces, su peso infernal provoca que nos balanceemos más de lo debido. Nos obsesiona y atormenta con la perfección espiritual, a la vez que nos hace sentir tan cómodos en nuestras suposiciones de gracia que olvidamos cómo preocuparnos por el pecado. Ambos extremos le gustan, lo importante es que no logremos el equilibrio.

Por eso necesitamos desesperadamente un Salvador. Porque fuimos creados para vivir en el reino equilibrado de la gracia: libres de la

---

Él permitirá la grandeza en otros, pero te mantendrá pequeño. Dejará que otros hagan un trabajo para Él y reciban el crédito, pero te hará trabajar y esforzarte sin que alguien sepa cuánto estás haciendo.

El Espíritu Santo pondrá una estricta vigilancia sobre ti…te reprenderá por pequeñas palabras y sentimientos, o por perder el tiempo.

Dios es un Soberano infinito; Él tiene derecho a hacer lo que quiera con lo que es suyo.

Entonces, decide para siempre que debes tratar directamente con el Señor Jesús, que Él tendrá el privilegio de atar tu lengua, encadenar tus manos o cerrar tus ojos como no lo hace con otros.

Entonces habrás encontrado el vestíbulo del cielo.

Otros pueden. Tú no.[7]

—G. D. Watson

Antes creía que esas cosas eran valiosas, pero ahora considero que no tienen ningún valor… no vale nada cuando se le compara con el infinito valor de conocer a Cristo Jesús, mi Señor.

FILIPENSES 3:7-8 (NTV)

ley, pero obligados a la santidad por el amor. El ámbito sobre el que Pablo escribió en su carta a Tito: «En verdad, Dios ha manifestado a toda la humanidad su gracia, la cual trae salvación y nos enseña a rechazar la impiedad y las pasiones mundanas. Así podremos vivir en este mundo con dominio propio, justicia y devoción… y purificar para sí un pueblo elegido, dedicado a hacer el bien» (Tito 2:11-12, 14).

No es el yugo de la ley lo que me impulsa a poner límites en mi vida, sino la gracia de Dios. Es el amor de un Padre que dice: «No, Joanna. No quiero que hagas eso. Te alejará de lo mejor que tengo para ti».

Mantenerme fiel a mis convicciones personales —es decir, aprender a decir no a la maldad y a las pasiones mundanas— no me frustra ni me daña. ¡Me libera! Mientras camino en obediencia, mi corazón se purifica y me acerco más al Señor. Más cerca de lo que jamás soñé. Porque son los «de corazón limpio», prometió Jesús en Mateo 5:8, quienes «verán a Dios».

Una limpieza diaria

Estoy agradecida por mis padres que pusieron límites en mi vida; se mantuvieron firmes en sus convicciones y se negaron a permitir ciertas actividades a pesar de que les aseguré que todos los demás estaban haciendo esas cosas. Mi mamá y mi papá cuidaron diligentemente mi manantial a lo largo de mi infancia y mi adolescencia.

Y aunque, como adulta, intento hacer lo mismo, el pecado todavía tiende a encontrarme, y yo a él. Si bien mis transgresiones pueden no ser abiertamente obvias, son bastante reales. Pensamientos pecaminosos que tuercen y juegan con la verdad para hacerme ver de un modo favorable. Pensamientos envidiosos que guardan rencor a otros por sus bendiciones. Impaciencia que tiende a estallar en ira cuando las cosas o las personas se mueven demasiado lento. Y hay más, muchísimos más.

Pecado, en su totalidad. Basura oscura y podrida que, si no se elimina, deja mi corazón con un aspecto —¡y un olor!— más parecido a una alcantarilla que a un manantial.

Por eso necesito desesperadamente un Salvador. Porque Él es el verdadero Guardián del Manantial. Gracias a su muerte en la cruz, tú y yo podemos ser verdaderamente limpios, realmente puros. Hoy y mañana. Mientras vivamos en esta carne plagada de pecado.

De nuevo, me di cuenta de eso hace varios años cuando mis ojos se dirigieron a una cruz tallada a mano que se encuentra en el lado derecho del escenario de nuestra iglesia. De unos tres metros de altura, es un constante recordatorio de todo lo que Cristo ha hecho por nosotros. Una noche, durante nuestra semana anual de oración, se convirtió en una lección viva del poder continuo de la sangre derramada de Cristo en mi vida.

Estaba luchando una vez más con mis continuas deficiencias. Había sido una semana difícil y mis respuestas estaban lejos de ser piadosas: palabras de enojo, mal humor, reacciones impulsivas.

—¿Cambiaré alguna vez? —le pregunté a Dios—. ¿Seré alguna vez lo que tú quieres que sea?

No hubo respuesta audible, pero mientras confesaba mis pecados, sentí la suave seguridad de su amor que se apoderaba de mi corazón. Entonces me vino a la mente una imagen verbal. No una visión, sino un pensamiento visual. Como si pudiera ver una ducha conectada a la parte superior de la cruz y, en medio de ella, una manija marcada con la palabra *arrepentimiento*.

—¿Con qué frecuencia te duchas, Joanna? —el pensamiento de Dios llegó suavemente a mi corazón.

—Cada día —mi corazón respondió—. O al menos cada dos días.

—¿Por qué, entonces, solo consideras necesario venir a la cruz de vez en cuando?

Vaya. Eso me detuvo en seco. ¿Realmente pensaba que el momento en que entregué mi corazón a Cristo cuando tenía cuatro años era el único momento en que necesitaría el poder de limpieza de su preciosa sangre?

—Después de todo —percibí al Espíritu en su razonamiento—, en lo natural te duchas todos los días porque tu cuerpo produce toxinas y porque la vida implica contacto con cosas que te ensucian. Lo mismo ocurre en el ámbito espiritual. Tu carne es tóxica por naturaleza e inevitablemente te encontrarás con cosas de este mundo caído que contaminan tu corazón. No esperes a que el pecado se acumule hasta convertirse en una crisis espiritual—. Sentí que el Señor decía.

—Ocúpate de ello a diario. Sé honesta para que pueda limpiarte. La cruz te hizo mi hija, y es la cruz la que también te hará santa. No por tu esfuerzo, sino porque diariamente aprovechas mi perdón y mi amor.

«Hay una fuente llena de sangre», dice el antiguo himno.[10] Y cuando acudimos a su flujo vivificante, nos lava y deja blancos como la nieve. Nos transforma de adentro hacia afuera. Nos limpia tan a fondo que nos califica para ser vasijas de agua viva.

Lo mismo que Dios había tenido en mente para nosotros desde el principio.

Buenas noticias para las personas sedientas

Era el último día y el más importante de la Fiesta de los Tabernáculos. Jerusalén estaba llena de adoradores que celebraban la cosecha y daban gracias a Dios por su bondad. Durante toda la semana, los judíos conmemoraron su liberación de Egipto viviendo en refugios hechos con ramas de sauce. Cada día, un sacerdote tomaba un cántaro de oro, sacaba agua del estanque de Siloé y regresaba al templo a través de la Puerta del Agua mientras el pueblo recitaba Isaías 12:3: «Con alegría sacarán ustedes agua de las fuentes de la salvación».

No sé tú, pero después de una semana de acampar al aire libre y celebrar en las calles secas y polvorientas de Jerusalén, podría haber envidiado en secreto el agua fría que el sacerdote derramaba sobre el altar. Secándome la frente sudorosa, estoy segura de que habría pensado: *Me vendría bien algo de eso*. Especialmente el último día, cuando el ritual requería marchar alrededor del altar siete veces antes de derramar el agua como una oración por la lluvia del próximo año y una ofrenda de agradecimiento al Señor por todas sus bendiciones.

Los eruditos afirman que pudo haber sido en este contexto en la Puerta del Agua, en el preciso momento en que el sacerdote levantó el cántaro para derramarlo, que Jesús se puso de pie y dijo en voz alta las palabras que leemos en Juan 7:37-38: «Si alguno tiene sed, ¡que venga a mí y beba! De aquel que cree en mí, como afirma la Escritura, de su interior brotarán ríos de agua viva».[11]

¿Te imaginas lo revolucionarias que seguramente sonaron las palabras de Jesús? ¿Un simple hombre ofreciendo lo que los sacerdotes solo podían insinuar? Interrumpiendo el ritual y la religión, Jesús se ofreció a sí mismo como fuente de vida. Con los brazos abiertos, invitó a las personas sedientas y cansadas a beber tan profundamente que nunca más volverían a tener sed.

Era la misma oferta de agua viva que le había hecho a la mujer junto al pozo. Juan 4:4-30 describe un viaje necesario por Samaria que puso a Jesús cara a cara con una de las personas más sedientas que jamás había conocido. Una mujer que sabía mucho sobre ir a los pozos y volver sedienta.

«Todo el que beba de esta agua volverá a tener sed», le dijo Jesús, «pero el que beba del agua que yo le daré no volverá a tener sed jamás, sino que dentro de él esa agua se convertirá en un manantial del que brotará vida eterna» (Juan 4:13-14).

Jesús nos hace la misma oferta a ti y a mí. Si tienes sed, si parece que no puedes satisfacer ese anhelo de tu alma… «Ven a mí y bebe», dice. Si has probado el pozo de la religión y te has ido vacío, si has buscado significado en las relaciones, pero necesitas algo más… «Ven a mí y bebe», te invita.

Jesús ofrece más que agua para satisfacer nuestra sed. Él desea crear en nosotros un manantial de Él mismo: una oleada burbujeante de vida que fluye de nuestro ser más íntimo, como afirma Juan 4:14: «Satisfaciendo nuestras necesidades, así como las de los demás».

Porque no fuimos creados para ser charcos de lodo para Jesús, ni pozos sucios y obstruidos. Estábamos destinados a ser ríos caudalosos que derraman el amor y la misericordia de Dios a quienes nos rodean. Estábamos destinados a ser conductos de agua viva, el dulce y refrescante flujo del Espíritu Santo que entra y fluye a través de nosotros.

¡Guau! Me vendría bien algo de eso.

Y también a nuestro mundo.

Limpios y derramados

Nuestro pequeño Joshua tiene una bebida favorita. No le gusta la leche. Tolera el jugo, pero le encanta el agua.

«Gua-gua». Debido a algunos retrasos en su desarrollo, todavía usa la forma más temprana de la palabra, por lo que la escucho mucho. Durante todo el día y frecuentemente por la noche.[12]

«¡Gua-gua, mami!», dice. «¡Gua-gua, pofavo!»

Y cuando la recibe, se la bebe como un hombre perdido en el desierto del Sahara. Nunca has visto a un niño disfrutar tanto de algo. Su respuesta me recuerda a la que John Michael daba hace mucho tiempo. «¡Refresquisante!» diría, relamiéndose los labios.

Gua-gua. Es todo lo que Joshua quiere. Es lo que necesita.

Es asombroso darse cuenta de que, cada día, casi cuatro mil niños mueren en todo el mundo simplemente porque no tienen agua potable para beber. El agua contaminada y la falta de saneamiento básico son responsables de la muerte de 1.6 millones de niños cada año.[13] Muertes innecesarias que podrían evitarse perforando pozos y proporcionando sistemas de bombeo fáciles de usar. Lamentablemente, aunque la respuesta parece sencilla, el progreso ha sido lento. La mayor parte del mundo aún no dispone de la vital agua limpia.

Espiritualmente, temo que la situación sea más desesperada. Tú y yo vivimos en una tierra seca llena de gente sedienta. Personas que viajan de pozo en pozo, sumergiendo sus recipientes desgastados para beber, solo para volver a tener sed. Buscando frenéticamente agua en el reino terrenal. Sin darse cuenta nunca de que lo que realmente anhelan es a Cristo.

Si los oídos de nuestro espíritu se abrieran, si se eliminara la inmundicia moral y la complacencia, me pregunto si no escucharíamos mejor el clamor de nuestro mundo: «Gua-gua... por favor, ¿nadie puede darme gua-gua?».

Porque al mundo realmente le vendría bien algo de eso. Y ahí es donde entramos tú y yo. Dios nos ha elegido para ser vasijas de su presencia. Mientras cavamos profundamente nuestro pozo espiritual y confiamos en Él para que nos ayude a mantenerlo limpio, mientras preparamos el mecanismo de bombeo, Cristo nos llena de sí mismo. Luego nos posiciona estratégicamente como fuentes de agua viva en una tierra azotada por la sequía. Somos como altas copas de cristal llenas de su misericordia, rebosantes de su amor. Oasis exuberantes donde los viajeros cansados llegan, prueban y ven que el Señor es bueno. Tú y yo hemos sido limpios —y llenos— para ser derramados.

Un refrescante, cristalino y vital sorbo de Jesús.

«Gua-gua» para el mundo.

10

Una belleza intrépida

Pues Dios no nos ha dado un espíritu de temor y timidez sino de poder, amor y autodisciplina.

2 Timoteo 1:7, ntv

¿Alguna vez Dios ha estado respondiendo una oración y no te has dado cuenta? Después de haber orado por una cosa, ¿te dio algo completamente diferente? ¿Y solo más tarde te diste cuenta de que realmente te había dado ambas cosas?

Parte de mi oración de toda la vida por alcanzar la perfección cristiana ha consistido en tener el espíritu humilde y apacible del que habla Pedro en 1 Pedro 3:4. Cuando compartí por primera vez este objetivo de vida con amigos, su respuesta fue una carcajada y algunas risitas mal disimuladas. Porque quien me conoce bien sabe que no soy muy apacible. Y definitivamente no me quedo callada.

No es porque no lo haya intentado. ¡Realmente lo he hecho! Durante años he asistido a eventos sociales decidida a ser vista pero no escuchada, solo para regresar a casa castigándome por mi tonto optimismo. He pasado muchas noches en vela analizando conversaciones en las que sonaba como en nuestras películas caseras: odiosa y ruidosa. Impulsada a hacer extensos comentarios sobre cada evento de la vida.

En lo natural, el gen de la tranquilidad tiene pocas posibilidades de nadar en mi piscina. Quizá por eso siempre me ha parecido tan atractiva la declaración de Pedro, tan provocativa. Algo dentro de mí anhela el tipo de paz estable y duradera que él describe. Y por eso he seguido pidiendo al Señor un espíritu humilde y apacible. Porque no solo me atrae a mí. También agrada a Dios.

DE GRAN VALOR PARA DIOS

Cuando Pedro escribió la carta que contiene este versículo, la iglesia, por la persecución, se había dispersado hasta los rincones más lejanos del mundo conocido. Escrito desde el corazón de un pastor hacia su rebaño, este pasaje en particular se dirige a la relación entre marido y mujer. Sin embargo, creo que contiene una rica verdad para cada mujer en cada etapa de la vida. Porque incluye la clave para una belleza perdurable y la transformación divina que todas anhelamos:

Que la belleza de ustedes no sea la externa, que consiste en adornos tales como peinados ostentosos, joyas de oro y vestidos lujosos. Más bien, que la belleza de ustedes sea la incorruptible, la que procede de lo íntimo del corazón y consiste en un espíritu humilde y apacible. Esta sí que tiene mucho valor delante de Dios. Así se adornaban en tiempos antiguos las santas mujeres que esperaban en Dios, cada una mostrando respeto a su esposo (1 Pedro 3:3-5).

No sé tú, pero me alegro de que fuera Pedro quien escribiera estas palabras. Si vinieran de otra persona (incluso de nuestro viejo amigo Pablo), el mensaje puede parecer un ataque a las mujeres: un comentario velado de que necesitamos dejar de ser tan superficiales y, mientras estamos en eso, mantener la boca cerrada.

Aunque para todas los que alguna vez han luchado por morderse la lengua y han fracasado, para todas los que han dejado que grandes intenciones se descarrilen por palabras y torpes acciones, Pedro es nuestro santo patrón. Hizo audaces declaraciones de fe en un momento y negó al Señor al siguiente. Vio a Jesús transfigurado hablar con Moisés y Elías, parado en tierra verdaderamente santa, solo para destruir el momento ofreciéndose a recoger madera contrachapada en Home Depot para construirles refugio a los tres (Lucas 9:28-33).

¿Refugio? ¡Como si lo natural pudiera albergar, mucho menos proteger, tal manifestación de la gloria de Dios! Me encanta la explicación entre paréntesis de la sugerencia de Pedro que ofrece Lucas 9:33: «Sin saber lo que estaba diciendo».

Me pregunto cuántas veces la gracia ha tenido que añadir esa nota a pie de página en particular a la historia de mi vida. «Tenía buenas intenciones, pero no tenía idea de lo que estaba haciendo".

Marcos 9:6 añade un poco más de información sobre la declaración de Pedro: «Él no sabía qué decir, porque todos estaban *asustados*» (el énfasis es mío).

Creo que esa adición es crucial. Quizá nunca hayas pensado en el miedo como un factor que hace a las personas actuar de manera superficial e insegura, ruidosa y desagradable, prepotente y ansiosa. Yo no lo pensé. Sin embargo, Pedro también menciona el miedo inmediatamente después de su pasaje sobre el espíritu humilde y apacible:

> Así se adornaban en tiempos antiguos las santas mujeres que esperaban en Dios, cada una mostrando respeto a su esposo. Tal es el caso de Sara, que obedecía a Abraham y lo llamaba su señor. Ustedes son hijas de ella si hacen el bien y *viven sin ningún temor*.
> (1 Pedro 3:5-6, el énfasis es mío)

El miedo nos mueve a hacer esas cosas un poco locas y a menudo inapropiadas. El miedo deja escapar palabras imprudentes y a veces hirientes porque el miedo balbucea. Entra en pánico. Busca frenéticamente explicaciones y soluciones. Corre de un lado a otro tratando de arreglar las cosas o, al menos, de entenderlas. Se inquieta y se agita, se preocupa y se obsesiona. El miedo cose hojas de higuera para cubrir nuestras deficiencias y pinta sonrisas brillantes para ocultar nuestras lágrimas. Construye refugios improvisados y se maquilla demasiado. Nos obliga a escondernos detrás de fachadas simplemente porque no sabemos qué más hacer.

Tal vez por eso Pedro nos instruye a dedicar menos tiempo a los adornos externos, a la construcción de refugios ornamentados para albergar nuestros frágiles egos, y dedicar más tiempo a embellecer nuestra vida interior. Para estar tan seguras de quiénes somos en Cristo que no tengamos problemas para llamarlo «Maestro» o confiar en Él como Señor.

La belleza de confiar en Dios

La revelación de que Dios había respondido a mi pedido de afable mansedumbre me llegó mientras estaba sentada en un seminario de Principios Básicos de la Vida, de Bill Gothard, hace unos 16 años. Allí estábamos, alrededor de mil personas, tomando notas mientras Bill nos hablaba desde una pantalla gigante. Cuando mencionó 1 Pedro 3:3-5, mis oídos se entusiasmaron. ¿Qué iba a decir? ¿Podría ser esta la respuesta a mi oración?

«Un espíritu humilde y apacible», dijo Gothard, «es un corazón libre de miedo».[1]

Bueno, ¡no pude evitarlo! Mi grito de «¡Aleluya!», rompió el silencio. Todos me vieron extrañados, pero no me importó. Dios había hecho exactamente eso durante el año anterior: me había liberado del miedo. Nunca se me había ocurrido que el espíritu humilde y apacible por el que oraba era un corazón en reposo. Una mente libre de ansiedad. Sin embargo, cuando finalmente todo encajó y vi lo que Dios había hecho, bueno, cuando descubres que el Espíritu Santo te ha transformado de una manera tan profunda y fundamental, ¡tienes que gritarlo!

Al orar por un espíritu humilde y apacible, pensaba que el Espíritu Santo cambiaría mi personalidad. Que me convertiría en una de esas mujeres dulces y sumisas que tanto admiro. Mujeres que saben responder adecuadamente ante cualquier situación. Mujeres que no gritan «¡Aleluya!» e interrumpen procesos que de otro modo serían tranquilos y moderados. Mujeres que nunca pierden la paciencia ni dicen cosas de las que luego se arrepienten. Mujeres que siempre lucen arregladas y nunca dejan caer albóndigas en su vestido durante las comidas en la iglesia.

Ángeles, en realidad, agentes secretos enviados directamente del cielo.

No es de extrañar que mis amigos dudaran de la probabilidad de que mi oración fuera respondida. «Dios te hizo como eres», intentaron tranquilizarme mientras limpiaba el aderezo de ensalada que había derramado sobre mi blusa. «Él no hará que dejes de ser tú».

Y tenían razón. Dios es infinitamente más creativo que eso. Es un Dios de diversidad y no de monotonía. En vez de reproducir clones de damas de iglesia, está más interesado en tomar nuestra personalidad, templarla y sujetarla por su Espíritu Santo para reclutarnos como colaboradoras que trabajan en su reino.

Después de perturbar a la multitud con mi poco femenino grito de aleluya, todos se reacomodaron y se concentraron en el resto de la enseñanza de Gothard. Yo no pude. Mi corazón estaba demasiado entusiasmado al descubrir que Dios había respondido a mi petición, aunque no me había dado cuenta de lo que estaba pidiendo. Así como Marta de Betania, había pasado la mayor parte de mi vida «inquieta y preocupada por muchas cosas» (Lucas 10:41). Y, al igual que Marta, había pedido lo que creía que me faltaba: más ayuda en la cocina. Herramientas para ser más eficiente en esta vida. Algo que me hiciera… bueno, menos como yo.

Sin embargo, Dios en su sabiduría me había dado lo que yo necesitaba y lo que Marta también necesitaba: ser libre del miedo.

Él no había cambiado mi personalidad; me había transformado a mí.

Él no me había tranquilizado; había dado tranquilidad a mi alma.

¿CONFIARÁS EN MÍ?

Durante casi todos mis veinte, me despertaba cada mañana con la sensación de un inminente desastre. Como si algo terrible estuviera a punto de suceder. Y con esa inquietud había surgido la urgente necesidad de correr más rápido y de trabajar más duro para, de alguna manera, adelantarme a la oscuridad que acechaba mi alma. Era como si una nube negra flotara sobre mi vida, aplastando cualquier rayo de esperanza o felicidad.

Me reí. Viví. Hice lo que tenía que hacer, incluso experimenté las emociones de un cristiano victorioso, pero por la noche, aunque todo estaba tranquilo, mi corazón seguía clamando de ansiedad. Finalmente le admití a mi esposo: «No recuerdo haber tenido un momento de pura alegría». Cada evento o celebración parecía contaminado por el miedo al futuro, el arrepentimiento del pasado o la frustración con el presente.

Algunos diagnosticaron mi condición como depresión, y tal vez lo era. Aun así, creo que mi problema iba más profundo hasta llegar a un desperfecto en mi fundamento espiritual. La misma vieja y falsa creencia de que mi cristiandad dependía de mí. Que Dios estaba allá arriba en alguna parte con un matamoscas sagrado esperando que yo fallara.

Sin embargo, alrededor de mi cumpleaños número 28, todo eso comenzó a cambiar. Y empezó con una amonestación.

—No confías en mí —Dios le susurró a mi corazón un día durante mi tiempo devocional.

—Por supuesto que confío en ti —argumenté—. Te amo.

—Pero no confías en mí —me respondió Dios. Luego comenzó a mostrarme «todas» las pequeñas situaciones en las que me veía a mí misma en lugar de a Él: las veces que me cansé de orar y esperar y decidí actuar por mi cuenta. El Espíritu Santo puso especialmente su dedo en el área de mi matrimonio y mi dificultad para someterme a mi esposo.

Estaba pasando por un momento difícil. John y yo nos sentíamos abrumados por nuestras posiciones ministeriales, y la Mujer Carnal estaba ejercitando su musculatura. Mi conflicto fundamental, esa necesidad de aprobación y de éxito me impedía soportar la idea del fracaso. Y mi autoengaño lo pintó todo como si fuera culpa de mi esposo. *Si tan solo John hiciera esto… Si John hiciera aquello…* Desde mi elevada posición de esposa sabelotodo, podía ver exactamente lo que él necesitaba hacer. A ambos nos iría mucho mejor si él solo escuchara a su ayuda idónea, a su don de Dios, a su Espíritu Santo personal viviendo allí junto a él en carne y hueso. Bueno, ¡estaba en la carne! Y ese era el problema.

La ansiedad había distorsionado mi forma de pensar y torcido cualquier ayuda que pudiera haberle ofrecido a mi esforzado esposo. Si bien es posible que haya tenido razón en algunas de mis opiniones, estaba lejos de ser justa. Había dejado que mi frustración y perfeccionismo devoraran la estructura de nuestro matrimonio hasta dejarlo hecho pedazos, destrozado por la interminable ráfaga de mis opiniones y el viento frío de mi falta de respeto.

—Pero, Dios… —balbuceaba mientras Él me mostraba todo esto—. Si John simplemente…

—Joanna, el problema no es John, el problema eres tú. No confías en John porque no confías en mí.

Entonces el Señor me recordó Efesios 5:22: «Esposas, sométanse a sus propios esposos como al Señor». (El mismo mandamiento implícito en 1 Pedro 3:5.) ¡Ouch! De repente vi a qué se refería Dios. En mi afán porque todo se *hiciera* bien para que todo *estuviera* bien, había usurpado el papel de John y el de Dios. Cuando intentaba manipular a mi esposo en vez de someterme a la asignación que Dios le había dado como cabeza de nuestro hogar, básicamente le estaba diciendo que Él había dispuesto todo mal.

—Pero ¿qué pasa si mi marido no hace lo que debe hacer? —pregunté.

Desafortunadamente, Dios no estaba de humor para mis argumentos. No le impresionó mi lista de logros espirituales ni los detalles de las faltas espirituales de mi esposo. Cuando vi de cerca Efesios 5:22, descubrí que no decía lo que yo había asumido.

No decía: «Esposas, sométanse a su esposo *solo si* es realmente sabio y prácticamente perfecto».

No decía: «Esposas, sométanse a su esposo *solo si* es realmente piadoso, dedica tres horas al día a la Palabra y tiene devocionales familiares con regularidad».

Ni siquiera decía: «Esposas, sométanse a su esposo *solo si* es cristiano». Solo decía: «Esposas, sométanse a sus esposos» y luego me remitía de nuevo a Dios: «como al Señor».

La elección era simple, aunque no fácil.

—Está bien, Señor —finalmente oré—. Confío en ti. O al menos quiero hacerlo, pero tendrás que ayudarme. Mucho.

Esa pequeña oración de buena voluntad marcó el comienzo de algo nuevo en mi vida. Porque a medida que me enfocaba en confiar en el Señor al someterme a John, ofreciendo mis opiniones solo cuando se me pedían, pero luego apoyando sus decisiones y confiando en su juicio, algunas cosas interesantes comenzaron a suceder.

Por un lado, nuestro matrimonio comenzó a sanar. Sin embargo, lo más importante fue la transformación que ocurrió en mi corazón.

Poco a poco, casi imperceptiblemente, mi capacidad de confiar aumentó. Con esta fe creciente llegó una nueva comprensión de la gracia. Y, para mi sorpresa, conforme iba confiando más y más en el corazón de Dios y su plan para mi vida, sentía menos miedo. Fue tal como dice el famoso himno de John Newton: «Fue la gracia la que enseñó a mi corazón a temer y la gracia alivió mis miedos».[2]

Cuanto más comenzaba a descansar en el amor perfecto del Padre, más libertad sentía de mi ansiedad crónica y mi frenético miedo.

Déjate caer en el amor

El «discípulo amado» Juan hizo esta conexión entre el amor y el temor en 1 Juan 4:16-18:

Y nosotros hemos llegado a saber y creer que Dios nos ama.
Dios es amor. El que permanece en amor, en Dios permanece y Dios en él. Ese amor se manifiesta plenamente entre nosotros para que en el día del juicio comparezcamos con toda confianza, porque en este mundo somos como Jesús. En el amor no hay temor, sino que el amor perfecto echa fuera el temor. El que teme espera el castigo, así que no ha sido perfeccionado en el amor.

Debo admitir que no siempre he apreciado la parte del «amor perfecto» de este versículo. Para mí, solo acentuaba mi fracaso. Porque si no sentía miedo, entonces era perfecta, y ciertamente no estaba manifestando nada parecido al amor perfecto.

Aunque cuando leía el versículo de esa manera enfocado en mí, ¡perdía por completo su significado! porque no es nuestro perfecto amor, sino ese perfecto amor de *Cristo* el que destierra el miedo… al hacernos justos ante Dios. Aparte del sacrificio de Cristo, lo único que merecemos es el castigo. Incluso en nuestros mejores días, el más perfecto de nosotros nunca podría acercarse a la pureza de la divinidad. Al actuar en nuestra naturaleza humana, somos eternamente deficientes, perpetuamente vulnerables. No es de extrañar que el miedo y la ansiedad acechen en nuestra vida.

Por eso vino Jesús. ¡Por eso las nubes negras desaparecieron! Por eso ya no tenemos que vivir con miedo al tormento y bajo la brutal tiranía del pecado.

Ha llegado el amor perfecto. El poder del miedo en nuestra vida ha sido destruido. Todo lo que debemos hacer es recibir el regalo, pero como los humanos tendemos a olvidar, es posible que debamos recordarnos a nosotros mismos que hemos recibido el perfecto amor de Dios.

El único temor que necesitas

Temer al Señor es uno de los principios más importantes de las Escrituras, pero para entender lo que es, debemos saber lo que no es. Según la autora Joy Dawson en su libro *Intimate Friendship with God* [Amistad íntima con Dios], temer a Dios no significa tenerle miedo.

En cambio, temer a Dios implica (1) tener la actitud de Dios hacia el pecado, que es aborrecerlo (Proverbios 8:13) y (2) mostrar el debido respeto por la santidad de Dios, su poder y suficiencia para satisfacer nuestras necesidades (Salmo 33:8-9, NVI).[3] Cuando tenemos temor de Dios, ya no necesitamos temer a nada más. Vivimos:

- *Protegidos:* «El ángel del Señor acampa en torno a los que le temen; a su lado está para librarlos» (Salmo 34:7).

- *Dotados de sabiduría:* «¿Quién es el hombre que teme al Señor? Será instruido en el mejor de los caminos» (Salmo 25:12).

- *Como amigos de Dios:* «El Señor brinda su amistad a quienes le temen y les da a conocer su pacto» (Salmo 25:14).

- *Seguros en el amor de Dios:* «Porque tan alto como están los cielos sobre la tierra, tan grande es su amor para con los que le temen» (Salmo 103:11).

- *Provistos por Dios:* «Teman al Señor, ustedes sus santos, pues nada les falta a los que le temen» (Salmo 34:9).

- *Satisfechos:* «El temor del Señor conduce a la vida, para dormir satisfecho sin ser tocado por el mal» (Proverbios 19:23, LBLA).

Dichoso el que teme al SEÑOR,
el que halla gran deleite en sus mandamientos.

Salmo 112:1

¿Cómo hacemos eso? Bueno, esto puede parecer un poco tonto, pero una forma de hacerlo es dejándome caer de espaldas sobre mi cama. Déjame explicarte.

En esos días difíciles y abrumadores cuando lucho contra el miedo —y siento como si olas de fracaso borraran mi convicción sobre del perfecto amor de Dios— tomo la decisión de arrepentirme y creer que Él me perdona, a pesar de lo que siento. Y creo que no solo soy perdonada, sino valorada. Amada. Protegida. Abrazada con un amor que supera todo lo que pueda experimentar.

«*Sabemos* y *creemos* que Dios nos ama, porque Dios es amor», digo, repitiendo 1 Juan 4:16 (TLA) con el énfasis en cursiva, abro los brazos y me dejo caer en la cama. Allí descanso, segura y aceptada, bienvenida en los reconciliadores brazos de mi Papá celestial. Cuando me levanto, decido llevar conmigo esa deliciosa sensación de ser amada y cuidada. El miedo pierde control sobre mi corazón mientras mi mente se deleita en la gracia de Dios.

«En esto se ha perfeccionado el amor en nosotros», dice 1 Juan 4:17 (RVR1960), «para que tengamos *confianza* en el día del juicio» (el énfasis es mío). La única manera de experimentar el amor perfecto que expulsa el temor es conocer y confiar en lo que Dios nos dice que ya nos ha dado.

Porque cuando confiamos en su amor, cuando damos el paso y nos dejamos caer de espaldas, confiados en su gozo, ya no cedemos a la ansiedad. Somos «perfeccionados en el amor» simplemente al descansar en Aquel cuyo amor perfecto ahuyenta el temor.

¿Miedo o fe?

Dios sabía que lucharíamos contra la ansiedad. Él sabía que las inseguridades internas y los problemas externos presionarían constantemente nuestra alma, alejándonos de Él y llevándonos al miedo. Por eso, una y otra vez en la Biblia escuchamos las palabras: «¡No temas! Ten buen ánimo».

En este mundo tendremos problemas. Jesús mismo lo dijo en Juan 16:33. Habrá cientos y miles de razones para temer a lo largo de nuestra vida —sin mencionar la próxima semana— porque el miedo es parte integral de vivir en el mundo. ¿Qué comeremos? ¿Qué nos pondremos? ¿Dónde viviremos? ¿Habrá suficiente dinero para pagar las cuentas? ¿Estamos ahorrando lo suficiente para la jubilación? ¿Sobrevivirá nuestro matrimonio? ¿Será erróneo el diagnóstico? ¿Serán rebeldes nuestros hijos?

En lo natural, la vida es terminalmente inestable y el miedo es inevitable.

Sin embargo, si lo pensamos bien, las condiciones que inspiran temor son a menudo las mismas condiciones necesarias para inspirar fe. Cualquier desafío de la vida nos plantea una elección básica: ¿miedo o fe?

Como ves, las dificultades no pueden separarnos de Dios; solo el miedo puede hacerlo. Y el temor en su forma más pura en realidad es incredulidad; la falsa convicción de que «Dios no puede, Dios no quiere… entonces yo debo hacerlo».

La fe, por otro lado, elige creer que «Dios puede, Dios quiere y Dios lo hará… así que elijo confiarle mi vida».

¿Pueden coexistir el miedo y la fe en una misma persona? Por supuesto que pueden… y lo hacen. Mientras vivamos, el miedo alimentado por la carne seguirá influyendo. Sin embargo, cuanto más persistimos en la fe, obedeciendo a Dios y abriendo nuestro corazón a su amor, más débil se vuelve el temor.

Porque, al final, la fe y el miedo son mutuamente excluyentes.

Solo uno puede gobernar nuestro corazón.

Y solo la fe nos ofrece el regalo de la quietud y el descanso.

No hay más necesidad de huir

Uno de mis versículos favoritos se encuentra en Isaías 30. Era el versículo que mi esposo, John, me recordaba constantemente durante esa época oscura de relaciones saboteadas. Y es el versículo que el Señor todavía usa para afirmarme cuando mi corazón decide perseguir al temor.

«En el arrepentimiento y la calma está su salvación», dijo Dios al pueblo de Israel a través del profeta. «En la serenidad y la confianza está su fuerza» (v. 15). «Vuelvan a mí», dijo el Señor, ofreciéndoles dulce refugio. Pero Israel se negó y prefirió «huir» (v. 17) de sus enemigos. Y muy a menudo nosotros también lo hacemos.

Creo que las mujeres somos especialmente propensas a huir en respuesta al miedo, o al menos nos gustaría hacerlo. Cuando estamos cansadas y abrumadas, nuestro primer pensamiento es escapar. Buscamos desesperadamente formas de estar en cualquier lugar menos donde estamos.

No es que en realidad «huyamos a caballo» como lo hizo el pueblo de Isaías, pero huimos evitando el conflicto, y nos perdemos en libros o películas, el Internet o de compras, nos sobremedicamos o comemos para anestesiar nuestro dolor. Puede que incluso intentemos distraernos con un trabajo bueno e importante. Claro que muchas de esas cosas son buenas con moderación, sin embargo, el escapismo puede convertirse en un hábito desagradable. Cuando elegimos huir en vez de volvernos a Dios, experimentamos el mismo destino que Él prometió al pueblo de Israel cuando Isaías les advirtió: «veloces serán sus perseguidores» (v. 16).

Mira, evitar el miedo no funciona porque cuando huimos, nuestros temores nos persiguen. Nos cazan y devoran, porque esa es la naturaleza de la ansiedad. Huir solo empeora las cosas. Justo cuando pensamos que hemos logrado escapar, corremos directamente a los brazos del temor.

Sin embargo, no todo correr es *escapar*. A veces somos nosotros los perseguidores. Porque el miedo nos hace dudar del amor de Dios y de su capacidad para proveernos. Entonces decidimos cuidar de nosotros mismos, corriendo a toda prisa para alcanzar la satisfacción de nuestras necesidades y anhelos.

Destructores del miedo

1. **Enciende la luz.** Cuéntale a un amigo piadoso sobre tu lucha, expresa tu miedo en voz alta y luego, juntos, entréguenselo a Dios. El monstruo debajo de la cama no es tan grande y aterrador en la luz como en la oscuridad. No cuando invitas a Dios a la habitación.

2. **Cuestiona al miedo.** Detén el miedo en la puerta de tu corazón y pregúntale: «¿El peligro es real o imaginario? ¿Es una realidad actual o una posibilidad exagerada? ¿Hay algo que pueda hacer al respecto? Si es así, ¿qué?» Si la situación está fuera de tus manos, ponla en las de Dios.

3. **Habla la verdad de Dios en voz alta.** Reemplaza las persecuciones y burlas de Satanás con las Escrituras. Cuando el miedo toque a la puerta, abre tu Biblia y lee en voz alta. Declara lo que sabes, no lo que sientes. El miedo florece en el silencio: la Palabra hablada rompe su fuerza.

4. **Sigue al miedo hasta su final.** Pregúntate: «¿Qué es lo peor que podría suceder si este miedo se hiciera realidad?» Luego busca señales de Dios en ese escenario. Recuerda que Él te ama y tiene buenos planes para ti. Dile al miedo que, pase lo que pase, servirás a Dios.

Busqué al SEÑOR y él me respondió;
me libró de todos mis temores.

SALMO 34:4

Si tan solo pudiera estar ahí, si tan solo pudiera tener eso, entonces sería feliz, pensamos. Satanás pone nuestros «si tan solo…» delante de nuestros ojos como una zanahoria delante de un viejo caballo cansado. Y respondemos, galopando tras nuestros sueños día y noche, solo para descubrir que se han movido, así que la felicidad y la plenitud siguen fuera de nuestro alcance.

El reino de Dios no es así. Él no nos tienta ni se burla, ni nos persigue sin piedad. En cambio, nos pide que confiemos, y Él provee. «Por eso el SEÑOR los espera, para tenerles piedad; por eso se levanta para mostrarles compasión», promete Isaías 30:18. «¡Dichosos todos los que en él esperan!»

¡Qué diferencia! Huir de nuestros miedos y perseguir nuestros sueños no nos trae más que ansiedad y esperanzas frustradas, pero esperar en el Señor no solo renueva nuestras fuerzas (Isaías 40:31); también nos trae todo lo que necesitamos.

Puede que no suceda según nuestro cronograma, pero Dios cumplirá. De hecho, según Deuteronomio 28:2: «Si obedeces al SEÑOR tu Dios, todas estas bendiciones vendrán sobre ti y te acompañarán siempre».

¿Captaste eso? En lugar de buscar bendiciones, ¡las bendiciones te perseguirán a ti! Esa es una promesa asombrosa. Porque al elegir la fe sobre el temor, experimentarás una transformación divina que no solo elimina tus líneas de preocupación, sino que refresca tu corazón y satisface tus necesidades.

Un tratamiento de belleza interior que mejora mucho más que la piel.

MANTENME DULCE

«No te despiertas simplemente siendo una dulce anciana», me recordó no hace mucho mi amiga Rosemarie Kowalski. «Hay que trabajar en ello y comenzar ahora. Mi tía es prueba de eso». Discapacitada y postrada en la cama por un derrame cerebral, la tía Amalia todavía irradia la alegría del Señor. Aunque su estilo de vida activo ahora es cosa del pasado y aunque tiene suficientes razones para amargarse, el tío de Rosemarie dice: «Nunca la he oído quejarse».

Ahora bien, eso está muy lejos de mi método de sufrimiento de tirarme en el sofá y que escuchen mis quejas. Todos se enteran cuando tengo resfriado o me duele la espalda. Quiero gelatina y pudín de chocolate en una bandeja, como me llevaba mi abuela cuando era niña y estaba de mal humor. Además, acaricia mi cabello y frota mi espalda. Y no olvides una 7-Up para aliviar mi malestar estomacal.

¿Sufrir en silencio? Yo no. Mi desgracia ama la compañía, y una gran audiencia también.

No hace falta decir que mi familia no espera con ansias mi vejez. Y yo tampoco. Es triste ser desdichado.

«¡Que nunca pierda la dulzura, Señor!» se ha convertido en mi oración después de los cuarenta. No quiero ser una anciana conflictiva, exigente y temerosa. Eso significa que debo dejar de ser una mujer conflictiva, exigente y temerosa. Significa que debo tomarme en serio vivir de acuerdo con lo que *sé* en vez de lo que *siento*.

Dios promete en Jeremías 17:7-8: «Bendito el hombre que confía en el SEÑOR y pone su confianza en él. Será como un árbol plantado junto al agua que extiende sus raíces hacia la corriente; no teme que llegue el calor y sus hojas están siempre verdes. En época de sequía no se angustia y nunca deja de dar fruto».

¡Quiero ser así! Quiero estar tan arraigada y segura en el Señor que incluso en tiempos de estrés abrasador y sequía solitaria, no tenga preocupaciones. Quiero que mi respuesta a las dificultades esté llena de fe, no de miedo. En lugar de quejarme y gruñir, quiero generar paz y alegría.

Hudson Taylor, el famoso misionero del siglo XIX en China, vivió así, tan vibrante de fe y esperanza que un amigo escribió estas palabras después de su muerte:

Él fue una lección ejemplar de quietud. Sacó del Banco del Cielo cada centavo de su ingreso diario: «Mi paz os doy». Cualquier cosa que no agitara al Salvador, o alterara su Espíritu, no debía agitarlo a él. Su posesión ideal y práctica era la serenidad del Señor Jesús respecto a cualquier asunto y en su momento más crítico. No conocía la prisa ni la urgencia, ni los nervios temblorosos o la aflicción del espíritu. Conocía la paz que sobrepasa todo entendimiento, y no podía vivir sin ella.[4]

Cuanto más vivo, más me doy cuenta de cuán profundamente necesito esa paz. Y estoy aprendiendo, como claramente lo hizo Hudson Taylor, que esa paz es mía y puedo tomarla. No tengo que correr. No tengo que afanarme. No tengo que preocuparme ni hacer alboroto para ser aceptable. No tengo que saltar de un lado a otro para llamar la atención ni buscar formas de escapar de la culpa, acusando a otros por mis problemas.

En cambio, puedo confiar en mi Padre celestial, cuyo amor perfecto es la respuesta a todas mis ansiedades. Cuando me acerco con fe, Él me bendice.

Porque bajo su protección no tengo nada que temer.

En sus amorosos brazos encuentro tranquilidad y descanso.

Y la gentil belleza «que tiene mucho valor delante de Dios».

11

Desarraigar la amargura

Asegúrense de que nadie quede fuera de la gracia de Dios,
de que ninguna raíz amarga brote y cause dificultades
y corrompa a muchos.

HEBREOS 12:15

Me encanta la jardinería. Tan pronto como la nieve de Montana se derrite y la hierba comienza a reverdecer, siento la necesidad de salir a trabajar en el jardín. Al voltear la oscura y rica tierra en los nichos de mis flores, preparo el suelo para las brillantes petunias, rosas y claveles que plantaré después de que haya pasado la amenaza de las heladas. Cuando finalmente es el momento, visito todos los centros de jardinería, eligiendo los colores y variedades que se combinarán en una explosión de exuberante belleza.

Si me escuchas, podrías asumir que soy una jardinera dedicada. Y lo soy, hasta aproximadamente junio. Después de eso, mis flores subsisten más o menos por su cuenta. Porque, aunque me encanta la jardinería, odio el mantenimiento. Así que riego, pero rara vez quito la maleza. Pienso que les he dado a las flores una ventaja; el resto depende de ellas.

Desafortunadamente, en el jardín también crecen cardos. ¿Los conoces? Son esos arbustos de tallos gruesos y robustos con peligrosas espinas. Sus flores moradas producen semillas que germinan y parecen crecer como si fueran *Jack y las habichuelas mágicas* de la noche a la mañana. Ahogan mis rosas. Masacran mis claveles. Pulverizan mis petunias.

Hemos probado herbicidas químicos y quemamos el área agreste para evitar que se propaguen en el jardín. Sin embargo, cada año, los monstruos de cabeza morada encuentran su camino de regreso entre mis flores.

Como último recurso, incluso he intentado desmalezar, pero los cardos son plantas obstinadas. No puedes cortar la parte superior y esperar que mueran. Tienes que sacarlos de raíz. Toda la raíz. Cada pequeño fragmento. Olvídate de una trilladora. Si en un momento de locura, sacas tu máquina para triturarlos, puedo decirte por experiencia propia que volverán a aparecer para atormentarte. De cada pequeño trozo crece otra planta.

Esos cardos son invasivos. Son tenaces e implacables. No tienen lugar en mi jardín. Así como la amargura y el rencor no deberían tener lugar en mi vida.

El desafío del perdón

Todos y cada uno de nosotros será lastimado. Es un hecho de la existencia. Si vives rodeado de gente el tiempo suficiente, te sentirás decepcionado. Serás ignorado y olvidado. Tus necesidades serán desestimadas y tus sentimientos pisoteados. Serás difamado y traicionado, a veces sin querer, otras veces a propósito. Y no porque merezcas demasiado el dolor, sino simplemente porque eres un ser humano que vive con otros humanos en un mundo imperfecto. Porque desde la caída, estas tres cosas son verdad:

- La vida es injusta.
- La gente nos lastimará y nos decepcionará.
- No siempre entenderemos por qué.

Uniendo todo, esas tres realidades son una receta para el dolor. Peor aún, pueden conducir a la destrucción. Porque el dolor y la decepción que se dejan fermentar eventualmente se convertirán en resentimiento, que no controlado se endurecerá hasta convertirse en amargura. Y la amargura destruye. Como alguien dijo una vez: «La amargura es como beber veneno y esperar a que la otra persona muera».

Quizás por eso Jesús le dio tanta importancia al perdón. Sabía por experiencia personal que la gente realmente te decepciona. Dicen una cosa y hacen otra. Te besan en la mejilla y te apuñalan en el corazón... o prometen lealtad eterna en la orilla del mar, pero te niegan en el fuego. Se inclinan y te aclaman «¡Rey!» un día y gritan «¡Crucifícale!» al día siguiente.

Como tú y yo, Jesús fue herido por sus semejantes. La Biblia nos asegura que Él fue «tentado en todo» (Hebreos 4:15), lo que seguramente significa que fue tentado a devolver insultos. Tentado a planear venganza. Tentado a alejarse de la gente para evitar ser herido.

No es de extrañar que Cristo hiciera tanto énfasis en enseñar sobre el perdón. Aunque comprendía nuestra respuesta natural al dolor, también sabía lo que la falta de perdón provoca: no solo destruye las relaciones, sino que también nos separa de Dios (ver Mateo 6:14-15). Así que, aunque la falta de perdón pudo haber tentado a Cristo, Él resistió. Perdonó incluso a aquellos que lo llevaron a la muerte. Al hacerlo, introdujo la misericordia de Dios al mundo. En lugar de dar a sus enemigos lo que merecían, Jesús dejó de lado su derecho a la venganza y entregó su vida.

Y nosotros estamos llamados a hacer lo mismo.

Desafortunadamente, el perdón es completamente ajeno a nuestra naturaleza humana. Se siente mal, injusto, desleal. «¿Y ellos?», preguntamos señalando con el dedo. «¿Qué hay de lo que han hecho?».

Uno de los descubrimientos más asombrosos que hice al estudiar la Palabra de Dios es cuán personal es su instrucción. Casi siempre se trata de mi respuesta. Me enfoco en lo que se supone que *yo* debo hacer, independientemente de lo que la otra persona pueda estar haciendo. Cuando alguien me abofetea en la mejilla —ya sea que esa persona tenga o no razón— se supone que debo ofrecer el otro lado de mi rostro para que igualen el castigo. Cuando alguien roba mi abrigo, se supone que debo dar mi suéter también (Lucas 6:29). En lugar de superar el mal con venganza, debo superar el mal haciendo el bien (Romanos 12:21). Y cuando alguien me hiere o me decepciona de alguna manera, soy llamada a renunciar a mi derecho a vengarme o incluso justificarme.

¡Auch!

¡El cristianismo es un radical estilo de vida! Y en nada es más radical que en este amplio mandato de perdonar incondicionalmente.

El costo de la falta de perdón

En su excelente libro *Perdón total*, R. T. Kendall cuenta cómo Dios lo desafió personalmente en esta área del perdón al estilo de Cristo. Aturdido por el dolor de una injusticia inesperada, compartió los detalles de su situación con un pastor rumano, muy alejado de lo sucedido. Sin embargo, Kendall no recibió la simpatía que esperaba, sino instrucciones firmes de su piadoso amigo.

—Debes perdonarlos totalmente —dijo Josif.

—No puedo —respondió Kendall.

—Puedes y debes hacerlo—, insistió su amigo.

No fue un consejo fácil de escuchar o seguir. Kendall escribe:

> Sorprendentemente, antes de la reprimenda de mi amigo, mi rencoroso espíritu no me había molestado mucho… Supuse que como nadie es perfecto y todos pecamos en alguna medida todos los días, la amargura en mi corazón no era peor que la transgresión de cualquier otra persona. Es más, pensé, Dios comprendía plenamente y simpatizaba con mis circunstancias particulares… Por fortuna, el

Espíritu Santo me habló ese día a través de las palabras de Josif. Al principio, estaba enojado; me sentí acorralado. Fue un momento crucial para mí y cambió mi vida. Nunca volví a ser el mismo.[1]

¿Por qué se nos dan órdenes tan rotundas de perdonar? Seguramente tiene algo que ver con la forma en que actúa la falta de perdón en nuestra vida.

Negarse a perdonar a las personas es como ponernos en el lugar de Dios sobre esa vida. Asumimos el papel de juez, jurado y verdugo. Después de un breve juicio —¡unilateral, por supuesto!— los llevamos a las oscuras cavernas de nuestro corazón y los encerramos en el calabozo de nuestro resentimiento. Cerramos la puerta de golpe y la sacudimos por si acaso, para que sepan lo encarcelados que están. Luego enganchamos la llave al cinturón, acercamos una silla y nos acomodamos para una larga, muy larga espera.

Como verás, es imposible mantener a la gente encarcelada por la falta de perdón sin esclavizarnos nosotros mismos.

Lo triste de todo esto, por supuesto, es que la mayoría de las personas que nos han causado dolor ignoran por completo que están encarceladas. Es posible que nunca sientan un azote de nuestro látigo inquisidor o pierdan el sueño dando vueltas sobre el colchón de paja que les hemos colocado en el frío suelo de cemento de nuestro corazón. No se debilitarán ni palidecerán por la dieta de pan duro y agua amarga.

Sin embargo, es muy probable que lo hagamos. De acuerdo con un artículo de *Newsweek*, los científicos están descubriendo que la falta de perdón está relacionada con todo tipo de problemas físicos que van desde el aumento de la presión arterial y las enfermedades cardiovasculares hasta los cambios hormonales, la supresión inmunitaria y, posiblemente, el deterioro de la función neurológica y la memoria.[2]

Las consecuencias espirituales y emocionales de la falta de perdón pueden ser igualmente dañinas. Cuanto más fuerte sea nuestro resentimiento y cuanto más tiempo lo retengamos, menos alegría podremos experimentar. Aún más trágico es que podemos quedar congelados —emocionalmente paralizados— en el punto de nuestro dolor. Por fuera parecemos vivir, movernos e incluso crecer, pero por dentro somos como la aguja de un viejo tocadiscos, clavada en el profundo surco de la injusticia que nos han hecho y repetimos la misma historia a quien desee escuchar. Tocamos la misma triste canción una y otra vez, año tras año.

La aterradora realidad es que, incluso como cristianos, no *debemos* perdonar. Dios nunca nos impone el perdón. Cuando tú y yo insistimos en vivir en nuestras prisiones, Él respetará esa decisión.

Cómo evitar el síndrome del alma marchita

El autor Paul Borthwick identifica dos tipos de personas: las de «almas engrandecidas» que viven con optimismo y fe, y las de «almas marchitas» que se dejan amargar y debilitar por las dificultades de la vida. Sus nueve sugerencias para evitar el «síndrome del alma marchita» también son claves para erradicar la amargura de nuestra vida.

1. *Evita los chismes*. El chisme encoge nuestra alma porque vivimos a expensas de los demás. Construimos nuestra identidad al destruir a los demás.

2. *Libera la amargura*. Las personas amargadas se marchitan espiritualmente mientras caminan por la vida bajo el peso de «me deben disculpas».

3. *Toma riesgos*. Las almas engrandecidas dan un paso con fe. Las almas marchitas corren cuando nadie las persigue. Las almas engrandecidas creen en Dios y toman riesgos. Las almas marchitas viven con miedo de lo que pueda pasar.

4. *Confía*. Una vida llena de preocupaciones garantiza un alma que se va encogiendo. Cuando intentamos ser dios al tomar el control, nos debilitamos porque no podemos soportar el peso. Las almas engrandecidas viven cómodamente con lo desconocido porque eligen confiar en Dios.

Aunque Dios no nos obligará a perdonar, no nos engañemos pensando que de alguna manera bendecirá nuestra negativa o nos protegerá de sus consecuencias. Porque nuestros rencores nos cuestan caro. Si tan solo pudiéramos ver lo distorsionada y torcida que está nuestra vida porque nos negamos a perdonar y lo mucho que nuestro resentimiento afecta las vidas que nos rodean, tal vez entonces elegiríamos dejarlo ir.

5. *No vivas para las «cosas».* Mantén el materialismo bajo control en tu vida. Los que viven para acumular cosas —comprando o anhelando constantemente lo que no pueden adquirir— corrompen su alma hasta matarla.

6. *Domina tus apetitos.* Las personas controladas por los antojos reducirán su rendimiento espiritual porque la comida, la lujuria u otros deseos desenfrenados tomarán el control.

7. *Crece profundamente.* Las almas engrandecidas piensan en el significado de la vida. Ellas buscan un propósito basado en una visión filosófica y teológica. Las almas marchitas se preocupan por las trivialidades y luego encuentran que sus conversaciones están llenas de superficialidad.

8. *Sé generoso.* La tacañería puede agrandar nuestras cuentas bancarias, pero encoge el alma. Celebra el pasado, abraza el presente y anticipa el futuro.

9. *Piensa globalmente.* Las almas engrandecidas siguen al Señor del universo. Las almas apocadas quieren un Dios de aldea que atienda sus caprichos. Las almas engrandecidas entienden su función al servicio al mundo. Las almas apocadas hacen de *su* mundo el mundo entero.[3]

Por el camino de Tus mandamientos correré,
Porque Tú ensancharás mi corazón.

SALMO 119:32, NBLA

Porque la raíz tóxica de la amargura envenena cada área de nuestra vida al dejar nuestro corazón pequeño y marchito. Nos volvemos incapaces de dar o recibir amor porque hemos elegido aferrarnos a nuestro dolor y no dárselo a Dios.

LA RAÍZ DE AMARGURA

Hebreos 12:14-15 dice: «Busquen la paz con todos y la santidad, sin la cual nadie verá al Señor. Asegúrense de que nadie quede fuera de la gracia de Dios, de que ninguna raíz amarga brote y cause dificultades y corrompa a muchos».

He apreciado mucho la enseñanza de Bill Gothard sobre este pasaje de las Escrituras: «Asegúrense de que nadie quede fuera de la gracia de Dios». Supongamos que digo algo descuidado que te duele o hago algo mucho peor. Cuando eso sucede, tienes dos opciones. Puedes perdonarme o negarte a perdonarme.

Sin embargo, en el momento en que te ofendo, dice Gothard, la gracia se libera de dos maneras: gracia para que tú perdones. Y gracia para que yo me arrepienta. A ambos se nos da la «gracia de Dios» para hacer lo correcto, en ese mismo instante.[4]

Con demasiada frecuencia dejamos pasar el momento o lo aceleramos hasta convertirlo en una contienda de lucha libre. Soy demasiado testaruda para admitir que estoy equivocada. Estás demasiado herido para soltar la ofensa. Así que ambos nos retiramos con resentimiento, habiendo perdido la gracia que estaba disponible para nosotros en ese momento.

Ahí es cuando la «raíz de amargura» comienza a crecer. Cuanto más tiempo dejamos que la situación siga sin resolverse, más grande y más fuerte se vuelve la ofensa. Y aunque la gracia todavía está disponible para que que nos reconciliemos, puede resultar cada vez más difícil acceder a ella.

«El resentimiento surge cuando dejas que tu dolor se convierta en odio», escribe Max Lucado en *El aplauso del cielo*. «El resentimiento es cuando permites que lo que te está consumiendo te devore. El resentimiento es cuando atizas, avivas, alimentas y echas combustible al fuego, agitando las llamas y recreando el dolor. El resentimiento es la decisión deliberada de alimentar la ofensa hasta que se convierta en un rencor negro, peludo y gruñón».[5]

Debo advertirte que la amargura es mucho más que un problema de una única vez o de una única relación. La amargura, si no se controla, crecerá y se extenderá como los cardos. No se detendrá hasta que haya infectado cada parte de tu vida, incluso tu relación con Cristo. Porque es imposible, nos dice la Biblia, estar alejados de la gente y no estar alejados de Dios. Como dice 1 Juan 4:20: «Si alguno dice: "Amo a Dios", pero odia a su hermano, es un mentiroso». Cuando construimos muros para alejar a las personas, en realidad construimos muros que alejan a Dios.

No es de extrañar que Hebreos 12:15 diga que perder la gracia y negarse a perdonar provoca problemas. La raíz amarga que crece como resultado no contamina una sola relación. Contamina a muchos.

Si lo permitimos, puede ahogar nuestro gozo y paz, además de la vida que Cristo vino a darnos.

Cómo perdonar

El castaño es un majestuoso árbol tanto en tamaño como en fuerza: un verdadero gigante de la selva amazónica. Sin embargo, tiene un enemigo: el higo estrangulador. Cuando una semilla de higuera aterriza en las ramas del castaño, sus raíces parecidas a enredaderas serpentean a lo largo del tronco del árbol hasta el suelo, luego se extienden y se fusionan hasta cubrir totalmente el árbol. Por encima, las hojas de la higuera van bloqueando la luz del sol a medida que aumenta el agarre de la higuera sobre el gigante verde. Atrapado entre enredaderas, el árbol muere lentamente y luego se desintegra dentro del caparazón que forman las hojas y ramas retorcidas de la higuera. Su forma permanece, delineada por la estructura de raíces enrejadas de la planta que lo mató, pero dentro de esa armazón no hay nada; el árbol ha desaparecido.[6]

Me sorprendió lo rápido que la amargura se apoderó de mi corazón durante el conflicto con mis amigas, además de lo rápido que empezó a sofocar mi alegría y crecimiento. No importa cuánto intentara darle sentido a la situación, me desconcertaba absolutamente. Las reacciones de mis amigas ante mis comentarios imprudentes parecían muy irracionales, al menos para mí. Aunque antes había cometido innumerables errores, las cosas de las que me acusaban no parecían encajar con mi delito. Mientras tanto, mis amigas se sintieron tan falsamente acusadas y juzgadas como yo.

Estoy convencida de que no hay nada más difícil de afrontar que una percepción de injusticia. Cuando sabemos que estamos equivocadas, podemos intentar salir del paso, pero la mayoría eventualmente reconocemos lo que hemos hecho —¡o deberíamos hacerlo! —. Sin embargo, cuando nos sentimos acusadas injustamente o nos sucede algo sin sentido, es que se nos presenta la oportunidad de brindar un perdón radical. Ese perdón absoluto es una obra que solo el Espíritu Santo puede hacer en nuestro corazón.

Como ocurre con todos los demás aspectos de nuestra transformación divina, debemos cooperar con la dirección de Dios. En mi lucha contra la amargura y la falta de perdón, el Señor me ha revelado varios pasos importantes que debo dar.

Paso #1: toma la decisión

Elegir perdonar es un acto de voluntad. Es una decisión que se toma completamente al margen de la persona o personas que nos lastiman.

No depende de si tenemos ganas de perdonar o de si la persona o personas alguna vez se arrepienten o merecen nuestro perdón. Es un regalo que damos por obediencia a Dios. Perdonar equivale a «para donar». Aún más que eso, el perdón es una ofrenda de amor que derramamos ante el Señor: un acto de gratitud. Porque Él nos perdonó, nosotros perdonamos a otros (Efesios 4:32). Porque Él nos amó primero, elegimos amar a los demás (1 Juan 4:19).

Por eso, una de las primeras cosas que debemos hacer en este viaje del perdón es deshacernos de los libretos que hemos escrito en nuestra mente, esos donde las personas que nos han herido finalmente recapacitan, se arrodillan y suplican perdón. En primer lugar, ese tipo de escena probablemente no sucederá. Además, el perdón con la expectativa de algo a cambio no se parece en nada al que hemos sido llamados a otorgar como hijos de Dios. En lugar de sanar una relación, estos libretos suelen terminar en decepción, lo que provoca una ruptura incluso mayor.

En cierto sentido, el mejor perdón sucede en privado, después de haber sido procesado entre nosotros y con Dios. Como humanos —¡especialmente como mujeres!— tendemos a querer cerrar las cuentas pendientes con la gente. Queremos besarnos, hacer las paces y seguir con el «felices para siempre». Sin embargo, a menudo lo que más queremos es que nuestros agresores estén de acuerdo con que ellos estaban equivocados y nosotros teníamos razón.

El perdón absoluto renuncia al derecho de un comportamiento tan infantil. Perdonar no se trata de demostrar que tienes razón. Se trata de ser hechos justos. Y eso requiere renunciar a la lógica que satisfaga nuestro ego sobre nuestro dilema. R. T. Kendall escribe sobre esto:

Yo [tuve que hacer] un compromiso diario de perdonar a quienes me lastimaron y perdonarlos totalmente. Por lo tanto, los dejé libres de culpa y me resigné a que:
• No los atraparán ni los descubrirán.

- Nadie sabrá jamás lo que hicieron.
- Prosperarán y serán bendecidos como si no hubieran hecho nada malo.[7]

Esto puede parecer mucho para digerir, pero cuando oramos el Padrenuestro y le pedimos a Dios que «perdone nuestras ofensas, como también nosotros perdonamos a los que nos ofenden», esto es básicamente lo que estamos diciendo. Le estamos pidiendo a Dios que perdone a otros de la manera como deseamos que Él nos perdone: cubriendo nuestro pecado, prosperando y bendiciéndonos como si no hubiéramos hecho nada malo. Pedimos su misericordia hacia aquellos que nos han hecho daño porque nosotros mismos necesitamos desesperadamente su misericordia.

En cierto sentido, perdonar totalmente significa enumerar todas las ofensas contra nosotros y luego escribir en rojo en la lista: «¡Cancelado! ¡Pagado en su totalidad! Con amor, Jesús». Luego presenciamos y afirmamos la transacción firmando con nuestro propio nombre.

«Todo lo que desaten en la tierra quedará desatado en el cielo», dijo Jesús a los discípulos en Mateo 18:18, mientras les hablaba sobre el perdón.

Porque solo cuando dejamos ir los resentimientos que nos atan, las cosas empiezan a cambiar.

PASO #2: ENCUENTRA UN AMIGO FIEL

Dios fue tan bueno al darme una amiga que me amó y me aconsejó durante mi crisis de amistad. En vez de decirme todo lo que quería oír —que básicamente era lo equivocadas que estaban ellas y cuánta razón tenía yo— mi amiga nos escuchaba y nos amaba a todas. Patty se negaba a consentir mi agravio, y en cambio seguía llevándome a Jesús. Incluso cuando eso significaba confrontar mi sospechoso resentimiento, además de mis paranoicos juicios, y llamarlos pecado.

Cuando estamos sufriendo, con demasiada frecuencia buscamos personas que nos ayuden a cuidar nuestro dolor: niñeras para nuestros rencores negros, peludos y gruñones. Desafortunadamente, al hacerlo, provocamos que nuestros amigos se sientan ofendidos con nosotros. Queremos que se pongan de nuestro lado como si todavía fuéramos colegialas que juegan a la ley del hielo, muestran indiferencia, lanzan gélidas miradas, envían notas ofensivas y vandalizan casilleros.

Algunas de nosotras incluso nos embarcamos en la tarea de investigar sobre los chismes que circulan, con la esperanza de que sean más quienes nos dan la razón. Por lo menos, nos gustaría reunir suficiente gente de nuestro lado para hacer que la otra persona quede en ridículo. Las iglesias se han dividido y las amistades se han separado para siempre debido a esos juegos de escuela secundaria. Peor aún, mujeres piadosas han sido atrapadas y ministerios derribados en ambos lados, todo porque una persona ofendida quería —y recibía— consuelo en vez de corrección por parte de un amigo.

Por eso estoy muy agradecida por el sabio enfoque de Patty hacia la amistad: ofrecía apoyo sin permitir la amargura. Y también agradezco por mi esposo, quien se negó a hundirse conmigo en mi autocompasión. Ambos me amaban más al llamarme gentilmente al perdón y a la reconciliación con mis amigas.

Debo añadir una nota de agradecimiento a esas mujeres especiales. A pesar de su propio dolor, decidieron manejar nuestro conflicto de manera piadosa. Como dicen las Escrituras (Mateo 18:15-17), mantuvieron pequeño el círculo de contención, acudiendo primero a mí, luego buscando un mediador piadoso y luego, en privado, pidiendo ayuda a los líderes de nuestra iglesia.

Debido a que resistieron la tentación de sumar aliados, no solo evitaron que nuestra congregación sufriera mucho dolor, sino que también nos dejaron espacio para perdonarnos mutuamente y ser restauradas a una relación correcta. ¡Gracias, Señor!

Paso #3: bendice, no maldigas

Cuando mis amigas y yo recordamos lo que sucedió entre nosotras, pudimos señalar las lecciones que Dios nos enseñó en nuestro camino hacia la sanidad.

Para mí una de las más importantes fue practicar el arte de bendecir. Cuando estamos heridos, lo último que queremos hacer es bendecir a quien nos lastimó. Sin embargo, la Biblia nos dice una y otra vez que esto es parte de nuestro llamado como cristianos.

«No devuelvan mal por mal ni insulto por insulto, más bien, bendigan, porque para esto fueron llamados, para heredar una bendición», dice 1 Pedro 3:9. Así como el perdón que recibimos está vinculado a nuestra disposición de perdonar, la bendición sobre nuestra vida está vinculada a la disposición a bendecir a quienes nos hacen daño.

Un espíritu de perdón

Saludaré este día con un espíritu de perdón. Perdonaré incluso a aquellos que no piden perdón.

Muchas veces me enfurecía ante una palabra o una acción lanzada a mi vida por una persona irreflexiva a o despreocupada. He perdido horas valiosas imaginando venganza o confrontación…Ahora y por siempre ofreceré silenciosamente mi perdón incluso a aquellos que no ven que lo necesitan. Gracias al perdón, ya no me consumen pensamientos inútiles. Renuncio a mi amargura. Estoy contento, mi alma recuperó su gozo y recuperé la efectividad para conectar con mi prójimo.

Saludaré este día con un espíritu de perdón. Perdonaré a los que me critican injustamente.

Convencido de que todo tipo de esclavitud es mala, y que vivir pendiente de la opinión de los demás me esclaviza, ahora decido ser libre. He elegido a mi Abogado. Ahora sé que la crítica es parte del precio que se paga por superar la mediocridad.

Para mí, la aplicación práctica de esta verdad era una necesidad diaria. En algún momento del día debía pasar delante de la casa de una de las amigas que sentía que me había hecho daño. Al principio ni siquiera podía mirar en dirección a su casa. El dolor era tan profundo que me sorprendió. Nunca había experimentado una resistencia tan tangible para perdonar.

—Quiero que la bendigas —sentí que el Señor decía.

—Pero, Dios… —argumenté.

—Bendícela. No la maldigas.

—No la maldije —protesté.

—No, no con la boca. Pero tu falta de voluntad para bendecir es también una maldición.

Saludaré este día con un espíritu de perdón. Me perdonaré a mí mismo.

Durante años, yo he sido mi peor enemigo. He repetido una y otra vez en mi mente cada equivocación, cada error de cálculo, cada tropiezo. Cada promesa incumplida, cada día desperdiciado, cada meta no alcanzada ha agravado el disgusto que siento por la falta de logros en mi vida. Hoy me doy cuenta de que es imposible luchar contra un enemigo que vive en mi cabeza.

Al perdonarme a mí mismo, borro las dudas, los miedos y la frustración que han mantenido mi pasado en el presente. A partir de este día, mi historia dejará de controlar mi destino. Me he perdonado a mí mismo. Mi vida acaba de comenzar.[8]

—Andy Andrews, de *The Traveler's Gift* [El regalo del viajero]

—Padre —dijo Jesús—, perdónalos, porque no saben lo que hacen.
Mientras tanto, echaban suertes para repartirse entre sí
la ropa de Jesús.

Lucas 23:34

Está bien. No podía contradecir eso. Entonces comencé la práctica de bendecir conscientemente a mi amiga y a su familia mientras conducía. Con la vista fija en el camino, dije en voz alta las palabras «Bendícela». Mientras continuaba haciendo esto, gradualmente sentí que lentamente el nudo en mi corazón se aflojaba. Al poco tiempo pude orar genuinamente por esta amiga, sentir la profundidad de su dolor e interceder por ella. Me sentía bastante bien con mi progreso; entonces Dios me dijo que debía ver su casa.

«¿Ver su casa?». Me enfurecí. ¿No era suficiente simplemente decir las palabras? Con eso me di cuenta de que todavía había amargura en mi corazón. Si realmente estuviera caminando en el perdón, ¿qué importaría hacia dónde Dios me pidiera que viera?

Así que la disciplina de bendecirla continuó —día tras día, semana tras semana— hasta que el dolor realmente desapareció. Hasta que pude ver no solo la casa de mi amiga, sino también a mi amiga, sin sentir el profundo dolor de lo que había pasado entre nosotras.

«La forma en que sé que he perdonado a alguien», dice la autora y oradora Karyl Huntley, «es que esa persona pasa por mi mente sin ofenderme».[9]

¿No es hermoso? El verdadero perdón abre un camino seguro. Sin flechas acusadoras. No hay intentos pasivos de venganza. El nombre de la persona está a salvo en mi lengua y me mantengo a salvo del veneno de mi propio resentimiento.

Eso es exactamente lo que el acto de bendecir hizo por mí.

Paso #4: no llevar un registro de las ofensas

Escuché una historia sobre una misionera que estaba enseñando a un grupo de mujeres cómo ser más como Jesús. Cuando enseñó 1 Corintios 13, el «capítulo del amor» —cómo el amor es paciente y bondadoso y «ni lleva un registro de las ofensas recibidas» (NTV)— no estaba segura de si sus alumnos realmente entendían lo que estaba tratando de decir. Hasta el día siguiente, cuando una de las mujeres llamó a su puerta y le entregó una gran libreta.

Con lágrimas en los ojos, la mujer explicó que, durante años, había registrado meticulosamente cada vez que su marido le fallaba o la decepcionaba. Cada pecado que había cometido contra ella había quedado anotado en ese libro. Al pasar las páginas, la misionera vio que estaban casi completamente llenas de acusaciones garabateadas.

«No más registro de ofensas», dijo la mujer en un inglés entrecortado mientras le entregaba el libro a la misionera y se daba la vuelta para irse. «Ya no más registro de agravios».

Parece poco probable que alguna de nosotras haya llevado un registro escrito de nuestros dolores y decepciones como lo hizo esta mujer. Aunque claro, la mayoría de las mujeres que conozco no lo necesitan. Somos perfectamente capaces de guardarlo todo en nuestro disco duro mental.

Si nuestro esposo no nos dice que llegará tarde a cenar, cuando entra por la puerta, habremos redactado una orden de arresto de seis páginas que incluye un detallado historial de delitos y violaciones a su libertad condicional. Y si el ingenuo intenta poner resistencia o bien busca ofrecer alguna explicación en su defensa, somos capaces de recordar cualquier otro delito matrimonial que haya cometido, sin importar hace cuánto tiempo sucedió y lo irrelevante que pueda ser.

«El amor no lleva un registro de las ofensas recibidas». Las palabras de Pablo suenan tan revolucionarias para nuestros oídos modernos como debieron sonar para aquellas mujeres del pueblo, pero si queremos ser como Jesús, si queremos seguir verdaderamente el camino del amor, no tenemos otra opción. Debemos perdonar. Debemos entregarle al Señor nuestro derecho a ser tratados justamente y, más que eso, debemos entregar nuestros archivos mentales (¡y escritos!) de las ocasiones cuando eso no sucedió.

¿Estoy diciendo que realmente es posible «perdonar y olvidar»? Bueno, sí y no.

No siempre tenemos control sobre los recuerdos que surgen en nuestra mente, pero sí tenemos control sobre si nos quedaremos en esos recuerdos y permitiremos que se conviertan en una raíz amarga de perpetuo resentimiento.

En realidad, Dios mismo no perdona y olvida. Según Hebreos 8:12, Dios sí perdona, pero elige no recordar. Y nosotros también debemos hacerlo. Cuando reaparecen punzadas de viejas heridas y el dolor del pasado sale a la superficie como si todo hubiera sucedido ayer, debemos proceder de acuerdo con lo que aprendimos a hacer con nuestros pensamientos: llevarlos a Jesús. Encomiéndale el asunto a Él una vez más y déjalo ahí.

No es exactamente «perdonar y olvidar», pero es la mejor opción. Porque cuando entregamos la situación una vez más a Dios, Él toma nuestros libros de recuerdos para que ya no tengamos que cargarlos.

Paso #5: lleva todo a Dios

¿Alguna vez te has detenido a pensar que parte de tu persistente resentimiento podría venir de la ira hacia Dios? R. T. Kendall cree que esa es la raíz de gran parte de nuestra amargura «porque en lo profundo de nuestro corazón creemos que Él es quien permitió que sucedieran cosas malas en nuestra vida. Dado que Él es todopoderoso y omnisciente, ¿no podría haber prevenido tragedias y ofensas?».[10]

Esta actitud de falta de perdón hacia Dios es quizás la más dañina de todas, principalmente porque la mayoría de nosotros no la vemos, y si la vemos, tenemos miedo de admitirlo. «*¿Quién soy yo para enojarme con Dios?*», nos decimos. Dudamos en admitir nuestro enojo y resentimiento hacia los demás porque estamos seguros de que Él no lo aprobará.

Por eso seguimos a distancia, a poca distancia del amor que nuestro corazón anhela tan desesperadamente y de la tranquilidad que tanto necesitamos.

Por favor, recuerda que no hay nada que puedas decirle a tu Padre celestial que Él no sepa. Sacar a la luz su enojo entre ustedes dos no destruirá su relación. De hecho, podría sanarla. Porque cuando le entregas tu diario de los agravios contra ti, esa honestidad abre la puerta a una verdadera relación.

«Derrama ante él tu corazón», nos anima el salmo 62:8: «pues Dios es nuestro refugio».

Nuestro Padre celestial puede manejar nuestros sentimientos incluso cuando no podemos. Y aunque es posible que Él no explique ni satisfaga nuestra curiosidad sobre por qué suceden situaciones dolorosas, puedo asegurarte esto: sus brazos están abiertos y está esperando que regreses a casa con Él. Su Espíritu Santo está listo para consolarte y mostrarte el camino hacia la reconciliación y la restauración con Dios y con los demás.

Elegir no ofenderse

Era una hermosa tarde de verano. El sol brillaba sobre el agua mientras los jóvenes del grupo de la iglesia flotaban por el amplio y tranquilo río. Risas y chapoteos mezclados con chorros de pistolas de agua y chillidos de adolescentes. Era un día perfecto, pero fue interrumpido irrevocablemente por el sonido de una gran lancha de motor doblando la esquina que era un punto ciego adelante.

En instantes, la vida del pastor de jóvenes cambió para siempre cuando la lancha atravesó su flotador y su columna vertebral, dejándolo paralizado de la cintura para abajo.

Un bien intencionado pastor de la iglesia visitó al joven esa semana en el hospital. Queriendo consolar, pero luchando con qué decir, solo pudo ofrecer un murmullo acompañado de una palmadita incómoda. «Estas cosas seguramente tienen una forma de colorear nuestra vida, ¿no es así?», dijo el señor.

«Sí, seguro que sí», coincidió el pastor de jóvenes. Luego, con una lenta sonrisa, añadió: «Pero yo puedo elegir el color».

En esta vida suceden cosas terribles. Las buenas personas hacen cosas crueles. Las personas no tan buenas hacen cosas incluso peores. La vida es dura y no podemos elegir lo que nos sucederá y lo que no, pero hay una cosa que sí podemos hacer... podemos elegir el color. Nuestra respuesta a las dificultades de la vida y a las personas difíciles determina nuestro camino.

«Estoy aprendiendo que no tengo por qué ofenderme», me dijo mi muy sabio esposo hace varios años. «Es mi elección. Es lo que hago con lo que me pasa». Tú y yo tampoco tenemos por qué ofendernos, ¡esa puede ser una revelación increíble, transformadora, liberadora del corazón y destructora de raíces amargas! Esta historia sobre Booker T. Washington, el famoso educador afroamericano, muestra cuán bellamente puede funcionar esa verdad:

Poco después de asumir la presidencia del Instituto Tuskegee en Alabama, caminaba por una zona exclusiva de la ciudad cuando fue detenido por una mujer blanca adinerada. Sin conocer al famoso Sr. Washington de vista, le preguntó si le gustaría ganar unos dólares cortando leña para ella. Como no tenía ningún asunto urgente en ese momento, el profesor Washington sonrió, se arremangó y procedió a realizar la humilde tarea que ella le había pedido. Cuando terminó, llevó los troncos a la casa y los apiló junto al hogar.

Una niña lo reconoció y luego le reveló su identidad a la señora. A la mañana siguiente, la mujer avergonzada fue a ver al Sr. Washington a su oficina del Instituto y se disculpó profundamente. «No pasa nada, está bien, señora», respondió. «De vez en cuando disfruto de un pequeño trabajo manual. Además, siempre es un placer hacer algo por un amigo».[11]

¿Qué rencor guardas? ¿Qué ofensas cargas? ¿No es hora de entregarle tu carga al Señor? Jesús está dispuesto a tomar cualquier cosa que estés dispuesta a soltar. Él lo llevará a la cruz por ti para que ya no lleves esa carga. Él te ayudará a arrancar la amarga raíz del resentimiento de tal manera que no pueda volver a arruinar tu vida. Y Él no te avergonzará ni te castigará cuando lo haga.

«No pasa nada, está bien», susurra Jesús mientras levanta nuestra cabeza cansada y avergonzada, y sonríe con esperanza y perdón que renueva nuestro corazón.

«Siempre es un placer hacer algo por un amigo».

12

Quebrantados y bendecidos

*Humíllense, pues, bajo la poderosa mano de Dios
para que él los exalte a su debido tiempo.*

1 Pedro 5:6

E l día era perfecto. Uno de esos en los que dices: «Nada podría ser mejor». El cielo era de un azul puro, el aire tan fresco que me dejaba sin aliento mientras descendía por las laderas cubiertas de nieve de Red Lodge, Montana. Vivir en las llanuras del este de Montana hacía que encontrar un lugar para esquiar fuera un poco difícil, pero a solo unos 500 kilómetros de distancia habíamos encontrado este pequeño centro turístico anidado en las afueras del Parque Yellowstone, un excelente lugar para nuestro retiro anual de esquí para jóvenes.

Así que allí estaba yo, tratando de alcanzar a mi esposo, pastor de jóvenes en ese entonces, y a nuestro orador invitado. Fanfarroneando, habían avanzado hasta la mitad de la pista y con aires de arrogancia, bostezando, me esperaban apoyados en sus palos de esquí.

Me detuve, observé la pista que tenía delante y me ajusté los lentes de esquí con una determinación que solo las mujeres despreciadas pueden entender. Casi podía distinguir la voz de un locutor: «¡Y la tercera corredora en salir: Joanna Weaver!» Podía escuchar a los fanáticos enloquecer, tarareando mi nombre mientras lanzaba hábilmente mi cuerpo montaña abajo. En una forma olímpica precisa, me abría paso entre montículos de nieve que desafiaban a la muerte, lanzándome de un lado a otro, arrojando la precaución al viento, viviendo al límite. Bien, tal vez quité la nieve un par de veces, pero me veía bien, quiero decir, realmente bien. Especialmente para alguien de un nivel avanzado de principiante intermedio.

Acercándome al lugar donde los boquiabiertos jóvenes me observaban, se me ocurrió un brillante plan. La oportunidad de mi vida estaba frente a mí. Era hora de la venganza. Haría un par de giros y luego me detendría en seco con destreza, cubriendo a los dos ególatras con una gélida manta de nieve. «Es demasiado perfecto», pensaba con una sonrisa estratégica. «Solo un giro más a la derecha y luego uno rápido a la izquierda».

Entonces sucedió. Un esquiador psicópata apareció de la nada y se interpuso en mi cuidadosamente calculada ruta hacia la venganza. Lo vi por el rabillo del ojo segundos antes de mi momento de gloria. Mis reflejos evitaron el misil asesino corrigiendo mi giro a la izquierda y desviándome bruscamente hacia la derecha.

Evité al esquiador.

Aunque, aturdida, choqué de frente con mi desprevenido esposo. Siempre hemos sido cercanos, pero en ese momento experimentamos el cumplimiento de la Escritura a 400 kilómetros por hora: «Y los dos serán una sola carne».

Recuerdo estar tirada en la nieve y sin aliento. Los árboles se arremolinaban sobre mí en una danza burlona mientras irritantes pajaritos volaban en mi cabeza burlándose con aquel viejo eslogan deportivo de televisión: «La emoción de la victoria, la agonía de la derrota… la agonía de la derrota… la agonía de la derrota…».

Mis pies estaban bien. Mi cabeza, sin embargo, me estaba matando.[1]

Y mi ego… Bueno, de eso se trata este capítulo.

La gran caída

«Después del orgullo viene la caída» no es solo un proverbio. Es una ley de la naturaleza. Lo que sube debe bajar, porque el orgullo siempre será víctima de la gravedad. Jesús lo dijo en Mateo 23:12: «Porque el que a sí mismo se enaltece será humillado».

Pensar demasiado bien de nosotros mismos es peligroso. También lo es pensar demasiado mal; eso también es orgullo. De hecho, todo el problema de la altivez surge de una preocupación por uno mismo, el hábito de pensar demasiado en nosotros. Si no se controla, el orgullo crece rápidamente hasta convertirse en una enfermedad del yo muy avanzada, una miopía que nos incapacita para ver a otras personas y sus necesidades porque solo podemos vernos a nosotros mismos. «Yo… a mí… me…» se convierte en nuestra interminable vocalización para nuestro egocéntrico repertorio.

«Soy tan hermosa… para mí».

«De todos los "yo" que he amado antes…»

Entiendes la idea.

El orgullo es mentiroso. No trabaja a nuestro favor, sino que trabaja en nuestra contra. No vela por nuestros intereses, sino que nos

La prueba del orgullo

¿El orgullo es un problema en tu vida? El orgullo es básicamente una obsesión por uno mismo, por lo que la siguiente comparación entre personalidades centradas en sí mismas y centradas en Dios puede ayudarte a evaluar tus actitudes. Al considerar los elementos contrastantes, verifica cuáles se aplican con mayor frecuencia a ti. Sé lo más honesto que puedas y pide el discernimiento del Espíritu Santo. ¡Recuerda que el orgullo puede disfrazarse de humildad!

Centrada en sí misma	Centrada en Dios
«Lo quiero a mi manera».	«Que se haga tu voluntad».
Se deja influenciar fácilmente por las opiniones de los demás.	Se centra en agradar a Dios.
Es rígida y testaruda.	Es flexible y está abierta a las ideas de otras personas.
Se ofende y se pone a la defensiva si la critican.	No se toma las críticas como algo personal; escucha y responde si es apropiado.
Anhela ser admirada y elogiada; ser el centro de atención.	Puede disfrutar de los elogios, pero no los necesita; puede trabajar detrás de escena, permitiendo que otros tengan el protagonismo.
Se asegura de que otros noten sus buenas obras; exige reconocimiento.	Realiza buenas obras sin necesitar que otros lo sepan.
Tiene problemas de poder; utiliza a otras personas.	Siempre se preocupa por el bien común.
Se complace a sí misma; hace que la comodidad personal sea una prioridad.	Está dispuesta a sacrificar la comodidad personal.
Siente poca necesidad de Dios y está orgullosa de su autosuficiencia.	Busca diariamente la ayuda de Dios.
Practica la mentalidad de mérito: «Merezco esto; Lo valgo».	Practica el pensamiento de gratitud: «No lo merezco, pero estoy agradecida».

Centrada en sí misma	Centrada en Dios
Se ofende fácilmente, alimenta el resentimiento.	Perdona rápida y completamente; entrega continuamente sus heridas a Dios.
Es inflexible; le resulta difícil recuperarse de las decepciones.	Es resiliente; capaz de elevarse por encima de las decepciones y utilizarlas creativamente.
Responde a los problemas con autocompasión.	Responde a los problemas con una perspectiva saludable.
Tiende a excusar su propio pecado mientras condena el pecado de los demás.	Reconoce sus tendencias pecaminosas y las de los demás, pero acepta y extiende la gracia de Dios hacia sí misma y hacia otros.
Se obsesiona con sus fracasos evidentes.	Acepta el perdón de Dios y sigue adelante.
Resiente las responsabilidades y la falta de paz que muchas veces las acompaña.	Sabe que la lucha de la vida no le permitirá tener una paz total.
Ama a la gente que la ama.	Siente el corazón de Dios hacia toda la humanidad; es capaz de amar a los que son difíciles de amar.[2]

Das la victoria a los humildes,
pero tu mirada humilla a los altaneros.

2 SAMUEL 22:28

enfrenta a un Padre interesado solo en nuestro bien mayor. Porque inevitablemente, cada vez que nos llenamos demasiado de nosotros mismos, nos encontramos en un combate de boxeo, enfrentándonos al Dios Todopoderoso.

Cuando Santiago escribió: «Dios se opone a los orgullosos, pero da gracia a los humildes» (4:6), la palabra que usó para *oponerse* implica adoptar una postura de lucha activa. Dios se pone guantes de boxeo y se encuentra con los arrogantes en el cuadrilátero central. Al contrario, a los humildes, les multiplica gracia sobre gracia, llenándonos con todo lo que necesitamos de sus grandes riquezas en gloria.

Veamos, solo hay dos maneras de vivir: la manera de Dios o la nuestra. O doblamos las rodillas o nos burlamos con un gesto despectivo.

¿A QUIÉN ADORAMOS?

El rey Luis XIV ascendió al trono de Francia a la edad de cinco años, cuando su padre murió de tuberculosis. Durante los 72 años que gobernó, Luis amplió las fronteras francesas y llevó a su país notables reformas y prestigio. Fue indiscutiblemente uno de los más grandes gobernantes de Francia.

Desafortunadamente, él lo sabía.

Refiriéndose a sí mismo como el Rey Sol, exigía que todos sus nobles se reunieran en su dormitorio todas las mañanas para «ver salir el sol».[3] Y aunque construyó una hermosa capilla en su gran palacio de Versalles, exigió que todos los asistentes se arrodillaran de espaldas al altar para poder mirarlo. De esta manera estarían «adorando a Luis, adorando a Dios».[4]

Nauseabundo, ¿no? Eso hace el orgullo en nuestra vida. Puede que no tengamos el poder o la audacia para llevarlo al extremo como Luis XIV, pero nuestro orgullo puede manifestarse de maneras más sutiles y aparentemente más humildes. Aun así, en nuestro corazón, el orgullo nos hace imitar a Satanás y su gran pecado de arrogancia, al exaltarnos a nosotros mismos y nuestras opiniones por encima de los demás. Incluso por encima de Dios. Nos convertimos en el centro de nuestro universo. Y la Mujer Carnal, en todo su esplendor ataviada con lentejuelas moradas, se sienta en el trono y toma las decisiones, actuando como si supiera más que el Todopoderoso.

No es de extrañar que Dios se vea obligado a adoptar una postura de lucha contra su pueblo cada vez que este se infla como globo lleno de orgullo. Por nuestro propio bien y por su plan redentor, Dios nos ama lo suficiente como para quebrantarnos de una forma u otra.

Confundidas para ser usadas

Cuando estaba atravesando ese oscuro y difícil tiempo con mis amigas, la palabra que frecuentemente venía a mi mente para describirlo era *confundir*. Era extraño porque *confundir* no es una palabra que suelo usar. Aun así, no podía quitarme la sensación de que Dios estaba usando mis circunstancias para confundirme. Entonces fui al diccionario y a la Biblia para encontrar lo que podría significar.

La palabra *confundir* significa desconcertar o dejar perplejo; también significa contradecir o refutar. Un significado arcaico es derrotar o derrocar.

Desafortunadamente, la Biblia parecía coincidir con esa última definición. Porque las únicas personas que Dios confundió en las Escrituras fueron sus enemigos.

Por suerte, sabía que ese no era el caso. De hecho, Dios me había recordado constantemente su amor y favor a lo largo de este tiempo difícil, asegurándome que esto no era un castigo, sino una poda necesaria. ¿Por qué esta confusión? ¿Este dolor? ¿Esta frustrante contradicción?

Durante el mismo período, Dios seguía llevando mi corazón a la belleza humilde y apacible de la que habla 1 Pedro 3:4. Y el término correspondiente, *mansedumbre,* parecía estar apareciendo en todos los lugares a los que iba. Mientras compartía con mi amiga Patty lo que Dios me estaba enseñando, ella me preguntó qué significaba *mansedumbre.*

—Bueno, la definición más popular es «fuerza bajo control»—le dije—. Ya sabes, como un semental salvaje que ha sido domesticado.

De repente, como un rayo en mi mente, los dos conceptos que se habían estado agitando en mi alma parecieron trasponerse uno sobre el otro, y vi lo que Dios estaba haciendo.

—¡Eso es! —le dije a Patty mientras la miraba con asombro—. Por eso Dios me ha estado confundiendo.

Luego traté de explicar lo que apenas empezaba a comprender. ¿Cómo se adiestra un caballo salvaje? Lo confundes. Quiere ir hacia la derecha; tiras de las riendas y lo haces ir a la izquierda. Quiere correr; lo detienes. Quiere permanecer en pie; lo haces avanzar. Lo confundes, lo contradices y, en cierto sentido, quebrantas su voluntad al negarte a dejar que el caballo se salga con la suya. Confundes al caballo porque necesita obedecer. Porque hasta que lo haga, el animal será inútil para su amo.

Patty captó la analogía y la llevó más allá.

—Eso debe ser de lo que mi amiga estaba hablando —dijo inclinándose hacia adelante, sus ojos marrones brillando de emoción—. Me dijo que compró un caballo nuevo y que tiene la boca más suave. Responde a cada uno de sus movimientos sin ser forzado. Solo tiene que sugerir un giro con las riendas o presionar con la rodilla, y el caballo inmediatamente va hacia donde ella quiere.

Para entonces estábamos llorando. Ser tan amadas por Dios que quebrantaría nuestra voluntad para que le fuésemos útiles. ¡Qué privilegio tan increíble!

Esta asombrosa verdad permaneció conmigo durante el día y la noche. «Dame una boca suave como esa, Señor», oraba mientras yacía en la oscuridad. «Quiero estar tan en sintonía con lo que tú quieres que obedezca incluso antes de que tú me lo pidas. Haz lo que sea necesario para quebrar mi testaruda voluntad y mi terrible orgullo. Confúndeme durante el tiempo que sea necesario para hacerme enteramente tuya».

Resistir el quebrantamiento

Ojalá pudiera decir que, después de haber tenido esa revelación, nunca más he vuelto a caer en el orgullo ni me he resistido a ser adiestrada por el Espíritu Santo.

Ojalá pudiera decir que he sido quebrantada de una vez por todas y he vivido desde entonces con una humildad fructífera y llena de gracia.

Lamentablemente, tampoco puedo decirlo. Lo más triste es que estoy en buena compañía. Todo el Antiguo Testamento es, de hecho, la historia de un Dios amoroso y de una nación que repetidamente se negó a ser quebrantada. Una y otra vez, en lugar de humillarse ante Dios, el pueblo de Israel decidió romper el pacto con Jehová. Y, en el proceso, le rompieron el corazón.

«En su amor y misericordia los rescató; los levantó y los llevó en los tiempos de antaño, pero ellos se rebelaron y afligieron a su Santo Espíritu. Por eso se convirtió en su enemigo y luchó él mismo contra ellos», dice Isaías 63:9-10. Como resultado, el Señor dice en Jeremías 11:11: «Les enviaré una calamidad de la cual no podrán escapar. Aunque clamen a mí, no los escucharé».

Suena duro, ¿no?, pero recuerda que era el mismo Dios que había perseguido amorosamente a Israel durante siglos. Era quien perdonaba a su pueblo cuando se arrepentía. Los restauraba cuando volvían a Él. Los recibía cada vez que regresaban. La saga del Antiguo Testamento abarca casi 4000 años, la historia milagrosa de un Dios tenaz que seguía extendiendo su mano a una humanidad que repetidamente lo despreciaba. Porque cuando no se prostituían con otros dioses y otras naciones, le daban la espalda a Jehová, diciéndole que no lo necesitaban.

No es de extrañar que Dios los llamara «duros de cerviz». Esa palabra hebrea, que surge una y otra vez desde el Éxodo hasta Jeremías, significa terco, inflexible, arrogante y orgulloso. «La frase *un pueblo duro de cerviz* es una forma de hablar de rebelión y desobediencia tomada de animales domésticos testarudos, como los bueyes, que se resisten al yugo y se niegan a seguir instrucciones», según el *Diccionario ilustrado de la Biblia* de Lockyer.[5]

De cuello rígido. Testarudo. Inflexible. Que se niega a seguir instrucciones. Me temo que poco ha cambiado hoy.

Un día durante mis devocionales, le pregunté al Señor: «¿Por qué los cristianos tenemos tanto conocimiento en la "mente" y tan poco conocimiento en el "corazón"?». Inmediatamente esa frase *duro de cerviz* me vino a la mente. En mi espíritu sentí que el Señor decía:

—Es porque mi pueblo no está dispuesto a ser quebrantado. Solo cuando me permitan quebrantar la dura cerviz de su orgullo, la verdad podrá filtrarse en su corazón.

—Entonces rómpeme, Señor —oré una vez más—. Quiero conocerte, conocerte verdaderamente. No de manera intelectual, sino de corazón.

Estoy tan contenta de que Dios responda a la oración.

Incluso cuando Él elige trabajar de maneras misteriosas.

CAMBIO DE ACTITUD

El orgullo se menciona más de cien veces en la Biblia y siempre como algo que el Padre aborrece. Una actitud orgullosa es en realidad una rebelión contra nuestro Creador porque supone que somos nosotros quienes estamos a cargo del universo. Seguros de que tenemos razón. Decididos a hacer las cosas a nuestra manera, nos negamos obstinadamente a doblegarnos o inclinarnos ante nadie, incluyendo a Dios. De cerviz dura en todos los sentidos de la palabra.

Lo que, por cierto, describe a cabalidad mi estado después de ese choque casi fatal con mi amado esposo. Me dolía, sin duda.

Aunque el grupo de jóvenes oró por mí esa noche, a la mañana siguiente me desperté más rígida que nunca, pero como soy una santa sufrida, insistí en esquiar con ellos al día siguiente.

Con valentía guie a una de las chicas del grupo, pobre novata indefensa, hasta la colina para principiantes. A pesar del horrendo dolor, esquiaba delante de ella, demostrando mi estilo rígido pero exquisito. Ella observaba y luego seguía mi rastro hasta donde yo la estaba esperando.

Cerca del final del recorrido, sucedió. En un minuto estaba de pie, animando y dando instrucciones, y al siguiente estaba en el suelo.

Bueno, para hacerte corta la historia, cuando mi cabeza golpeó contra la nieve, mi cuello crujió unas mil veces cuando las estrellas titilantes se unieron de nuevo a los pajaritos burlones. Me sentí humillada al caer así, siendo una profesional y todo, así que rápidamente miré a mi alrededor para ver si alguien se había dado cuenta. Fue entonces cuando noté algo sorprendente. ¡No me dolía el cuello ni un poquito!

Jesús respondió las oraciones del grupo de jóvenes y me hizo un ajuste quiropráctico justo allí, en la ladera de los principiantes.

Sin mencionar un ajuste de actitud notablemente efectivo.

Todos necesitamos que nuestra actitud sea ajustada de vez en cuando. Algunos sufrimos del problema de cerviz que hemos mencionado: Dios dijo que nos detuviéramos, pero seguimos adelante. En lugar de arrepentirnos, continuamos en nuestro orgullo de cerviz dura, haciéndonos miserables a nosotros y a todos los que nos rodean. En vez de decir «me equivoqué», seguimos siendo un gran dolor de cabeza.

Siempre que actuamos de esa manera, nos estamos buscando problemas. Porque Dios hará lo que sea necesario para que la Mujer Carnal abdique del trono que le pertenece a Él, de modo que pueda gobernar y reinar, incluso si eso significa planear un pequeño accidente. Y un doloroso ajuste de nuestras actitudes de cerviz dura. Aunque duele, me alegra que el Señor trate mi orgullo. Y he aprendido que es mucho más fácil cuando realmente elijo ser quebrantada. Jesús aludió a esa realidad al advertir: «El que caiga sobre esta piedra será quebrantado, y aquél sobre quien ella caiga quedará desmenuzado» (Mateo 21:44 RVC). Cuando caigo voluntariamente sobre la Roca y me quedo allí, el Espíritu Santo comienza a ajustar mi vida oculta para que mi vida exterior se alinee con la Palabra de Dios. El proceso es incómodo y requiere paciencia, pero a medida que cada área de mi vida vuelve a ocupar el lugar que le corresponde, encuentro alivio… y victoria.

Victoria sobre la necesidad de ser perfecta. Victoria sobre la necesidad de tener siempre la razón. Porque la emoción de victoria solo llega cuando estamos dispuestos a afrontar la agonía de la derrota.

EL MILAGRO DE «ESTABA EQUIVOCADA»

«La mayoría de nosotros tememos que nos rompan», escribe Charles Stanley en *Las bendiciones del quebrantamiento*. «Debido a nuestro instinto natural de autopreservación, luchamos con todas nuestras fuerzas para permanecer intactos. El quebrantamiento generalmente implica dolor y haremos casi cualquier cosa para evitarlo».[6]

Aquello a lo que más nos resistimos es el lugar donde debe comenzar la humildad y recibir la reprimenda. Nos resistimos a admitir ante Dios: «Soy una pecadora. Cometí un error». Y a otros: «Tenías razón. Me equivoqué. Por favor, perdóname».

Quizás necesites mirarte en el espejo y practicar estas líneas. A la mayoría nos resultan difíciles, pero son confesiones importantes. Porque si esperamos ser aptos para el reino de Dios, debemos aceptar la corrección, tal como lo hizo Marta de Betania cuando Jesús la reprendió en Lucas 10:38-42.

Debió dolerle que le dijeran que estaba demasiado tensa y que su hermana, que no estaba ayudando, hacía lo correcto. Parte de su corazón seguramente se rebeló cuando escuchó las palabras de Jesús. Después de todo, ella solo pedía ayuda en la cocina. ¿Realmente tuvo que humillarla frente a los invitados?

Aunque la corrección no es sinónimo de rechazo. Si bien podemos luchar contra ella, e incluso a veces llegar a ofendernos por ella, la reprensión del Señor es siempre un regalo para nuestra alma. Porque en cada corrección a nuestra naturaleza hay una promesa de cambio, si estamos dispuestos a recibirla. Si nos arrepentimos.

Marta aprendió esa lección. Creo que ella eligió recibir la reprensión del Señor con un espíritu humilde al estilo de María. Porque después de ese encuentro ella de verdad parece que cambió.[7]

¿No te alegra que Dios no nos permita salirnos con la nuestra cuando pecamos? Parte de la obra del Espíritu Santo es el convencimiento de que hemos cometido un error, es hacernos sentir lo incorrecto de nuestras actitudes y la separación de Dios a causa del pecado. Necesitamos esa sensación de incomodidad que no nos deja descansar, que no impide racionalizar nuestras acciones o actitudes, y que nos sigue atrayendo hacia el arrepentimiento. De regreso a nuestro Dios.

No sé cómo funciona contigo, pero cuando el Espíritu de Dios pone un freno a mi corazón respecto a un pecado en particular, hay una certeza, aunque tal vez, en ese momento, no haya una comprensión completa. Si bien es posible que no lo admita conscientemente ante mí misma o ante el Señor, sé que Él tiene razón. Es como si se encendiera una luz en mi mente para que yo vea.

A medida que me arrepiento y me alejo de la actitud del corazón que me llevó al pecado, el Espíritu Santo me ayuda a responder y reaccionar de nuevas maneras, como lo haría Cristo. No significa que deje de tropezar o que ya no tenga problemas con áreas específicas, pero gradualmente, a medida que sigo cooperando con la obra del Espíritu en mi vida, mis patrones de pensamiento y conducta empiezan a cambiar.

Nunca subestimes el valor que Dios le da a un corazón enseñable. María, la hermana de Marta, es famosa por derramar un frasco de perfume muy caro para ungir los pies de Jesús, una ofrenda

El orgullo es un ladrón

Mi nombre es Orgullo. Soy un ladrón.

Te robo el destino que Dios te ha dado… porque tú exiges tu propio camino.

Te robo la satisfacción… porque «mereces algo mejor que esto».

Te robo el conocimiento… porque ya lo sabes todo.

Te robo la sanidad… porque estás demasiado lleno de mí para perdonar.

Te robo la santidad… porque te niegas a admitir cuando te equivocas.

Te robo la visión… porque prefieres mirarte en el espejo que mirar por la ventana.

Te robo la verdadera amistad… porque nadie conocerá tu verdadero yo.

Te robo el amor… porque el verdadero romance exige sacrificio.

Te robo la grandeza en el cielo… porque te niegas a lavar los pies de otro en la tierra.

Te robo la gloria de Dios… porque te convenzo de que busques tu propia gloria.

Mi nombre es Orgullo. Soy un ladrón.

Te agrado porque crees que siempre te estoy cuidando. Falso.

Estoy buscando que hagas el ridículo.

Dios tiene mucho para ti, lo admito, pero no te preocupes…

Si te quedas conmigo

Nunca lo sabrás.[8]

—Beth Moore, de *Orando la Palabra de Dios*

Después del orgullo viene la caída;
tras la arrogancia, el fracaso.

PROVERBIOS 16:18, PDT

verdaderamente preciosa (Juan 12:1-3). Ese también fue el regalo que Marta le presentó a Jesús cuando ella no solo aceptó el regaño, sino que decidió cambiar. La fragancia de humildad liberada en su vida fue tan dulce, tan valiosa, como la que surgió del extravagante regalo de María. Humildad. Quebrantamiento. Luchamos contra ello. Lo evitamos. Sin embargo, es algo que nuestro Padre celestial valora inmensamente. «El sacrificio que te agrada es un espíritu quebrantado, tú, oh Dios, no desprecias al corazón quebrantado y arrepentido», nos dice el Salmo 51:17.

Sabemos que todo el cielo se regocija cuando un pecador regresa a casa, y estoy descubriendo que también hay fiesta en el cielo cuando un hijo de Dios se aleja de su orgullo, sana de su dura cerviz, admite su falta y elige una actitud de humildad.

Humildemente orgullosos

Debo hacer una advertencia aquí. Como aprendimos en un capítulo anterior, a Satanás le encanta hacernos ir y venir. Cada vez que experimentemos la victoria en nuestra vida, Satanás buscará maneras de empujarnos al error. Y en ningún área esto es más cierto que con el orgullo. Porque Satanás se apresura a distorsionar cualquier iniciativa de vivir con un corazón humilde haciendo que lo veamos como algo imposible.

¿Recuerdas al tío Screwtape? Le escribe de nuevo a su sobrino Wormwood en el libro de C. S. Lewis, *Cartas del diablo a su sobrino*, instruyéndolo sobre cómo manipular a un «paciente» que se ha vuelto humilde:

> Atrápalo en el momento en que es realmente pobre de espíritu
> e instala en su mente la gratificante reflexión: «¡Por Dios! Estoy
> siendo humilde», y casi de inmediato el orgullo aparecerá —orgullo
> por su propia humildad—. Si se da cuenta del peligro y trata de

sofocar esta nueva forma de orgullo, haz que se sienta orgulloso de su intento, y así sucesivamente, a través de tantas etapas como quieras, pero no intentes esto por mucho tiempo, por miedo a despertar su sentido del humor y proporción, en cuyo caso simplemente se reirá de ti y se irá a la cama.[9]

Uno de los trucos más insidiosos de Satanás es presentar la humildad como autodesprecio o baja autoestima. «Con este método», aconseja Screwtape, «miles de humanos han llegado a pensar que la humildad significa que mujeres bonitas intenten creer que son feas y hombres inteligentes intenten creer que son tontos».[10] Este tipo de desprecio a uno mismo no es humildad. En realidad, es solo otra variación de «yo...a mí...me».

Y, debo añadir, una forma de orgullo particularmente repugnante.

LA TRAMPA DE LA INSEGURIDAD

—¡No puedo hacer esto, Señor! Soy tan indisciplinada —me quejé ante Dios no hace mucho, mientras cerraba mi computadora portátil y enumeraba todas las razones por las que Él había elegido a la persona equivocada para escribir este libro.

—Hace seis años que no escribo; me distraigo. Este tema es tan vasto que apenas sé de qué estoy hablando—. Y luego agregué el argumento más grande: —¡Además tengo un niño de tres años!

El Señor fue paciente al principio, trayendo escritura tras escritura a mi corazón, recordándome que Él me ayudaría. Que el mismo poder que resucitó a Cristo de entre los muertos no solo podría, sino que me fortalecería para lograr lo que el Señor me pedía.

El Espíritu Santo sostenía mi mano mientras comenzaba, luego titubeaba... avanzaba y luego retrocedía. Aunque un día finalmente se cansó de mi interminable letanía de razones por las que no podía hacerlo.

—Déjame aclarar esto —sentí a Dios susurrar en mi corazón—. Aunque hablé al universo para que existiera y colgué las estrellas en el espacio… incluso aunque prometí ayudarte cuando dijiste sí a mi llamado… y aunque has despejado tu vida y has hecho tiempo para escribir este libro… todavía sigues diciendo que no puedes hacerlo.

Bueno, eso dio en el blanco. Empecé a sentir vergüenza, pero me di cuenta de que apenas estaba comenzando.

—Lo que realmente me estás diciendo —me dijo el Señor— es que tú eres la omnipotente por aquí. Porque no importa cuánto te ayude, no importa cuán dispuesto esté a darte las palabras y la capacidad de escribir… ¡sabes que encontrarás alguna manera de arruinarlo todo!

Bueno, sí. Eso era más o menos lo que estaba diciendo, solo que la idea sonaba agria y arrogante de la forma en que lo dijo. No tan humilde y desesperada como yo quería expresarla.

—Es incredulidad, Joanna —concluyó el Señor—. Es una blasfemia. Y me rompe el corazón.

Y con esa reprimenda finalmente vino un profundo quebrantamiento. Un dolor por mi pecado, pero también llegó libertad en mi corazón. La mentira de Satanás había quedado al descubierto. Y con la revelación llegó la sanidad y el comienzo de su poder liberador.

En lugar de humillarme, en realidad me había exaltado contra Dios. Al decirle al Todopoderoso lo que podía y no podía hacer. Al desafiarlo a que me cambiara. Al negarme a dejar que Él me ayudara. Al enfocarme en mis deficiencias y no en su total suficiencia y poder.

No es de extrañar que Dios se sintiera ofendido.

No es de extrañar que el Espíritu Santo tuviera que traer una reprensión.

Porque cuando nos negamos a darle al Señor lo que tenemos, desestimándolo como poco importante o atesorándolo como demasiado valioso para dárselo, perdemos la oportunidad de ver lo que Él puede hacer con todo lo que ponemos en sus manos.

HUMILDE GENEROSIDAD

Cuando María rompió su mayor tesoro y lo dio al Señor, entregó sus esperanzas y sus sueños. Porque ese perfume, valorado en el salario de un año entero, pudo haber sido su dote, parte de los bienes que algún día tomaría al casarse. Sin embargo, María decidió ver más allá de un futuro asegurado, en cambio, ofreció lo mejor de sí misma a su Señor. Ella eligió la humilde generosidad sobre el egoísmo, justo como debemos elegir si queremos liberarnos del orgullo.

«No hagan nada por egoísmo o vanidad, más bien, con humildad consideren a los demás como superiores a ustedes mismos. Cada uno debe velar no solo por sus propios intereses, sino también por los intereses de los demás», escribió Pablo en Filipenses 2:3-4.

Estos versículos han sido mi oración de toda la vida. No solo abordan mi forma particular de orgullo —arrogante hambre de éxito y atención—, sino que también señalan el tipo de humildad que el pueblo de Dios debe tener.

El mundo está harto de los aprovechados, de los que empujan para abrirse paso, de los orgullosos y egoístas que prefieren pisotear a alguien antes que ayudarlo a levantarse. Lo que el mundo necesita, lo que está buscando, es el cristianismo auténtico. El corazón de un Salvador, dispuesto a dar su vida…a quien imitan personas humildes y generosas que dejan a un lado su propia agenda para amar a quienes los rodean y devolverlos a Dios.

¿Cómo es ese tipo de vida? Quizá te sorprenda lo satisfactoria que puede ser la humildad. Me gusta la forma en que Andrew Murray lo expresa:

La humildad es la perfecta quietud del corazón. Es no esperar nada, no asombrarme por nada de lo que me hacen, no sentir nada por lo que hacen en mi contra. Es estar en paz cuando nadie me alaba y cuando soy culpado o despreciado. Es tener un hogar bendecido en el Señor, donde puedo entrar, cerrar la puerta, y arrodillarme ante mi Padre en secreto; estar en paz como en un profundo mar de calma, cuando todo alrededor, arriba y debajo de mí está en problemas.[11]

Como resultado de esta paz relajante, nuestra vida se convierte en una «ofrenda fragante» (Efesios 5:2). Llena del «aroma de Cristo» que, según el apóstol Pablo, *«por medio de nosotros,* esparce por todas partes la fragancia de su conocimiento» (2 Corintios 2:14-15, énfasis mío). *Por medio de nosotros.* Cuando nos inclinamos y nos humillamos voluntariamente, cuando aceptamos el quebrantamiento de Dios como parte de nuestra formación, cuando nos despojamos de nuestra reputación, sucede algo hermoso. La vida de Cristo se libera en nosotros. Y la fragancia… bueno, es tan embriagadoramente tentadora que puso al mundo patas arriba hace dos mil años y Dios quiere hacerlo de nuevo ahora, pero la fragancia de Cristo solo llega a través del quebrantamiento y de la genuina belleza de la verdadera humildad.

Un sobrio juicio

Pensar demasiado bien de nosotros mismos. Pensar muy poco de nosotros mismos. Ambos son pasatiempos peligrosos para un creyente en Jesucristo. Quizás por eso Romanos 12:3 (PDT) nos aconseja: «Usen su buen juicio para formarse una opinión de sí mismos conforme a la porción de fe que Dios le ha dado a cada uno».

Este buen juicio —este autoanálisis consciente— nos ayuda a vernos con honestidad. Nos permite dar un paso atrás y hacer una evaluación objetiva de nuestros dones y llamado, de nuestras debilidades y fortalezas. Y nunca olvida tener en cuenta a Dios.

Porque solo en fe, con un juicio sobrio y confiando en el Espíritu Santo, logramos vernos como realmente somos.

En 1717, cuando murió el rey Luis XIV, su cuerpo fue depositado en un ataúd de oro. El Rey Sol había gobernado Francia durante mucho tiempo y lo había hecho bien; su corte era la monarquía más magnífica de Europa.

Rodeado de gente enlutada, su cuerpo fue llevado a la gran Catedral de San Denis. Orgulloso hasta el final, Luis había especificado que la catedral estuviera muy tenuemente iluminada para que la única vela sobre su ataúd brillara todavía más. La multitud que asistió al funeral del rey esperó en silenciosa oscuridad a que el obispo Massilon comenzara la misa fúnebre.

El obispo se acercó al ataúd. Luego, lentamente, se inclinó para apagar la vela.

«¡Solo Dios es grande!», dijo.[12]

Un comentario dramático sobre el reinado de Luis… y una lección importante para todos nosotros, potenciales reyes del sol.

Solo hay un Dios.

Y no soy yo.

13

La dieta de la Mujer Carnal

Entrénate para ser piadoso.
Porque el entrenamiento físico tiene algún valor,
pero la piedad tiene valor para todas las cosas,
manteniendo la promesa tanto para la vida presente
y la vida por venir.

1 Timoteo 4:7-8

Estoy a dieta. Solo esa frase me da hambre, pero la gracia de Dios que trae salvación está conmigo para ayudarme a decir no a la impiedad y a los McMuffins de salchicha y huevo con queso. Me está ayudando para que mi vida sea recta y santa en esta época. Sí, aunque me rodean una caja de Frappuccinos que compré en oferta en Costco y varias cajas de galletas preparadas por las niñas Scout, no temeré mal alguno. Porque Tú estás conmigo. Tu vara y Tu cayado me infundirán aliento…

Estoy tan agradecida porque Dios no me deje sola cuando se trata de transformación. Realmente es una ayuda muy presente en tiempos de dificultad, problemas, tentaciones y brownies de triple chocolate. Sin embargo, tengo que cooperar con la gracia, añadiendo mi granito de arena a la obra del Espíritu. Porque sin un poco de disciplina de mi parte y mucha ayuda de Dios, seguiré siendo la misma. Frustrada y deprimida. Atrasada en mi transformación divina.

Todo porque elijo una vida cómoda en lugar de una vida que agrada a Dios.

En forma para Jesús

La *disciplina* para algunos suena a mala palabra, pues requiere *trabajo*. Mi idea de disciplina tiende a relacionarse con el ejercicio. Aunque mi trasero da testimonio de que me vendría bien un poco más de disciplina y de ejercicio. La triste verdad es que, si queremos ser lo que Cristo nos ha llamado a ser, debemos superar la adicción al sedentarismo espiritual y entrar al gimnasio del Espíritu Santo. Porque es la única manera de mostrar lo que Dios tan generosamente ya ha producido en nosotros (Filipenses 2:12-13 RVC).

¿Recuerdas la epifanía de las cien abdominales de Andrea Wells Miller en el capítulo dos, donde esperaba una transformación instantánea y en vez eso el Señor la hizo entrenar un poco? Creo que la mayoría pensamos así en algún momento. Yo lo llamo el «Síndrome del Hada Madrina». No queremos los desafíos; solo queremos los cambios. No nos digas que nos ocupemos de nuestra salvación, Dios. Simplemente agita tu varita, espolvorea polvo de hadas y ¡listo! Seremos lo que siempre quisimos ser: Cristianos Cenicienta completos con un vestido nuevo, zapatillas de cristal y un carruaje reluciente para llevarnos al baile.

Desafortunadamente, las doce campanadas de medianoche siempre suenan y la fantasía termina. Si no hemos experimentado una verdadera transformación divina, el fragor de las pruebas y la dura realidad de la vida nos devolverán nuestros harapos y nos dejarán caminando a casa descalzos y llorando. Entonces, nos preguntaremos si todo lo que experimentamos con Cristo fue solo un sueño.

Nuestro Padre celestial no es un hada madrina. Él es demasiado sabio para ofrecernos el camino fácil. La solución instantánea. Porque sabe que necesitamos aprender disciplina si queremos convertirnos en las hermosas mujeres que diseñó.

Quizás es por eso que 1 Timoteo 4:7 nos dice «ejercítate» para la «piedad» (RVA). Porque algo sucede, física y espiritualmente, cuando le decimos no a los deseos de nuestra carne. Estoy descubriendo eso en mi dieta. Aunque todavía anhelo un café moca matutino de mi barista favorito, he visto resultados sorprendentes después de eliminar el azúcar durante una semana. ¡Puedo notar mis costillas y mover mi anillo de bodas! ¿Quién sabía que era posible? ¡Imagínate lo que podría pasar si realmente hiciera ejercicio!

Todo eso, solo por decirle no a la Mujer Carnal en una pequeña área de mi vida. Escucha lo que dice la Biblia en el siguiente versículo de 1 Timoteo 4: «Porque el ejercicio corporal para poco es provechoso; mas la piedad para todo aprovecha, pues tiene promesa de esta vida presente, y de la venidera» (v. 8, RVA).

Cuando entrenamos nuestra vida para la santidad, obtenemos mejores resultados que los físicos cuando hacemos ejercicio. Todos sabemos que poner nuestro cuerpo en forma afecta otras áreas de nuestra vida, incluso cosas pequeñas, como poder atarnos los zapatos o rascarnos la espalda, pero buscar la piedad va más allá. Tiene valor para *todas* las cosas, dice la Biblia, no solo para la eternidad y nuestra vida con Dios en el cielo, sino para nuestra vida aquí en la tierra. Ahora mismo.

¡Esa es una indiscutible razón para hacer ejercicio! Y tienes tu propio entrenador personal si quieres contar con Él. Pregúntale al Espíritu Santo. Está más que dispuesto. Él puede darte el deseo y la capacidad de obedecer todo lo que Dios ordena.

¿Estás lista? ¡Puedes hacerlo! Es hora de algo más que una buena sesión de sentadillas.

El precio del cambio

Mark Twain sugirió una vez que la forma de desarrollar el carácter es «hacer todos los días algo que no quieras hacer».[2] Creo que estaba en lo cierto. Porque a veces tenemos que esforzarnos mucho para pagar el precio del cambio. Ceder ante Dios rechazando nuestra carne no es un proceso fácil, pero es más importante de lo que pensamos.

Una de las ilustraciones más poderosas de esa verdad que jamás haya visto y escuchado es parte de una prédica.

El pastor Ed Kreiner es pequeño de estatura, pero un poderoso hombre de Dios. Una noche en nuestra iglesia, habló sobre la importancia de rendirnos diariamente a Cristo, tanto en las grandes como en las pequeñas decisiones. Una idea poderosa en sí misma, pero es la ilustración que decidió usar la que ha permanecido conmigo desde entonces, hace más de trece años.

Él explicó que la forma como respondemos a la dirección del Espíritu Santo determina si caminamos en libertad o en esclavitud. Porque cada vez que resistimos la convicción del Espíritu Santo, en realidad estamos diciendo no a Dios y sí a Satanás. Y cada vez que hacemos eso, el infierno pone cadenas en nuestra alma.

Mientras el pastor Ed recreaba diferentes situaciones, representó cómo es nuestro descenso a la esclavitud. De pie en medio del escenario, comenzó hablando de la forma en que el Espíritu Santo nos habla:

Dios dice: «Quiero que compartas a Cristo con tu compañero de trabajo». A lo cual respondemos con excusas y razones por las que eso sería imprudente. Y de repente nuestro brazo izquierdo queda atado detrás de nosotros…

Para ejemplificar, el pastor Ed echó su brazo hacia atrás y lo sujetó con fuerza detrás de su espalda.

«Dale unos cuantos dólares a ese hombre que te está pidiendo», pero resistimos la compasión, respondiendo que hay muchos trabajos disponibles si ese hombre quisiera trabajar. Sin que lo sepamos, nuestro brazo derecho se une al izquierdo…

Ahora con poco equilibrio, con ambos brazos entrelazados detrás de él, el pastor Ed se tambaleó un poco.

«Perdona a tu hija por su comentario descuidado». Nos negamos. Nuestros pies quedan atados juntos. «Admite que mentiste». Decimos que lo haremos, pero posponemos las cosas para salvar nuestro orgullo. Y de repente estamos boca arriba con las rodillas atadas a nuestro pecho...

En ese momento nuestro orador estaba acostado en el escenario como un pavo atado. Mientras luchaba por hablar desde su incómoda posición, nos recordó que —así como una decisión tras otra nos había llevado a la esclavitud— una decisión seguida de otra nos sacaría.

«Llama a tu mamá y pídele perdón». Ufff. Eso sí que es difícil, pero obedecemos. De repente, la cuerda alrededor de nuestra alma apretada se afloja y podemos respirar de nuevo.

«Llévale un plato de comida al vecino que amenaza con demandarte». Preparamos lasaña, tocamos la puerta y encuentro a la familia en medio de una tragedia y necesita algo de cariño. Nos quedamos, ellos son bendecidos y descubrimos que somos capaces de sobreponernos.

«Ora por tu marido en lugar de quejarte cuando recoges sus calcetines sucios». Doblamos nuestras rodillas y rendimos nuestro corazón. De repente, la sensación de estar esposados desaparece y somos libres de amarlo interior y exteriormente.[3]

Cuando el pastor Ed terminó, estaba nuevamente de pie en el escenario. Y todos en la congregación nos sentíamos un poco más decididos a decir sí al Espíritu Santo. Porque si el cambio es costoso, el precio de no cambiar es mayor. Eso hace la diferencia entre permanecer impotentes y atados a nuestros preciados pecados y caminar victoriosamente libres de hábitos que nos limitan.

Una vez más, la santidad tiene que ver con decisiones. Una decisión tras otra. Decir sí a Dios y decir no a Satanás.

Realmente es así de simple, incluso cuando nos enfrentamos a formas de esclavitud con las que hemos luchado durante años.

Cuando viene la tentación

Uno de mis versículos favoritos es 1 Corintios 10:13: «Ustedes no han sufrido ninguna tentación que no sea común al género humano. Pero Dios es fiel y no permitirá que ustedes sean tentados más allá de lo que puedan aguantar. Más bien, cuando llegue la tentación, él les dará también una salida a fin de que puedan resistir».

No importa a qué tentación me enfrente actualmente, no es algo nuevo. Porque Satanás no es muy creativo. Tiende a utilizar las mismas cosas una y otra vez, generación tras generación. La duda, el desánimo, el orgullo, el prejuicio, la frustración, el miedo, la lujuria, el odio, la envidia que se han sentido desde siempre, los sentimos ahora y los sentirán quienes nos precedan. Sin embargo, lo que hagamos para enfrentar estas tentaciones es crucial si queremos llegar a ser más como Jesús.

Mi amiga Cheryl tiene un testimonio maravilloso. No es una conversión de varita mágica. Ella no conoció a Jesús el martes y se volvió diferente el miércoles. Su transformación fue gradual. De hecho, admitirá que pasó muchos domingos por la mañana en nuestro balcón recuperándose de su resaca. Quería una vida diferente, pero no sabía cómo conseguirla.

Aun así, Dios siguió seduciendo a Cheryl y ella siguió respondiendo lo mejor que pudo. Incluso cuando la Mujer Carnal parecía tener la ventaja.

—Tenía un problema con el alcohol y lo sabía—, dice Cheryl.

—Seguí rogando a Dios que me lo quitara, pero trabajaba en un restaurante que tenía bar y todos los viernes por la noche ahí estaba yo tomando unas copas con amigos. Luego me castigaba con culpa y desesperación— lo cual, por supuesto, no ayudaba.

En medio de la batalla con su carne, Cheryl memorizó 1 Corintios 10:13 y comenzó a pedirle a Dios:

Un ámbito de gracia

A menudo, en nuestra búsqueda de la santidad, experimentamos momentos tan llenos de poder que nos capacitan para hacer lo que antes era imposible. Nos encontramos en ámbitos sagrados donde «el cielo toca la tierra y resulta que estamos allí», como dice mi amigo Michael Snider. Si alguna vez has experimentado una capacidad adicional para vencer el pecado o una repentina falta de deseo por un capricho que antes atesorabas, ese fue un ámbito de gracia. Si quieres mantenerlo:

- *No lo ignores.* Este ámbito de gracia es un regalo de Dios. Alábalo y agradécele. Luego camina con cuidado en su provisión (Romanos 1:21).
- *No lo malinterpretes.* A veces atribuimos el don de la libertad de Dios a la fuerza de voluntad que desarrollamos por nuestra cuenta. El orgullo crece y, como resultado, muchas veces estamos a un paso de la caída (Isaías 2:11).
- *No abuses de ella.* Cuando abusamos de la gracia al regresar voluntariamente a nuestro pecado después de ser liberados, entristecemos al Espíritu y la gracia para vivir en victoria a menudo nos es quitada (Hebreos 10:26-29).
- *No te rindas.* Si has abusado de la misericordia de Dios o todavía no has encontrado ese ámbito de gracia, arrepiéntete y sigue buscando a Dios. ¡Él quiere *liberarte*! (Joel 2:13)

El Dios de paz aplastará muy pronto a Satanás bajo los pies de ustedes. Que la gracia de nuestro Señor Jesús sea con ustedes.

Romanos 16:20

—Muéstrame la salida. Tú prometes que nos darás una salida, Señor. Ayúdame a verla.

Un viernes, mientras Cheryl se estaba preparando para ir a recoger su cheque de pago al restaurante, su hijo Matthew, pidió acompañarla.

—Me lo había estado pidiendo durante semanas —dijo Cheryl— y siempre lo postergaba porque sabía que probablemente yo terminaría bebiendo. Esa noche, cuando me preguntó, de repente me di cuenta: ¡aquí está mi salida! Había estado frente a mí todo el tiempo.

A partir de entonces, Matthew se convirtió en el amigo de Cheryl los viernes por la noche. Y no lo creerías: el ciclo de ese pecado en su vida comenzó a romperse. Cheryl no podía quedarse sentada y beber mientras su pequeño la miraba, y ciertamente no iba a conducir borracha con él en el auto. Como ese patrón de pecado ya no era una opción, el poder del alcohol comenzó a perder su control sobre ella.[4]

¿Qué «salida» te está ofreciendo Dios en tu situación actual? Pídele al Espíritu Santo ojos para verla. Dios es fiel a su Palabra y Él te ayudará a encontrarla. Y cuando lo hagas, no esperes para actuar. Aprovecha al máximo la ruta de escape que el Señor tan bondadosamente te brinda. Al hacerlo, es posible que encuentres la libertad esperándote también en otras áreas de tu vida.

UN ESLABÓN ROMPE OTRO

«Jesús rompe todas las cadenas... ¡y me libera!»[5]

Me encanta esa vieja canción, porque realmente es lo que Cristo vino a hacer. Para un mundo encarcelado por su propio pecado y deseos lujuriosos, Jesús viene con una llave. Él abre la puerta de nuestra esclavitud, nos invita a salir y ser libres.

Estoy aprendiendo a dejar que Dios elija qué cadenas quiere romper. Porque a veces, he aprendido, nos desgastamos peleando la batalla equivocada.

Aprendí este principio por primera vez hace unos ocho años. Estaba luchando con mi peso —la historia de toda mi vida— y me sentía absolutamente impotente. Nada de lo que intentaba funcionaba, principalmente porque no intentaba nada durante mucho tiempo. Empezaba, pero no podía mantener la disciplina para seguir adelante. Llegué al punto en que lo único que podía hacer era orar como lo hizo el ciego en Marcos 10:47: «¡Jesús, Hijo de David, ten compasión de mí!». Una y otra vez, en medio de mi desesperación, hice eco de las palabras del arrepentido recaudador de impuestos: «¡Oh Dios, ten compasión de mí, que soy pecador!» (Lucas 18:13).

Jesús escuchó mi clamor. Y trajo liberación, pero no de la manera que esperaba. Porque en vez de ayudarme a manejar mi problema de peso, el Señor comenzó a convencerme sobre mi elección de lecturas.

Verás, en ese momento yo era básicamente adicta a la ficción cristiana.

Ahora bien, no hay nada de malo en una historia sana. El problema radicaba en que no podía leer solo una novela a la vez, y mucho menos unas cuantas páginas antes de acostarme. No, era una lectora compulsiva. Lo que significaba un libro tras otro. Olvídate de las tareas del hogar, olvídate de cocinar y «¡No me molestes! Estoy leyendo».

Básicamente, la ficción fue la forma en que me desconectaba de la vida. Era mi droga preferida, mi válvula de escape del estrés o la monotonía. Mi Mujer Carnal resultó tener una inclinación literaria.

Sin embargo, yo no lo pensaba así, por supuesto. Pensaba que me encantaba leer… y leer es bueno, ¿verdad? Entonces, cuando Dios me pidió que me embarcara en un ayuno de ficción de un año de duración, casi hiperventilé.

¿Ninguna novela histórica? ¿No Frank Peretti ni Francine Rivers? Parecía que Dios me estaba pidiendo demasiado. Después de todo, solo leo autores cristianos. Podía sentir los argumentos alineándose en mi corazón, ansiosos por presentar su caso ante Dios.

Al mismo tiempo, podía sentir que la gracia se liberaba en mi corazón. Gracia para obedecer. Gracia para dejar ir.

No fue fácil. Hubo demasiados momentos en los que anhelaba ponerme cómoda con una buena historia y dejar el mundo atrás. Muchas veces tuve que apretar los dientes y pasar por la sección de ficción de la librería cristiana de camino a comprar algo para la iglesia.

Sin embargo, extrañamente, al mismo tiempo, no era *tan* difícil. Descubrí que podía hacerlo. No tenía esa vieja sensación de fracasar casi antes de empezar.

Porque Dios ya me había capacitado para lo que me estaba pidiendo.

Y lo más extraño sucedió en el camino de regreso de mi ayuno de ficción. De hecho, varias cosas extrañas sucedieron. Por un lado, Dios comenzó a despertar en mí nueva hambre por su Palabra, ¡y realmente tenía el tiempo para comerla! Lo que es todavía más extraño, con la disciplina del ayuno de la ficción vino rápidamente la disciplina a otras áreas de mi vida. Particularmente en mi alimentación.

Debido a que había aprendido a decirle no a la Mujer Carnal en el área del escape mental, estaba recibiendo el poder para decir no a otros anhelos de mi baja naturaleza. De hecho, comencé un programa de ejercicios y pude mantenerlo. En ocho meses, había perdido unos 15 kilos y bajé tres tallas. ¡Podía atarme los zapatos! ¡Podía rascarme la espalda!

Cuando obedecí a Dios en el área específica que me señaló, fue como si un solo eslabón de la cadena que me ataba se rompiera. Aunque pronto otros eslabones también perdieron su poder, y comencé a caminar en una libertad que nunca antes había experimentado.

Todo porque dejé que Dios eligiera la batalla. Obedecía lo que Él me ordenaba en lugar de asumir que sabía lo que Él quería.

¡La batalla verdaderamente es del Señor! (1 Samuel 17:47) Y a veces lo que parece ser un enfrentamiento menor puede ser la pelea donde se gana la guerra. Por eso estoy convencida de que la obediencia es realmente la clave para una disciplina que transforma la vida. No se trata simplemente de resistir, sino de seguir la guía del Espíritu.

Y de negarnos a darnos por vencidos, incluso cuando fracasamos. Decide, con la ayuda de Dios, intentarlo, intentarlo de nuevo.

La oración yo-yo

Dios sanó la adicción de Cheryl al alcohol, pero por alguna razón el vínculo de su alma con el tabaco se negaba a desaparecer. Ella había llorado y confesado. Había probado masticar chicle y usar parches de nicotina, pero ese bastión tenía un fuerte control sobre su vida.

«Odiaba tener que escabullirme de la iglesia para fumar», dice Cheryl. «Aunque estoy muy contenta de que la gente me quiera a pesar de mi adicción". Cada año, Cheryl pedía oración: «Realmente creo que Dios quiere que deje de fumar». Y cada año orábamos. Hubo períodos de victoria, pero siempre sucedía algo. Un nuevo estrés, alguna nueva crisis provocaba que Cheryl volviera al consuelo que le brindaban sus cigarrillos mentolados.

Entonces una amiga cristiana le dijo: «No dejes de intentarlo». Entonces Cheryl perseveró. Hoy lleva casi dos años sin fumar.

«No sé exactamente qué pasó, pero no dejé de intentarlo; y en algún punto, Dios me encontró en medio de esa situación y me liberó», dice Cheryl. Su historia me recuerda una herramienta de transformación que Dios me ha enseñado a lo largo de los años. Yo lo llamo la «Oración Yo-Yo». Y, a diferencia de la dieta yo-yo, ¡este método realmente funciona!

Quizás, como Cheryl y como yo, has intentado durante años entregarle cierto problema a Dios. Un hábito, una actitud, una adicción. O cierta área de miedo y duda sobre la que Dios ha llamado tu atención y te ha pedido que se la entregues. «Seré diferente, Señor», prometiste. Y por un tiempo lo fuiste.

Solo que justo cuando pensabas que finalmente habías obtenido la victoria, ahí estaba de nuevo el mismo desafío. Volviste a caer en el hábito o la situación, y te preguntas si alguna vez fuiste realmente libre. Eso es exactamente lo que Satanás quiere que pienses.

Susurra en tu corazón: «Eres hipócrita. ¿Ves? Te dije que nada cambiaría jamás. Estás jugando con Dios y engañándote. Nunca serás libre».

Sin embargo, las verdaderas mentiras, por supuesto, son esas que te dice y debes llevárselas a Jesús en ese preciso momento. Porque si escuchas tal blasfemia, permanecerás para siempre agobiado por el viejo «yugo de esclavitud» (Gálatas 5:1).

En realidad, tú *sí* se lo entregaste a Dios y Él *realmente* te está cambiando. Simplemente, tu Mujer Carnal vio la oportunidad de reclamar ese territorio y aprovechó.

Así que ahí está. Toda esa fealdad. Todo ese dolor. Una vez más en tus manos. ¿Qué haces con él?

Bueno, puedes guardarlo en tu bolsillo y sacarlo de vez en cuando para jugar.

Puedes ponerlo en un estante e intentar reunir la disciplina para no tocarlo nunca más.

O puedes devolvérselo a Dios… ¡inmediatamente!

He descubierto que cuanto más rápido devuelvo lo que —de alguna manera— robé de las manos de Dios, más rápido tengo paz en mi corazón. Para devolverlo, debo ignorar las mentiras del enemigo y continuar de acuerdo con Dios.

«Muy bien, Señor. No sé cómo esto volvió a mis manos, pero aquí está. No tiene lugar en mi vida. ¡Así que te lo devuelvo!»

Al arrepentirme fiel y diligentemente y entregar mis problemas a Dios, sin importar cuántas veces haya tenido que repetir la «Oración Yo-Yo», descubrí que el poder que estos problemas alguna vez tuvieron sobre mí disminuye cada vez que los entrego.

Porque cuando le entrego mi problema a Dios y no me obsesiono pensando que no puedo deshacerme de él, la cadena que rodea mi corazón se afloja.

Finalmente, un día, cuando se lo entrego una vez más, ya no regresa. Y me doy cuenta de que ha desaparecido. Para siempre terminado y resuelto.

No más yo-yo.

Y no más esclavitud.

Cadenas rotas y ayunos perpetuos

Una vez que se ha roto el poder de un bastión en mi vida, a menudo he podido reanudar las actividades que Dios me pidió que abandonara.

Una dieta de pan y agua

Aunque no la encontrarás en el quiosco de revistas, la dieta de la Mujer Carnal más eficaz que he probado es el régimen descrito en Isaías 30:20. Aunque limita tu consumo a solo dos tipos de alimentos (pan y agua), es sorprendentemente eficaz para eliminar la grasa de tu naturaleza carnal y desarrollar músculo espiritual. No te preocupes por comprar los ingredientes. La vida —¡incluso Dios mismo!— te los llevan a la puerta de tu casa.

Lo primero en el menú: el pan de la adversidad

Adversidad significa «desgracia; calamidad; un evento o circunstancia adversa». La palabra hebrea en el Antiguo Testamento para adversidad denota cualquier cosa, desde un lugar estrecho hasta una piedra en el zapato. Si bien la adversidad no es un plato muy solicitado, Dios parece usarlo a menudo en la vida de su pueblo más selecto. La adversidad no solo revela de qué estamos hechos, sino que nos mejora. «Pues», como dice Santiago 1:3-4, «ya saben que la prueba de su fe produce perseverancia... para que sean perfectos e íntegros».

Mi ayuno de ficción, por ejemplo, ya terminó, aunque duró cuatro años completos. No tanto porque Dios lo exigiera, sino porque yo simplemente ya no lo deseaba. El hambre se había saciado al acudir a su Palabra en vez de huir sumergida en la fantasía que saciaba mi mente.

Cuando finalmente me sentí libre de retomar mi lectura recreativa, fue porque me sentía exactamente así: ¡libre! La ficción había perdido

---

Segundo plato: el agua de la aflicción

La *aflicción* se refiere a «un estado de angustia o dolor; miseria». Difícil de tragar, esta no es nuestra bebida preferida. De la palabra hebrea que significa «forzar o aferrarse», la aflicción se refiere a esos momentos cuando la vida nos aprieta de manera incómoda, incluso dolorosa. Cuando aceptamos la aflicción como una oportunidad de compartir los sufrimientos de Cristo, Romanos 8:17 nos dice que también «tendremos parte con él en su gloria». La dulzura de Cristo brotará de nuestra vida en lugar de la amargura. Y Dios será glorificado.

«Aunque el SEÑOR te dé pan de adversidad y agua de aflicción», nos dice Isaías 30:20, «tus maestros no se esconderán más; con tus propios ojos los verás». Lejos del castigo, la adversidad y la aflicción están diseñadas para traer sabiduría, porque este alimento que alguna vez estuvo destinado a los prisioneros (1 Reyes 22:27) puede ayudarte a liberarte del gobierno de la Mujer Carnal.

¡La forma en que recibes estos dos regalos marca la diferencia! La adversidad y la aflicción pueden amargarte o mejorarte.

Tú decides.

Antes de sufrir anduve descarriado,
pero ahora obedezco tu palabra.
Tú eres bueno y haces el bien;
enséñame tus estatutos.

SALMO 119:67-68

su poder adictivo sobre mí. Ahora puedo disfrutar de una novela sin devorarla hasta el punto de ignorar todo lo demás. En lugar de devorar novelas como si fueran papas fritas, puedo pasar uno o dos meses sin leer ficción.

Porque ahora son simplemente libros para mí. No cadenas. Esa batalla se libró, se ganó y se dejó atrás, al menos por el momento, pero eso no es cierto para todas las áreas débiles y malos hábitos de mi vida. Me he dado cuenta de que algunas actividades siempre estarán prohibidas para mí y debo mantenerlas vigiladas. La autocompasión, por ejemplo, y comer sin control...

Sin embargo, ya sea que me libere de su poder o tenga que ejercer una restricción consciente por el resto de mi vida, descubrí que la Oración Yo-Yo es un ingrediente importante en mi versión personal de la dieta de la Mujer Carnal, porque es realmente un ejercicio de decir sí repetida y persistentemente a Dios y no, no, no a mi carne. También aprendí que cuando digo sí a Dios en las cosas grandes y pequeñas de la vida, Dios me dice sí a mí. Me capacita y fortalece, liberándome para hacer cosas que nunca podría hacer por mi cuenta.

Porque «Dios está en ella», dice el salmista.

«Ella no caerá» (Salmo 46:5).

Porque le pertenezco a Él

Cuando nuestro bebé Joshua se sumó a nuestra familia hace casi cuatro años, trajo más alegría de la que jamás creí posible. Lo cual es mucho decir. A los cuarenta años y con dos adolescentes casi adultos, nunca esperé comprar cunas y pagar la universidad de mis hijos al mismo tiempo. (Aunque una amiga señaló que podría ser peor: podría estar comprando pañales para adultos).

Más que alegría, Joshua me trajo una nueva comprensión del amor de Dios que nunca antes había considerado.

Cuando Josh nació un mes antes de lo previsto, los médicos inmediatamente supieron que algo no estaba del todo bien. Descartando condiciones más graves, le diagnosticaron hipotonía. Bajo tono muscular. En vez de ser el pequeño y apretado bultito que estaba acostumbrada a sostener cuando se trataba de un bebé, Joshua se sentía más como un muñequito de trapo, blando y flácido en mis brazos. Era lento para amamantar, lento para darse la vuelta, lento para sentarse, lento para hacer muchas cosas. En lugar de realizar movimientos que eran naturales para la mayoría de los bebés, los músculos de Josh tuvieron que ser instruidos, incluso estimulados con fisioterapia. A los tres años y medio de edad, todavía tiene retrasos en las habilidades motoras y en el desarrollo del habla.

¿Sabes qué? No importa. No me molesto en comparar a Josh con otros niños porque él no es como los demás niños. Josh es Josh. No tengo una lista de cosas que los bebés deberían hacer al año, a los dos o tres años de edad. Todo es irrelevante. Josh lo hará cuando pueda. Y haremos —estamos haciendo— todo lo posible para ayudarlo. Después de ser una nerviosa madre primeriza que comparaba constantemente a sus hijos para saber si estaban a la altura de otros niños de su edad, no puedo expresar lo liberadora que ha sido esta situación.

En cierto modo, estos cuatro años con Josh han sido los más disfrutables de mi vida. ¿Por qué? ¡Porque lo celebramos todo! Recibimos cada pequeño avance con gozo y aplausos. Y recientemente me di cuenta de que amar a Josh me ha enseñado una maravillosa lección sobre cómo Dios me ama.

Esa comprensión se produjo hace tres años en Gold Beach, Oregón. Mi hermana Linda me acompañó para cuidar a Josh mientras yo predicaba en un retiro para mujeres. Cuando regresé a la habitación del hotel después de la primera sesión de la noche, Linda estaba muy emocionada.

—¡No vas a creer lo que Joshua hizo! —dijo arrastrándome hacia donde él estaba sentado y entretenido con algunos juguetes. Eso en sí mismo ya era un milagro, ya que Josh acababa de dominar el arte de sentarse, pero mi hermana tenía algo nuevo que mostrarme.

—¡Mira esto! —Linda despejó el espacio a su alrededor, luego tomó su juguete favorito y lo colocó frente a él, fuera de su alcance. Josh la miró a ella y luego a mí. Con una pequeña sonrisa, se inclinó hacia adelante y se estiró casi para agarrar el juguete que descansaba más allá de los dedos de sus pies. Me maravilló. ¡Nunca había hecho eso! Y fue solo el comienzo. Había más.

Poco a poco, gruñendo y gimiendo, mi dulce niño llevó sus manos hacia su cuerpo. Gotas de sudor brotaban de su frente mientras él, todavía agarrando el juguete, volvía a sentarse. Todo el proceso duró al menos 30 segundos; 10 veces el tiempo que habría necesitado otro niño, pero en lugar de sentirnos decepcionadas, Linda y yo gritamos y lloramos a mares de la alegría.

—¡Guau! ¡Ese es mi niño! —dije, abrazando a Josh. Fue asombroso. Fue maravilloso. Fue todo un logro, un momento de alegría que nunca olvidaré. Y con ello vino una revelación del Señor que cambió mi vida. Esa noche, acostada en la cama regocijándome por la proeza de Joshua, sentí que Dios susurraba a mi espíritu:

—Eso es lo que siento, ¿sabes?

—¿Qué quieres decir, Señor? —le pregunté.

—La alegría que sientes al ver a Joshua lograr algo difícil; eso siento cuando veo que vas más allá de lo que has intentado antes. Cuando confías en mí para algo que parece imposible… cuando confías en mí en medio de las dificultades… cuando haces lo que te pido, aunque no te sientas capaz… así de feliz me siento yo.

Sentí como si mi corazón creciera y se atascara en mi garganta de la emoción. Nunca se me había ocurrido que pudiera brindarle tanto gozo al Señor.

Con el sonido de las olas del mar resonando con las olas de gratitud en mi corazón, lloré en silencio, susurrando palabras de alabanza a Aquel que me conocía tan íntimamente, y aun así, me amaba tan completamente.

No fue hasta que compartí la idea con las mujeres del retiro a la mañana siguiente cuando me di cuenta de la verdad. Las mujeres asintieron y sonrieron durante todo el relato; muchas incluso lloraron, pero de repente me di cuenta de que nunca podrían comprender la inmensidad de todo esto. Ni siquiera Linda. No realmente. Nadie podría.

¿Por qué? Porque Joshua me pertenece. Él me *pertenece* a mí.

Por eso Dios se regocija con cada pasito que avanzamos. Por eso, incansablemente dedica tiempo a ejercitar nuestra fe y a estirarnos para ampliar nuestros límites. Por eso, cuando caemos, Él nos ayuda, nos levanta y nos anima a intentarlo de nuevo.

No nos compara con nadie. No tiene una lista de lo que —como cristianos— deberíamos ser y hacer en ciertas fases de su caminar. Él nos acepta individualmente y trabaja con nosotros en la etapa que estemos. Aunque nos desafía constantemente a ir más allá. Y organiza una gran fiesta cada vez que alcanzamos una meta o logramos un avance espiritual.

¿Por qué? Porque le pertenecemos a Él. Le *pertenecemos* a Él.

—¡Guau! ¡Esa es mi niña! —dice.

—¿Viste eso? —pregunta, volviéndose hacia los ángeles y señalando la tierra. Señalándote a ti y a mí—. Esa es mi niña.

14

Expresar amor

Sean, pues, aceptables ante ti
mis palabras y mis meditaciones
oh Señor, mi roca y mi redentor.

Salmo 19:14

Había sido un día difícil. Abrumada por las responsabilidades y cansada del ajetreo de la vida, estaba tentada a rendirme. No importaba cuánto hiciera, no era suficiente. De todos modos, nadie lo apreciaba. «Tal vez haga una huelga como esa mamá en Minnesota. Entonces se darán cuenta de lo mucho que hago por estos rumbos», me quejé.

Mientras continuaba con mi espectáculo de autocompasión, los sentimientos no solo se intensificaban; se multiplicaban. Como ratones en la tienda de mascotas: en un momento tienes 2 y al siguiente 24. Mi hogar no era el único lugar en el que me sentía sobrecargada de trabajo y poco valorada. Un evento de la iglesia del que estaba a cargo también estaba resultando difícil. «Veamos cómo se las arreglan cuando decido que estoy demasiado ocupada para ayudar», me enfurecí. Luego estaban mis amistades. *«¿Por qué siempre tengo que ser yo quien llama?»*

El día iba cuesta abajo rápidamente; luego revisé el correo y allí estaba mi mensaje del cielo. Una pequeña nota de aliento escrita por una amiga. No más de doce líneas, pero en ellas surgió la esperanza.

Mientras leía y releía la nota, cada palabra llena de amor parecía venir del corazón de Dios al mío.

«¿Ves, Joanna? No lo he olvidado. Eres importante para mí». Todavía tengo esa tarjetita con el ramo de flores en el frente. Todavía refresca mi corazón. Y también me recuerda cuánto poder reside en unas pocas palabras bien elegidas.

EL MINISTERIO DE LA EXHORTACIÓN

«Como manzanas de oro con incrustaciones de plata son las palabras dichas a tiempo», nos dice Proverbios 25:11. Como escritora, me encanta ese proverbio porque enfatiza que dar la palabra adecuada en el momento justo no es solo un arte: es un ministerio.

No sé si mi amiga Cindy se dio cuenta de lo profundamente que me afectaría su nota. Después de todo, ella la había escrito varios días antes y yo no estaba pasando por un mal momento entonces. Sin embargo, Dios sabía lo que necesitaría y cuándo lo necesitaría, así, con un suave empujón de Su Espíritu, me trajo a la mente de Cindy. Y ella, en respuesta, tomó acción, no solo orando por mí, sino tomándose el tiempo para escribir una nota que hablaba al corazón mismo de mi necesidad.

¡Qué maravilloso es ser parte del Cuerpo de Cristo! Saber que no estoy sola, que tengo hermanas y hermanos en el Señor que desean lo mejor para mí, es uno de los regalos más lindos de ser cristiana, así como una de las responsabilidades más importantes. Porque dar ánimo a otros a través de nuestras palabras, oraciones y apoyo, es parte integral de nuestro llamado como cristianos.

El ánimo o exhortación figura como uno de los dones motivacionales en Romanos 12:6-8, junto con la profecía, el servicio, el liderazgo, la generosidad, la enseñanza y la misericordia. Si bien algunas personas tienen un don específico del Espíritu en esta área, todos estamos llamados al ministerio de dar ánimo, como dice Hebreos 10:24:

«Preocupémonos los unos por los otros, a fin de estimularnos al amor y a las buenas obras».

La palabra griega para alentar es *parakaleo,* que significa «llamar cerca, invitar». No es coincidencia que la palabra se parezca mucho al nombre griego del Espíritu Santo: *paraklete,* «el que viene al lado». Cuando nos exhortamos unos a otros, cuando nos motivamos y animamos unos a otros, estamos haciendo la obra del Espíritu Santo. Y es un trabajo importante.

Porque todos necesitamos a alguien que crea que somos más de lo que aparentamos ser.

Un exhortador que ha renacido

Su verdadero nombre está casi olvidado, pero el legado de José, un levita de Chipre, sigue vivo. Lo conocemos por un apodo que describe de tal manera quién era este hombre que reemplazó el nombre que le dieron al nacer.

Lo llamamos Bernabé, que significa «hijo de consolación» o «el que alienta».

Y eso fue exactamente lo que hizo. Se especializaba en ver el potencial de las personas y hacer lo que estaba a su alcance para que dichos talentos se desarrollaran.

Entonces, cuando los discípulos tuvieron miedo de encontrarse con Saulo, el famoso perseguidor de la iglesia, fue Bernabé quien los reunió a todos en Hechos 9:26-28. Fue quien confirmó el notable testimonio del hombre que había sido temible y mortal enemigo del cristianismo. Y Saulo —luego rebautizado como Pablo— autor de gran parte del Nuevo Testamento, fue recibido en la familia de Dios.

Cuando los gentiles comenzaron a venir a Cristo en Antioquía, fue Bernabé a quien los apóstoles en Jerusalén enviaron para animar a esa joven iglesia. Y «un gran número de personas aceptó al Señor»

(Hechos 11:24), principalmente a causa de Bernabé. Al ver el crecimiento de la iglesia, Bernabé localizó a Pablo en Tarso y lo llevó a Antioquía, donde juntos discipularon y enseñaron a las personas a quienes se nombraría por primera vez como «cristianos».

Fue esta notable capacidad para reconocer el potencial de las personas y animarlas a crecer lo que llevó a Bernabé a separarse de Pablo en Hechos 15:36-39 y asociarse con su desprestigiado primo Juan Marcos. Pablo no quería correr otro riesgo con el joven que los había «abandonado en Panfilia», pero donde Pablo vio descalificación, Bernabé vio otra oportunidad. Como resultado, se iniciaron dos viajes misioneros, no uno, y se avanzó en la obra de Cristo.

La fe de Bernabé seguramente estaba bien fundamentada, porque incluso Pablo cambió de opinión sobre Juan Marcos. Cerca del final de su vida, fue este joven a quien Pablo pidió, llamándolo «un colaborador» y «un consuelo» (Colosenses 4:10-11). Y más tarde, posiblemente en cooperación con Pedro, Marcos fue el autor del evangelio que lleva su nombre.

Gracias al don de un hombre, dos recibieron el regalo de una segunda oportunidad. La capacidad de exhortar de Bernabé permitió que el potencial de Pablo y Juan Marcos fructificara. Estamos llamados a hacer lo mismo. Creer lo mejor de las personas. A pesar de su reputación, a pesar de sus cuestionables acciones pasadas. A mirar a las personas a través de los ojos de Dios y ver lo que Él ve.

Las ganancias, no las pérdidas.

Hijos valorados que necesitan gracia y misericordia… y una gran dosis de verdadero amor.

HABLAR LA VERDAD EN AMOR

Como ves, alentar y exhortar es mucho más que motivar. Es más que decirle a la gente lo que quiere oír. A menudo implica lo que la Biblia llama «hablar la verdad con amor» (Efesios 4:15, NTV).

La autora y conferencista Jill Briscoe cuenta la interesante historia de una amiga que hizo precisamente eso por ella. Jill, estudiante del Homerton College de Cambridge, Inglaterra, acababa de convertirse al cristianismo y se había dedicado apasionadamente a ganar almas. Después de su primer «gran éxito» al compartir el evangelio, Jill se apresuró a contárselo a la persona que la había ganado para Cristo, pero en lugar de darle una palmada en la espalda, su amiga la reprendió. «Deja de alardear. Si Dios te ha usado, entonces sé agradecida, pero recuerda que Él solo usa a los tontos para que la gente sepa que fue su poder el que lo hizo todo».

Cuando leí la historia de Jill, debo admitir que me sorprendió la respuesta de su amiga. El entusiasmo de Jill parecía tan natural, tan digno de elogio. Sin embargo, como admitió Jill, el diagnóstico de su amiga fue acertado: «Muy pronto dejé de sentirme emocionada por haber llevado a Wendy al Señor y comencé a sentirme orgullosa de mí por haberlo hecho». El orgullo es una cosa horrible, su amiga intentaba recordarle. Y Dios lo aborrece.[1]

No conozco a mucha gente que hablaría con tanta honestidad como lo hizo la amiga de Jill Briscoe, y me temo que por eso no aprendemos tanto. Si bien tal vez podría haber expresado su reprensión con más gentileza, la veracidad de esa mujer todavía parece más saludable que la «tolerancia» que a menudo veo o muestro. Dicha actitud muy frecuentemente es solo miedo al rechazo o renuencia a relacionarnos. No confrontamos porque no queremos perder la relación. En resumen: nos amamos a nosotros mismos más de lo que amamos a los demás.

Así que me impresiona la disposición de la amiga de Jill para decir una verdad incómoda, pero estoy aún más impresionada por la buena disposición de Jill para escucharla. Ella aceptó la reprimenda de su amiga y se arrepintió de su orgullo. Su corazón estaba en paz con Dios. Y, lo que es más importante, no le guardó rencor a su amiga ni devolvió sus acusaciones.

Tengo que preguntarme: ¿estoy tan dispuesta a aceptar la corrección como lo estuvo Jill Briscoe? Quiero estar dispuesta. Necesito hacerlo. Por eso le he estado pidiendo a Dios que me envíe amigos que no siempre me digan lo que quiero escuchar. Que estén dispuestos a decirme la verdad sobre mí misma incluso cuando duela.

Señalar las oportunidades

Me encanta cuando la gente me anima. Incluso unas pocas palabras pueden ayudarme a salir de la tristeza o calmar mis frustraciones. Descubrí que hablar palabras de aliento a otra persona puede ser un verdadero estímulo para nuestro espíritu.

Cuando las personas compartan sus esperanzas y sueños contigo, sé tú quien señale las maravillosas oportunidades. Muchos otros señalarán los problemas.

Como mujeres ocupadas, a veces somos reacias a dar ánimo porque nos sentimos obligadas a involucrarnos y asumir los desafíos de la otra persona. Sin embargo, alentar no significa hacer el trabajo de ellos o hacer realidad sus sueños. No significa convertirse en el animador de tiempo completo de una persona. Hay formas sencillas de alentar que requieren muy poco tiempo: señalar el talento o la capacidad de un niño, recordarle a un amigo desanimado los éxitos que ya ha logrado o ayudar a un adolescente a organizar los próximos pasos para alcanzar sus metas. Simplemente escuchar atentamente con palabras como «cuéntame más» puede ser un estímulo. También puede ser el suave empujón que la persona necesita para hacer lo que necesita hacer.[2]

—Alice Gray, de *The Worn Out Woman* [La mujer agotada]

Por eso, anímense y edifíquense unos a otros,
tal como lo vienen haciendo

1 Tesalonicenses 5:11

Hay algo muy importante y saludable en dar permiso a otros cristianos a quienes respetamos para traer corrección a nuestra vida. Porque todos tenemos puntos ciegos en nuestra condición espiritual. Todos necesitamos perspectiva. Eso es lo que le dio su amiga a Jill. Eso es lo que cada uno de nosotros necesita y lo que cada uno de nosotros debe dar.

Incómodo, pero edificante

¿Qué pasaría si los cristianos nos amáramos lo suficiente como para ser parte de la vida de los demás? No me refiero a ese «metichismo» espiritualizado al que mucha gente llama «preocupación»: el deseo poco saludable de estar al tanto de los problemas de los demás. Y no me refiero a la parte demasiado confiada de nuestra intuición femenina que nos impulsa a dar consejos a todos, lo quieran o no. Tampoco me refiero a la inclinación pecaminosa de controlar y dominar, de criticar y menospreciar. Más bien, estoy hablando del amor maduro de un amigo piadoso que pregunta humildemente: «¿Has considerado esto? ¿Has tomado aquello en cuenta?».

Estoy muy agradecida de que alguien se tomara el tiempo para corregirme cuando era la esposa de un joven pastor. Aunque es vergonzoso compartir este incidente, creo que la amorosa confrontación de esta amiga puede haberme salvado en más de un sentido. Mi necesidad de aprobación me estaba llevando por caminos peligrosos, y a ella le importó lo suficiente como para tomarme por los hombros y hacerme entrar en razón.

—Joanna, sé que no lo haces intencionalmente —me dijo mientras nos sentábamos en la orilla del río durante un campamento juvenil hace mucho tiempo—, pero eres coqueta. Te gusta reír y bromear con los chicos. Y aunque puede que no signifique nada para ti, está mal y debes dejar de hacerlo.

Me sentí mortificada. No sabía qué decir. Aunque quería defenderme, alegar mi inocencia, sus palabras habían iluminado un enorme punto ciego en mi corazón, un gran agujero en mi alma del que realmente no había sido consciente hasta ese momento. A pesar de estar casada y ser muy amada, la adolescente torpe que había dentro de mí todavía anhelaba la atención y la admiración del sexo opuesto.

Lloré y oramos. Dios escuchó y perdonó. Salí de ese encuentro como una mujer diferente. ¡Alabado sea el Señor!

Oh, hay momentos en los que la Mujer Carnal todavía intenta satisfacer su necesidad de brillar y resplandecer, pero hay una profunda aversión y un santo temor en mi corazón de que alguna vez vuelva a traicionar a mi esposo —¡y a mi Señor!— al buscar atención y aprobación de otros hombres en vez de quienes amo de verdad.

Si a alguien no le hubiera importado lo suficiente como para decir la verdad, aunque sabía que dolería, me estremezco al pensar lo que podría haber sucedido a causa de ese punto vulnerable y débil en mí.

«Fieles son las heridas del amigo», dice Proverbios 27:6 (NBLA). Heridas «amistosas» que sanan, no lastiman: palabras vivificantes que dicen la verdad en amor.

¿CALIFICADOS PARA CONFRONTAR?

Si queremos ser fieles al diseño de Dios, debemos estar dispuestos a participar en una confrontación piadosa o, como dice mi padre, en una «cuida-frontación». Para lograrlo, es posible que necesitemos controlar nuestras actitudes, admitir nuestros prejuicios, dejar de lado nuestras agendas y orar seriamente.

«Hermanos, si alguien es sorprendido en pecado, ustedes que son espirituales deben restaurarlo con una actitud humilde. Pero cuídese cada uno, porque también puede ser tentado. Ayúdense unos a otros a llevar sus cargas y así cumplirán la ley de Cristo», dice Gálatas 6:1-2.

Nota la advertencia en este versículo. Pablo establece dos requisitos importantes para decir la verdad. En primer lugar, debe hacerse con delicadeza y con los motivos correctos: para restaurar a la otra persona a donde debería estar. La Nueva Traducción Viviente dice «deberían ayudarlo a volver al camino recto con ternura y humildad» (Gálatas 6:1).

La segunda condición es incluso más importante: debemos ser «espirituales» como dice la Nueva Traducción Viviente o «piadosos». Si confrontamos o corregimos a alguien con el espíritu equivocado —por nuestra propia envidia y orgullo, por ejemplo— es probable que caigamos en la misma trampa de la que estamos tratando de rescatar a nuestro amigo. Si nosotros mismos no estamos en una relación correcta con el Señor, nuestros mejores esfuerzos no serán más que los ciegos que guían a otros ciegos.

¿Cómo sabemos que nuestro corazón está lo suficientemente bien para intentar «corregir» a otra persona? Creo que la clave se encuentra en el último versículo del capítulo anterior, Gálatas 5:26. Viene inmediatamente después de la descripción que hace Pablo del fruto del Espíritu —también necesario para enderezar nuestro corazón—. Este versículo proporciona una lista de verificación sencilla para examinar nuestra actitud hacia una persona que necesita corrección: «No nos hagamos vanidosos ni nos provoquemos unos a otros ni tengamos envidia unos de otros».

Claramente, antes de abrir la boca para decirle algo a un hermano o hermana que se ha equivocado, haríamos bien en examinar *por qué* nos sentimos obligados a hablar:

- *«No nos hagamos vanidosos…»*. ¿Siento que soy mejor que esta persona e incapaz de cometer este pecado?
- *«ni nos provoquemos unos a otros»*. ¿Es mi principal motivación para la confrontación demostrar que la otra persona está equivocada y yo tengo razón? ¿Espero que la persona discuta para que yo pueda convencerla de su pecado?
- *«ni tengamos envidia entre nosotros»*. ¿Quiero secretamente ver humillada a la otra persona? ¿Mi motivación para decir la verdad, de alguna manera, es el deseo de venganza, los celos, o la necesidad de ver a la otra persona expuesta?

La motivación marca toda la diferencia. Calvin Miller lo explica así: «La verdad maliciosa se regodea como un conquistador. La verdad amorosa se lamenta porque debe confrontar y mostrarle a un hermano su error. La verdad maliciosa hace alarde con su poder. La verdad amorosa llora al descubrir que la corrección que inspira puede causar gran dolor por un tiempo. La verdad maliciosa grita: "¡Jaque mate, estás derrotado!". La verdad amorosa susurra: "Te corrijo con el mismo dolor que sientes". Y cuando el dolor termine, nos alegraremos de que hayamos servido a la honestidad y al amor».[3]

Para asegurarnos de que solo confrontemos con el espíritu correcto, alguien sugirió que no lo hagamos a menos que primero hayamos pasado tiempo ayunando y orando sobre el asunto. Ese es un sabio consejo, porque las disciplinas de la oración y el ayuno nos ayudan a identificar nuestra verdadera motivación. Si estamos dispuestos a renunciar a una comida, significa que estamos dispuestos a hablar seriamente con Dios sobre el alma de otra persona, en vez de actuar movidos por el deseo carnal de comernos a alguien como parte de nuestro almuerzo.

De hecho, puede ser que estemos llamados a orar *en vez* de confrontar. Oswald Chambers dice que el discernimiento, es decir, la comprensión de una situación y la sabiduría para distinguir el bien del mal es el llamado de Dios a la intercesión, nunca a encontrar fallas.[4] Saber algo no significa necesariamente que estemos llamados a intervenir. Puede que solo se nos pida que oremos, ya que la oración es la intervención más poderosa del mundo. Es otra forma en la que nuestras palabras pueden expresar amor y aliento a otra persona.

Prueba de sonido

Nuestras palabras tienen mucho poder. Poder para sanar y para destruir. Y si bien la exhortación y la comunicación honesta son vitales, necesitamos más que eso. Necesitamos un espíritu puro detrás de todas nuestras conversaciones. Porque a menos que el Espíritu de Dios gobierne nuestra lengua, es casi seguro que terminaremos hablando palabras que traen muerte y no vida (Proverbios 18:21).

¡Quédate quieto!

¡Quédate quieto! Cuando se avecinan problemas, ¡quédate quieto! Cuando la calumnia se esté poniendo de moda, ¡quédate quieto! Cuando tus sentimientos estén lastimados, ¡quédate quieto hasta que por lo menos te recuperes de la conmoción! Las cosas se ven diferentes con una mirada tranquila. Una vez, en medio de cierta crisis, escribí una carta y la envié, y deseé no haberlo hecho.

En mis últimos años pasé por otro escándalo y escribí otra larga carta; la vida me había enseñado un poco de sentido común y guardé esa carta en mi bolsillo hasta que pude leerla sin agitación y sin lágrimas, y me alegré de haberlo hecho; cada vez me parecía menos necesario enviarla. No estaba segura de que fuera a causar ningún daño, pero en medio de mi duda aprendí a ser más reservada y finalmente la destruí.

¡El tiempo hace maravillas! Espera a que puedas hablar con calma y entonces, tal vez, no necesites hablar. A veces el silencio es lo más poderoso. Es fuerte en su grandeza; es como un regimiento al que se le ordena permanecer quieto en medio de la loca furia de la batalla. Actuar y hablar rápidamente sería dos veces más fácil. *No se pierde nada aprendiendo a quedarse quieto.*[6]

De *Streams in the Desert & Springs in the Valley* [Arroyos en el desierto y manantiales en el valle]

SEÑOR, ponle un guardia a mi boca
y un vigilante a la puerta de mis labios

Salmo 141:3, PDT

En mi experiencia, nada es un indicador más preciso de mi condición espiritual que las palabras que hablo. Cuando estoy cansada y frustrada, el cansancio y la exasperación se reflejan en mi modo de hablar. Cuando estoy ocupada o presionada por el tiempo, mi lenguaje se vuelve cortante o despectivo. He descubierto que mi falta de tiempo a solas con el Señor se dará a conocer también en mis palabras. Soy menos amable. Encuentro más fallas. Hay como un filo en mi voz en lugar de la suavidad que proviene de estar correctamente relacionada con Dios.

Evelyn Christenson también se dio cuenta de esto, en un contexto ligeramente diferente. Ella escribe: «Mi barómetro espiritual durante años ha sido 1 Juan 1:4: "Les escribimos estas cosas, para que el gozo de ustedes sea completo" (RVC). Siempre puedo medir la cantidad de tiempo que paso en las Escrituras por cuánto gozo tengo (no felicidad superficial, sino gozo profundo y duradero). Cuando encuentro falta de gozo en mi vida, lo primero que reviso es ¡cuánto tiempo dedico a la Palabra de Dios!».[5]

La cuestión es que todo lo que haya acumulado —dondequiera que haya puesto mi mente y en qué haya puesto mi corazón— es lo que se manifestará a través de mi vida. Eso es lo que se revelará en las palabras que digo y en cómo las digo.

¿Cómo suena tu vida? ¿Qué pasaría si un micrófono oculto estuviera grabando cada conversación en tu casa, en tu trabajo o en tu matrimonio? ¿Qué pasaría si alguien amenazara con reproducir esas grabaciones en las noticias nocturnas locales? ¿Cuánto pagarías por destruir las cintas?

¡La idea de tener que rendir cuentas por nuestras palabras es suficiente para que la mayoría de las mujeres suden frío! Sin embargo, eso es exactamente lo que la Biblia dice que nos tocará hacer algún día: «Pero yo les digo que en el día del juicio todos tendrán que dar cuenta de toda palabra ociosa que hayan pronunciado. Porque por tus palabras se te declarará inocente y por tus palabras se te condenará», dice Mateo 12:36-37.

¡Vaya! ¿Eso te impacta como a mí? Aunque soy salva por gracia y estoy destinada al cielo, la Biblia dice que, no obstante, seré responsable de la forma en que hablo y de las cosas que digo. No solo por esas palabras destinadas a herir y cortar, sino también por esos comentarios descuidados e improvisados que dejo escapar sin pensar. Mi sarcasmo imprudente. Las charlas sin sentido. Esos pequeños chistes a expensas de otras personas. Las mentiras piadosas y las verdades adornadas. Todo está registrado.

Así de importantes son nuestras palabras. No son simplemente fragmentos de cosas que flotan por ahí, desechos inofensivos que resultan de la frustración o del hablar sin pensar. Ellas cuentan. Y debemos asumir la responsabilidad de nuestras palabras si alguna vez esperamos cambiar para mejorar.

Responsable manejo de la lengua

Es sorprendente que algo tan pequeño pueda ser tan importante.

Aunque la lengua pesa poco menos de sesenta gramos (dos onzas), este pequeño músculo tiene un enorme potencial no solo para el bien, sino también para la destrucción.

No es de extrañar que la Biblia se refiera a ella con tanta frecuencia. Más de mil veces en las Escrituras vemos la influencia de este instrumento verbal. Tanto la lengua como los labios se mencionan alrededor de cien veces cada uno en la versión King James de la Biblia [en inglés], la boca y los labios más de cuatrocientas veces, y nuestras palabras más de quinientas. Solo en el libro de Proverbios, hay alrededor de 119 referencias a la lengua y su uso.

Santiago, el hermano de Jesús, no tuvo pelos en la lengua cuando abordó la necesidad de disciplina en la boca. «Si alguien se cree religioso, pero no le pone freno a su lengua», dice Santiago 1:26, «se engaña a sí mismo y su religión no sirve para nada».

Una declaración contundente, tal vez, pero necesaria. Porque la devastación causada por los cristianos de labios sueltos es incalculable. Se han destruido reputaciones. Las iglesias se dividen. Los hogares se han roto, los matrimonios han caído, las amistades se han arruinado, todo porque hemos creído en la mentira de que, si lo pensamos, debemos decirlo. Que todos tienen derecho a escuchar nuestras opiniones. Esa libertad de expresión significa la libertad de decir lo que sea, a quien sea, cuando queramos.

Creo que todos nos beneficiamos siguiendo el consejo de Santiago sobre controlar nuestra lengua, ponernos bozal y cuidar nuestras palabras.

«Todos fallamos mucho», reconoce Santiago 3:2. «Si alguien nunca falla en lo que dice, es una persona perfecta, capaz también de dominar todo su cuerpo».

Purifica la lengua y purificarás a la persona, aconseja Santiago. Entonces, ¿cómo hacemos eso?

Puede ser tan sencillo como mantener la boca cerrada.

Ten en cuenta que dije sencillo. No fácil.

De hecho, controlar mi lengua ha sido uno de los ejercicios más difíciles de mi vida espiritual. Rara vez me quedo sin palabras. Mi esposo dice que debo ser descendiente de Babilonia, porque simplemente parloteo una y otra vez. Una tendencia peligrosa, porque como dice Proverbios 10:19: «El que mucho habla, mucho yerra; el que es sabio refrena su lengua».

Afortunadamente, la Palabra de Dios está llena de instrucciones sobre cómo controlar este «mal irrefrenable, lleno de veneno mortal» (Santiago 3:8). Aquí hay solo algunas de las que me han ayudado en mi búsqueda diaria de domar mi lengua:

1. *Asume la responsabilidad de tus palabras y comienza a ejercer moderación* (Salmo 39:1). Después de toda una vida de tener que comerme mis palabras, poco a poco estoy aprendiendo que menos puede ser más. El silencio realmente puede ser oro, y el simple

hecho de tener una opinión no significa que tenga que compartirla. —Esa sí que es una idea novedosa para las personas con problemas de silencio—. Cuando dejo que mi boca hable sin control, normalmente termino en problemas. Me alejo sintiéndome un poco vacía, incluso avergonzada. Porque, aunque no sea consciente de los detalles específicos de la ofensa, sé que en algún lugar, de alguna manera, he herido al Señor.

2. Escucha más y habla menos (Santiago 1:19). Cuando nos concentramos en escuchar a las personas en vez de encontrar una respuesta adecuada, demostramos que las valoramos y reducimos la probabilidad de decir algo inapropiado. Muchos malentendidos, así como la ira y las relaciones rotas, surgen porque en realidad no escuchamos lo que la otra persona está diciendo.

3. Deshazte del lenguaje especulativo y del humor inapropiado (Efesios 5:3-4). Sabemos que maldecir y tomar su nombre en vano desagrada a Dios. Y también lo hace cualquier comentario subido de tono, insinuación sexual o broma obscena. Intentar ser graciosa puede ser peligroso. Con demasiada frecuencia recurrimos al humor mundano o hacemos que otras personas se lleven la peor parte de nuestra «diversión». Ninguno de las dos opciones glorifica al Señor. De hecho, cada una contrista al Espíritu Santo. Entonces, aunque la risa es un verdadero regalo de Dios —especialmente la capacidad de reírnos de nosotras mismas— debemos asegurarnos de que nuestro humor sea limpio y no degradante.

4. Rechaza el chisme (Levítico 19:16, ntv). El chisme puede ser adictivo. Saber cosas que nadie más sabe nos da una sensación de poder y ventaja. ¿Cómo lo detenemos? Como alguien dijo una vez: «Si no quieres basura en tu bote de basura, tápalo». En otras palabras, no alimentes ese tipo de conversación. Detenla antes de que comience. Si nos desafiáramos unos a otros en esta área, los rumores destructivos que con demasiada frecuencia propagan problemas en la iglesia serían cortados de raíz.

5. *Evita discusiones* (2 Timoteo 2:23). A algunos nada nos gusta más que una buena diferencia de opinión. Ya sea que estemos discutiendo sobre política o sobre diferencias teológicas, cuanto más acalorado sea el debate, más nos gusta. Desafortunadamente, a Dios no le gusta discutir, porque la controversia rara vez beneficia las relaciones. Más bien, polariza nuestras diferencias y provoca fragmentación. Nos hace amar nuestras opiniones más de lo que nos amamos unos a otros. Y eso no solo es peligroso para nuestra alma; daña el Cuerpo de Cristo.

Edifica, no destruyas

De todos los pasajes de la Biblia que tratan sobre la lengua, quizás Efesios 4:29 resume mejor cómo debería hablar un cristiano: «Eviten toda conversación obscena. Por el contrario, que sus palabras contribuyan a la necesaria edificación y sean de bendición para quienes escuchan».

Este consejo me parece muy útil. Porque subraya que una conversación dañina está determinada no solo por su contenido; también se mide por su efecto. ¿Mi conversación beneficia a las personas que me escuchan o les causa daño? ¿La gente se aleja de mí sintiéndose afirmada y edificada o sintiéndose incómoda y de algún modo desanimada?

Quiero que lo que digo edifique a la gente, especialmente a los de mi casa. Porque es ahí donde con mayor frecuencia fallo en disciplinar mi lengua. Tiendo a descargar mi frustración sobre las personas que más amo. Y si bien puedo sentirme mejor después de desahogarme del todo, la persona que debe quitarse de encima todo lo que le he arrojado, ciertamente no se siente aliviada.

Debido a que las mujeres tienden a ser más verbales que los hombres, a menudo me he preguntado si Proverbios 14:1: «La mujer sabia edifica su casa; la necia, con sus manos la destruye», se refiere a palabras. Porque palabra a palabra, tú y yo construimos nuestras familias o las destruimos.

Me estremezco al pensar en algunas formas en que he lastimado a mi familia al no disciplinar mi lengua. Con demasiada frecuencia mis palabras toman la forma de

- estallidos de irritabilidad: «¡Entra aquí ahora mismo!»
- Sutil o no tan sutil crítica: «¿Realmente vas a usar eso?»
- discusiones: «¡Dijiste que te encargarías de la situación!»
- culpa: «¡Si me escucharas, no tendría que gritar!»
- quejas y lamentos: «¡Nadie me ayuda aquí! ¿No ves que estoy tratando de escribir este libro sobre tener un espíritu de María?»

Hasta que no asuma la responsabilidad de este modo negativo de hablar, nunca cambiaré. Mi hogar y toda mi vida seguirán sufriendo la influencia destructiva de mi lengua.

Entonces, ¿cuál es la mejor manera de asumir la responsabilidad de nuestras palabras? De la misma manera en que asumimos la responsabilidad de nuestros pecados: mediante el arrepentimiento.

«Dios es fiel al revelar la basura que ha salido de mi boca y que olvidé», escribe Chip Ingram en *Holy Transformation*. «Es como reproducir una pequeña cinta de vídeo. Y trato con ellas y le pido perdón al Señor. Cuando es apropiado, vuelvo a pedir perdón a las personas a las que he ofendido. Si llevo cuenta de mis palabras y las cuido, sé que no tendré que rendir cuentas a mi Padre celestial por una boca descontrolada».[7]

Un espíritu que refresca

«Sea vuestra palabra siempre con gracia», escribe Pablo en Colosenses 4:6 (RVA). Al final eso es lo que quiero para todas las palabras que salen de mi boca. Quiero que mis palabras estén llenas de amor, incluso cuando estoy ofreciendo corrección. Llenas de misericordia y perdón, porque Dios ha tenido misericordia de mí. Menos palabras, pero más ricas en verdad y amor.

Por eso mi oración diaria desde que era una adolescente ha sido la oración de David en el salmo 19:14: «Sean, pues, aceptables ante ti mis palabras y mis meditaciones, oh Señor, mi roca y mi redentor». Quiero que mis palabras cuenten para los propósitos del Señor, no que atenten contra ellos. Quiero ser una Bernabé: alentadora, el tipo de persona que tiende la mano a los demás, que deja a las personas sintiéndose renovadas y reanimadas.

Quiero ser una Cindy: sensible a la dirección del Espíritu Santo. Tomarme el tiempo para escribir una nota o hacer una llamada telefónica. Dar una palabra a tiempo. Enviar una manzana dorada a un corazón hambriento.

Y quiero ser como la amiga que confrontó mi coqueteo: dispuesta a decir la verdad con gentileza, humildad y, sobre todo, en amor.

Porque estoy convencida de que mis palabras marcan la diferencia. No solo para las personas, sino también para Dios.

«Los mensajeros confiables refrescan como la nieve en verano», dice Proverbios 25:13 (NTV). «Reviven el espíritu de su patrón».

¿Te das cuenta de que cuando nos bendecimos unos a otros, bendecimos al Señor? Cuando obedecemos la dirección del Espíritu y hablamos la verdad y nos animamos unos a otros, o cerramos la boca y evitamos hablar perjudicialmente, cumplimos la ley de Cristo. Porque nada le da más alegría al Padre que ver a sus hijos llevarse bien.

Cuando nos amamos unos a otros con palabra y obras, le damos refrigerio a nuestro Señor. Y «el que reanima a otros será reanimado» (Proverbios 11:25).

15

Vestidos de Jesús

Más bien, vístanse con la presencia del Señor Jesucristo.
Y no se permitan pensar en formas de complacer los malos deseos.

ROMANOS 13:14, NTV

¡El mendigo apenas podía creer su suerte! Esa misma mañana había estado merodeando por las calles en busca de comida, rebuscando en contenedores de basura y limosneando en las puertas traseras de los restaurantes. Sin embargo, esa noche cenaría con un rey.

«Se ha solicitado su presencia» fue la única explicación que dio el conductor de la larga limusina negra cuando abrió la elegante puerta y lo ayudó a entrar. Cuando llegaron al palacio, un mayordomo lo acompañó a su habitación y trajo un juego de ropa nueva para que se cambiara. El mendigo aceptó las prendas, pero enrolló con cuidado los harapos que había estado usando y se los metió bajo el brazo. Después de todo, no sabía cuándo podría necesitarlos.

Esa noche, vestido con un elegante esmoquin, el mendigo se sentó junto al rey. Lo rodeaban exquisitas obras de arte y costosos candelabros. Tazones y fuentes de la mejor comida adornaban la espléndida mesa. Lo más hermoso fue la amable atención que el rey le brindó al nervioso mendigo. Le hacía preguntas y le sacaba conversación sobre detalles de su vida que nunca había compartido con nadie.

«Espero que te quedes», dijo el rey cuando la comida estaba a punto de terminar. «Me gustaría que consideraras esto como tu hogar». Así que el mendigo se quedó. Vivió durante años en el palacio y se vistió con las mejores galas. Todas las noches cenaba en la mesa del rey, no como invitado, sino como amigo. Sin embargo, insistía en llevar su bulto de harapos a todas partes. Porque nunca sabía cuándo podría necesitarlos.

Muchos años después, cuando el hombre murió, lo enterraron con su bulto de harapos. Porque la ropa rota, andrajosa y enrollada se había convertido en su identidad. «El hombre de los trapos», lo llamaban. Y todos se lamentaron, incluso el rey. Porque su amigo, el mendigo, podría haber sido mucho más si hubiera dejado atrás lo que una vez fue.[1]

VESTIRSE-DESVESTIRSE

Es difícil dejar de lado lo familiar, lo cómodo y lo conocido. Preferimos permanecer como estamos que pagar el precio del cambio. Sin embargo, si alguna vez queremos ser todo lo que Dios quiere que seamos, tendremos que dejar atrás lo viejo para hacer espacio para lo nuevo.

Mi pequeño Joshua tiene problemas con este concepto, especialmente cuando se trata de su pijama de Supermán. Le encanta tanto esa pijama que quiere usarla día y noche. El único problema es… ¡que eso es un problema!

Aunque aceptara que Joshua fuera en pijama a preescolar, no funcionaría, porque la camisa y el pantalón azules con ribetes rojos ya le quedan pequeños. Gran parte de su lindo y pequeño vientre está expuesto en todo momento, y los pantalones casi le llegan a las rodillas. No es apropiado para la escuela ni para el clima invernal de Montana.

Incluso si la pijama le quedara bien, no me gustaría que Joshua la usara todo el tiempo. Porque la ropa de dormir es para la noche y la ropa de día es para el día, y él necesita aprender la diferencia.

Lo mismo aplica para los cristianos. A medida que crecemos en el Señor, ciertas actitudes y comportamientos ya no nos quedan bien como hijos del Rey. Así que nuestra absurda y oscura ropa de noche ya no es apropiada para nosotros, hijos de luz. «Porque ustedes antes eran oscuridad y ahora son luz en el Señor», dice Efesios 5:8. «Vivan como hijos de luz».

Por eso la Biblia nos dice una y otra vez que es hora de cambiar nuestro guardarropa. Es hora de despojarnos de lo viejo y vestirnos de lo nuevo, como dice Pablo en Efesios 4:22, 24:

> Con respecto a la vida que antes llevaban, se les enseñó que debían quitarse el ropaje de la vieja naturaleza, la cual está corrompida por los deseos engañosos... y ponerse el ropaje de la nueva naturaleza, creada a imagen de Dios, en verdadera justicia y santidad.

Lamentablemente, con demasiada frecuencia intentamos ponernos lo nuevo *sobre* lo viejo. Reacios a dejar de lado lo familiar y lo que ya hemos probado, intentamos camuflar nuestro antiguo yo bajo ropa nueva y elegante, pero simplemente no funciona. Terminamos luciendo desarreglados e incómodos, luchando por movernos en lugar de correr libremente.

La única manera de experimentar la nueva vida que Dios ofrece es deshacernos de nuestros harapos —nuestra pijama de superhéroe— para vestirnos solo de Cristo.

Limpieza del armario

Cada tantos años, siento la necesidad de hacer una limpieza profunda. El desorden finalmente me abruma y sé que es hora de actuar. Y así, armada con una bolsa de basura, Voy por la casa haciendo lo que FlyLady llama el «27 Fling Boogie».

Ahora, quizás te preguntes, ¿quién es FlyLady y qué rayos es eso? Bueno, antes que nada, debo confesar: soy una persona desordenada en recuperación. Aunque siempre he soñado con una casa limpia y ordenada, una donde puedas encontrar lo que necesites, ese logro en particular siempre ha estado fuera de mi alcance, pero lo he convertido en una meta de vida y una oración diaria. Porque he descubierto que el caos en el hogar a menudo conduce al caos en mi corazón. El desorden externo me paraliza y el orden me libera.

La organización todavía no es algo natural para mí, pero estoy mejorando. Ya no soy tan dispersa y desordenada como antes. Me emocioné mucho hace unos años cuando descubrí el libro de Marla Cilley, *Sink Reflections* [Reflexiones del lavatrastos] y su sitio web FlyLady.

Marla, experta en organización del hogar, también conocida como FlyLady, en realidad recomienda estrategias que el Señor me había estado enseñando. Eso también me convierte en una experta, ¿verdad? Me encantó la practicidad y el humor de su enfoque de las tareas domésticas, y consultar su sitio web de vez en cuando me motiva para mantener mi vida en orden.[2]

El *27 Fling Boogie* es una de las tácticas que sugiere FlyLady para limpiar el desorden que domina gran parte de nuestra vida. Es realmente simple: «¡Coge una bolsa de basura y baila!».[3] La idea es programar un cronómetro durante quince minutos, recorrer tu casa y elegir 27 artículos para tirar. Después de tirar esa bolsa a la basura, tomas otra bolsa, vuelves a configurar el cronómetro, vuelves a recorrer tu casa y eliges 27 cosas para regalar.

Fácil, ¿verdad? Bueno, es un poco más difícil de lo que parece, porque solemos apegarnos a nuestra basura. Nuestros áticos y sótanos están llenos de cosas que no necesitamos. Por no hablar de todos los otros rincones y recovecos de nuestro hogar.

Desafortunadamente, también nos acostumbramos al desorden en nuestra vida espiritual. Como un armario repleto, nuestro corazón a menudo está lleno de un montón de malos hábitos, miedos y ofensas sin perdonar; nuestra mente con una desastrosa mezcla de pensamientos impuros y equipaje del pasado. Incluso hemos acumulado montañas de actitudes impías y reacciones incorrectas esparcidas por el suelo de nuestra vida como ropa sucia, siempre a la mano para aventársela a quien sea cuando algo sale mal.

Practica el «27 Fling Boogie» espiritual

Aquí hay algunas ideas para limpiar tu corazón. Pídele al Señor que te ayude y luego comienza a abordar un tema a la vez.

1. **Celos.** Eres todo lo que puedes ser, ¡disfrútalo!
2. **Perfeccionismo.** Desea dar lo mejor, pero luego acepta lo mejor que puedas dar.
3. **Remordimientos.** No puedes deshacer los errores, pero puedes aprender de ellos.
4. **Lástima.** Si le has pedido perdón a Dios, ¡acepta que has sido perdonada!
5. **Acusación.** Deja de señalar con el dedo a los demás.
6. **Bromas groseras.** El humor rudo rara vez anima; solo degrada.
7. **Odio a uno mismo.** Perdónate y sigue adelante. ¡Dios lo ha hecho!
8. **Chisme.** Si no se puede decir delante de la persona, no lo digas.
9. **Miedo.** Detente y ora antes de que el miedo se apodere de ti.
10. **Mal genio.** Cuenta hasta diez o tómate unos minutos para tranquilizarte.
11. **Fantasías.** No te pierdas la vida al desconectarte habitualmente.
12. **Envidia.** Aprecia lo que tienes.
13. **Mentiras.** Desecha el hábito de las medias verdades, exageraciones y engaño.
14. **Palabrotas.** Elimina incluso las palabras endulzadas como *rayos* o *carajo*.

He descubierto que, si no me esfuerzo por limpiar periódicamente la basura de mi baja naturaleza guardada en el armario espiritual, buscaré responder a las situaciones de la forma más fácil y conocida. Por supuesto, esa no sería elección de un corazón semejante a Cristo.

Entonces, ¿qué elementos necesito descartar? A lo largo de este libro hemos hablado de muchas posibilidades, todas aptas para nuestras bolsas de basura espirituales. Además, las Escrituras están llenas de sugerencias adicionales.

15. *Quejas.* No las alimentes ni las practiques… ¡despójate!
16. *Viajes hacia la culpabilidad.* No reserves un boleto para ti o para otros.
17. *Ingratitud.* Busca cosas por las que dar gracias, y ¡cuéntaselas a alguien!
18. *Comparación.* Acéptate y aprecia a los demás.
19. *Impaciencia.* Desarrolla tolerancia sin quejarte.
20. *Palabras descuidadas.* Pregúntate: «¿Realmente es necesario decir esto?»
21. *Pasividad.* Ata cabos sueltos al tomar acción.
22. *Pereza.* Haz hoy algo que no quieras hacer.
23. *Preocupación.* Agrega «Querido Jesús» a tu miedo y conviértelo en oración.
24. *Avaricia.* Regala algo que te guste.
25. *Negatividad.* Entrénate para buscar lo bueno en cada situación.
26. *Autocompasión.* ¡Llora durante cinco minutos si es necesario, luego suénate la nariz y sigue adelante!
27. *Lujuria.* Elimina el deseo de «debo tenerlo ahora» respecto de personas y cosas.

Queridos amigos, dado que tenemos estas promesas, limpiémonos de todo lo que pueda contaminar nuestro cuerpo o espíritu. Y procuremos alcanzar una completa santidad porque tememos a Dios.

2 CORINTIOS 7:1, NTV

En Efesios 4:31 (rvc), por ejemplo, Pablo sugiere una excelente versión del *27 Fling Boogie*: «Desechen todo lo que sea amargura, enojo, ira, gritería, calumnias, y todo tipo de maldad». En otra parte insta: «Dejemos a un lado las obras de la oscuridad... Vivamos decentemente, como a la luz del día, no en orgías y borracheras, ni en inmoralidad sexual y libertinaje, ni en desacuerdos y envidias» (Romanos 13:12-13).

Todos esos son ejemplos bastante dramáticos de lo que es necesario cambiar, aunque debo admitir que me he vestido con algunas de esas actitudes cuando me ha convenido. Tu lista puede ser más fácil y trivial que la de Pablo. Tal vez, incluso te cueste encontrar 27 elementos para descartar. Por experiencia, te aseguro que tan solo una o dos de esas chatarras tienen la capacidad de desordenar tu vida, hacerte tropezar espiritualmente, y restarte efectividad para servir al Señor.

Por supuesto, no basta con eliminar comportamientos y patrones negativos. También necesitamos reemplazar lo negativo con lo positivo. Porque cuando limpiamos por completo nuestra alacena de viejos comportamientos, mezquinos hábitos y podridas actitudes, y los llenamos con patrones cristianos descritos en las Escrituras, es más probable que nos comportemos correctamente con las visitas.

Cuando lo viejo ya no está disponible, es mucho más fácil ponerse lo nuevo.

El armario del diseñador

Entonces, ¿qué están usando los cristianos mejor vestidos de hoy? En Colosenses 3:12 (ntv), Pablo enumera cinco básicos del guardarropa: «Dado que Dios los eligió para que sean su pueblo santo y amado por él, ustedes tienen que vestirse de tierna compasión, bondad, humildad, amabilidad y paciencia». Todas las cualidades que Jesús modeló para nosotros. Cualidades que el Espíritu Santo quiere otorgarnos.

La primera cualidad, la *compasión*, tiene que ver con cómo respondemos a las necesidades de los demás. Es la capacidad de ver y sentir su dolor: una ternura de corazón que brota cuando alguien sufre y que nos impulsa a buscar la forma de aliviar el sufrimiento.

Jesús constantemente tuvo compasión durante su ministerio terrenal. Le dolía el corazón por las multitudes a las que ministraba, porque «estaban agobiadas y desamparadas, como ovejas sin pastor» (Mateo 9:36). Debido a su compasión, multiplicó los panes y los peces, y alimentó a las multitudes hambrientas (Mateo 14:13-21; 15:29-39). Sanó al leproso y a los dos ciegos porque sintió su dolor (Marcos 1:40-42; Mateo 20:29-34).

Y debido a su compasión, Cristo nos llama a hacer lo mismo. «¿Puedes ver su dolor?», nos pregunta Jesús viendo a las personas que nos rodean. «¿Qué tienes para darles?». Cuando respondemos con compasión, haciendo algo, Jesús interviene, tal como lo hizo con el almuerzo del muchacho en Juan 6:9-11. No importa lo poco que podamos ofrecer, Jesús lo bendecirá y multiplicará.

Recordemos que la compasión no es solo un sentimiento. Es un sentimiento que produce acción. Porque no basta decir: «Toma, abrígate y come». Vestirnos de Cristo significa que debemos ir más allá de las palabras amables e incluso de la preocupación sincera. Debemos hacer lo que Jesús haría y tender la mano para aliviar el dolor de quienes nos rodean.

La *bondad* es la siguiente prenda que Pablo recomienda. El arzobispo Trench la definió como «una palabra encantadora para una cualidad encantadora. Se utilizaba para describir el vino que se ha suavizado con el tiempo y que perdía su aspereza».[4] Específicamente, la bondad es una cualidad de benevolencia, de desear el bien y desear hacer el bien a los demás. Mientras que la compasión es básicamente una reacción ante los demás, la amabilidad es una actitud hacia ellos. Aunque igual que la compasión, la bondad requiere un punto de vista enfocado en los otros. Considera los sentimientos y las necesidades de otras personas.

La Biblia dice que «la bondad de Dios» nos lleva al arrepentimiento (Romanos 2:4), y es importante que lo recordemos. Es muy fácil desarrollar una actitud de superioridad hacia las personas que no están viviendo como deberían. Sin embargo, la verdadera bondad a la manera de Cristo es más efectiva para desarmar a un incrédulo que todos nuestros sofisticados argumentos. Porque la gente puede cuestionar nuestra lógica, pero es más difícil que rechacen un acto de amorosa y genuina bondad. Como alguien dijo: «A nadie le importa cuánto sabes hasta que sepan cuánto te importa».

La *humildad* es la tercera prenda que Pablo menciona. Pasamos mucho tiempo discutiendo esta cualidad en el capítulo 12. Sin embargo, es imposible exagerar la importancia de la humildad, especialmente porque es una cualidad que el mundo nunca ha entendido. La mayoría asume que la humildad significa debilidad, pero Jesús cambió esa suposición al mostrar el verdadero poder de esta virtud. Él era apacible y humilde de corazón (Mateo 11:29). No exigió sus derechos, sino que entregó su vida y llama a sus seguidores a hacer lo mismo. Porque la humildad —una piadosa falta de conciencia del yo, una vida completamente centrada en Dios— siempre ha sido el sello distintivo de un verdadero cristiano.

La *amabilidad* ha sido tan mal entendida como la humildad. También se ha confundido con debilidad. La gente supone que los amables y mansos son víctimas naturales de la vida, pero la amabilidad a la que Cristo nos llama y nos permite mostrar es todo lo contrario. Es fuerza bajo control, la elección de no usar el poder contra otro. Como uno de los frutos del Espíritu, hay que cultivar la amabilidad. No sucede por sí sola.

«Que su amabilidad sea evidente a todos», dice Filipenses 4:5. «El Señor está cerca». Esa última frase nos dice por qué podemos vestirnos de este tipo de amabilidad. Porque cuando comprendamos nuestra posición en Cristo —que Dios es por nosotros, que puede ayudarnos y protegernos— no necesitaremos pelear, discutir o competir por una posición. Seremos libres para ser amables. Porque el Señor está cerca. Él se encargará de lo que sea necesario.

La última prenda de vestir que los cristianos estamos llamados a ponernos es la *paciencia*. Kent Hughes define esta cualidad como «sufrimiento prolongado ante insultos o heridas» y afirma que «significa más que simplemente soportar dificultades o resignarse pasivamente a las circunstancias. Se basa en una fe viva y abierta en Dios y debe ejercerse hacia todos, como nos instruye Pablo en 1 Tesalonicenses 5:14».[5]

La paciencia no es en absoluto una resignación pasiva, sino una renuncia pacífica. Implica poner nuestra vida y la de los demás en las manos del Señor. Confiarle nuestras agendas, nuestros horarios y nuestra reputación. Confiar en Dios para preocuparnos por el paso del tiempo. La paciencia nos hace libres para esperar en lugar de murmurar; nos permite ser tolerantes con los demás porque Dios ha sido muy tolerante con nosotros.

Esta amorosa ausencia de quejas es una cualidad que Cristo modeló para nosotros. Aprendemos cómo hacerlo al observarlo, pero no se trata solo de imitar lo que vemos. Es algo más profundo y transformador. Es como si Jesús fuera un traje que nos ponemos y nos hace como Él.

Vestirnos de Cristo

Me divierte la ropa de diseñador. Mientras observo a las etéreas modelos fluir por la pasarela con creaciones que se esfuerzan por ser diferentes y extremas, me pregunto quién compra estas cosas. ¿Y alguna vez las usan?

Justo el otro día, La revista *Today* presentó a algunos diseñadores italianos emergentes. Algunos de sus atuendos eran realmente bellos. Luego, salió una mujer envuelta en tela de la cabeza a los pies. La falda, tan ceñida por debajo de la rodilla que la pobre modelo arrastraba los pies como una geisha o como una salchicha con pies. Aunque fue la blusa la que realmente se robó el show. Como el hábito de una monja voladora que salió terriblemente mal, el rígido cuello blanco se erguía frente a la cara de la modelo, dejando solo sus ojos descubiertos. «Supongo que es bastante difícil tomar café así», bromeó Matt Lauer. La modelo sonrió y asintió, o al menos creo que sonrió. No podría decirlo. Romanos 13:14 (RVA) nos ofrece una alternativa de moda sensata y maravillosa, opuesta a lo viejo y anticuado o a lo realmente extraño: «Vestíos del Señor Jesucristo», escribe Pablo, «no hagáis caso de la carne en sus deseos».

¿Quieres lucir la última moda? ¿Quieres llamar la atención y marcar tendencia? Vístete de Cristo. No hay nada más hermoso que su naturaleza cubriendo la nuestra. Él siempre nos sienta bien. Lejos de limitarnos, su naturaleza es liberadora y nunca oculta quiénes somos. Cuando estamos vestidas de Cristo, llegamos a ser todo lo que Él es. La belleza que es parte de nuestra herencia como creación de Dios finalmente se libera. Se revela al mundo. Y es tan absolutamente atractiva, tan hermosa que la gente no puede evitar sentirse atraída.

Y sí, a veces se siente un poco extraño. Lleva un tiempo acostumbrarse. De hecho, C. S. Lewis llama irónicamente a todo el proceso de «vestirse de Cristo» un «escandaloso descaro». Después de todo, él escribe en *Mero cristianismo*: «No eres como el Hijo de Dios, cuya voluntad e intereses son uno con los del Padre: eres un manojo de miedos, esperanzas, avaricias egocéntricas, celos, y vanidad, todos condenados a muerte… Lo extraño es que el Padre nos ha ordenado imitar a Cristo, ser como Él».[6]

Lewis explica que vestirnos como Cristo se parece mucho a los niños que juegan, a veces con frivolidad, aunque el juego es una parte importante del crecimiento. Jugar con muñecas ayuda a los niños pequeños a convertirse en buenos padres. Pretender dirigir una tienda o dar una clase prepara a los pequeños para ocupaciones futuras. Y elegir actuar como Cristo, asumir sus cualidades incluso cuando no queremos, bueno, esa es una parte importante de llegar a ser como Él.

«Muy a menudo, la única manera de obtener una cualidad en la realidad es empezar a comportarse como si ya la tuvieras», concluye C. S. Lewis. «Cuando no te sientes particularmente amigable, pero sabes que debes serlo, lo mejor es adoptar una actitud amistosa y comportarte como si fueras más amable de lo que realmente eres. Y en unos minutos, como todos hemos notado, te sentirás realmente más amigable de lo que eras».[7]

Vestirse de Cristo puede resultar incómodo al principio. Quizá te sientas tontita y fuera de lugar, como una pequeña niña que usa el mejor vestido y los tacones de su mamá. Es posible que tropieces y titubees un poco. Es posible que tengas que subirte la falda para poder caminar y echar hacia atrás el elegante sombrero que sigue cayendo sobre tus ojos. Aunque sigue caminando. Sigue trastabillando y equivocándote. ¡Crecerás en tu nueva naturaleza! En poco tiempo, caminarás con elegante gracia y relajada seguridad.

Puede que no sea tu naturaleza ahora, pero algún día lo será. Sigue vistiendo a Cristo. ¡Realmente luce bien en ti!

Vestidos y listos para salir

Cuando nos vestimos de Cristo, cuando nos revestimos de su corazón y sus actitudes, ¡algo maravilloso sucede! Somos capaces de actuar de maneras que no son naturales. Pablo da a entender que, cuando nos revestimos de las cualidades de compasión, bondad, humildad, amabilidad y paciencia que describe en Colosenses 3:12, podremos *responder* en vez de *reaccionar* a la vida. Podremos «soportarnos unos a otros» (v. 13).

No sé tú, pero me vendría bien un poco de ayuda con eso. Por mi cuenta, es más probable que *sea* un oso que soportar el comportamiento, las actitudes y molestas declaraciones de los demás. Es más probable que insista en que todos me aguanten que hacer cualquier esfuerzo por ser tolerante. El siguiente párrafo me hizo reír, pero también resume el tipo de egocéntrica existencia a la que naturalmente me inclino:

> Si eres un oso, puedes hibernar. No haces más que dormir durante seis meses. Podría acostumbrarme a eso. Y otra cosa: antes de hibernar, se supone que debes comer, comer y comer. Eso tampoco me molestaría. Si eres una mamá osa, todo el mundo sabe que no te andas con bromas; aplastas al que moleste a tus cachorros. Y si tus cachorros se descarrilan, también reciben su merecido. Tu marido espera que gruñas cuando te despiertas. Le gustan tus piernas peludas y tu exceso de grasa corporal. ¡Ojalá fuera una osa![8]

Vestirse de Cristo significa que no podemos permitirnos el lujo de semejante tontería. Además, descubrí que vivir de manera egoísta no me hace feliz ni me brinda satisfacción porque no fui creada para una vida egocéntrica. Tú tampoco. Fuimos creadas para entregar nuestra vida. Para soportarnos unos a otros.

Cuando nos revestimos de las actitudes que recomienda Pablo, las que Cristo practicó y modeló para nosotros, podemos vivir y amar sin una actitud demandante. Y somos libres de servir sin resentirnos por las exigencias que otros nos imponen.

«...de modo que se toleren unos a otros y se perdonen si alguno tiene queja contra otro», dice Colosenses 3:13-14 (rvr1960). «Así como el Señor los perdonó, perdonen también ustedes. Por encima de todo, vístanse de amor, que es el vínculo perfecto».

¡Ese es un atuendo que me encantaría vestir! Tierno pero resistente. Dispuesto a ensuciarse, pero recubierto de teflón. Rápido para perdonar y lento para rendirse. Dispuesto a dejar de lado las ofensas para mantener las relaciones. Y el amor hace que el conjunto funcione. Lo mantiene todo en su sitio, uniendo cada pieza con una perfección celestial.

Logra que nos parezcamos cada vez más a Jesús y cada vez menos al mundo.

¿CUÁL ES TU COLOR?

¿Recuerdas las reuniones de análisis de color de los años ochenta? ¿Esas en las que nos juntábamos y comíamos nachos con salsa de siete capas mientras veíamos a los expertos cubrir a una de nosotras con varios colores?

Nos maravillábamos mientras los instructores con bata de laboratorio nos decían qué tipo de maquillaje usar, qué colores evitar —los que nos hacían parecer aburridas— y los colores imprescindibles que nos harían brillar. Luego desembolsábamos unos considerables 80 o 90 dólares y nos íbamos a casa con una carta de colores del tamaño de un pequeño ladrillo, que debíamos llevar siempre en nuestro bolso. Después de todo, nunca se sabía cuándo podrías toparte con esa blusa perfecta con el tono perfecto, o encontrarte con un ladrón de regreso a casa desde el centro comercial. ¡Tu bolso con el ladrillo de tu test de color se encargaría de ambos!

El objetivo del análisis de color es encontrar los que nos favorecen de acuerdo con nuestro tono de piel.

Bueno, eso puede ser cierto en el ámbito natural. Aunque espiritualmente hablando, todos fuimos creados para vestirnos de blanco. En la Biblia, el blanco denota la justicia de Cristo. Es el color de sus túnicas, sus vestiduras. Nosotros, su pueblo, su iglesia, su Novia, tenemos el privilegio de vestir su color. Y, lo mejor de todo, el Señor nos proporciona la ropa. No espera que nosotros la consigamos por nuestra cuenta. Todo lo que Él pide es que nos la pongamos cuando nos la dé.

Jesús contó una historia reveladora en Mateo 22:1-14. Es la historia del banquete de bodas que ofrece un rey a su hijo. Se invitó a muchas personas, pero el versículo 3 nos dice que «rehusaron venir». Tenían sus excusas. Uno tenía negocios; el otro tenía que cuidar su campo. Algunos malagradecidos incluso golpearon al que llevó la invitación. Finalmente, el rey dijo a sus sirvientes que salieran por las calles y convocaran a tanta gente como pudieran.

Y así vinieron, nos dice el versículo 10, «buenos y malos, y se llenó de invitados el salón de bodas». Mientras el rey se mezclaba con la multitud, notó a un hombre que no vestía traje de boda. Estaba vestido, pero no correctamente.

«Amigo», preguntó el rey, «¿cómo entraste aquí sin el traje de boda?». El hombre se quedó sin palabras. Entonces el rey dijo a los sirvientes: «Átenlo de pies y manos, y échenlo afuera, a la oscuridad, donde habrá llanto y crujir de dientes».

«Porque muchos son los invitados, pero pocos los escogidos» (Mateo 22:12-14).

Esto suena duro para nuestros oídos occidentales, pero es importante comprender que, en tiempos bíblicos, los anfitriones ricos a menudo proporcionaban ropa a sus invitados. Al haber traído a personas de las calles para asistir al banquete de bodas de su hijo, el anfitrión no podía esperar que tuvieran la ropa adecuada. Entonces el rey proveyó. Hizo lo posible para proporcionar todo lo que sus invitados necesitaban. Sin embargo, el hombre, considerando que lo que llevaba era bastante bueno, no se molestó en ponerse el atuendo que le obsequiaron.

Cuánto debe dolerle el corazón a Dios cuando rechazamos las vestiduras que Él nos ha preparado a través de su Hijo. Cuando miramos nuestros harapos de justicia y los declaramos lo suficientemente buenos. O cuando, como el mendigo que conocimos al principio de este capítulo, usamos nuestra ropa nueva, pero nos aferramos a la vieja. Todo esto debe causarle al Señor un gran dolor.

Podemos llegar al cielo, pero no seremos nuevas criaturas. No si nos conformamos con el color crema de nuestra blancura humana en lugar de aceptar las vestiduras de justicia de color blanco puro que han sido lavadas en la sangre del Cordero.

Lo peor es que caminaremos por la vida como una pálida imitación de lo que podríamos haber sido.

Despojémonos de lo viejo y vistámonos de lo nuevo

En su libro *The Tale of the Tardy Oxcart and 1,501 Other Stories* [El cuento de la carreta retrasada y otras 1,501 historias], Chuck Swindoll brinda cinco sugerencias para superar los hábitos que nos impiden caminar en victoria. Cinco maneras de ayudarnos a despojarnos de la vieja identidad para poder revestirnos de la nueva.

- *Deja de justificarlo todo.* Niégate a hacer comentarios como: «Oh, así soy yo. Siempre he sido así y siempre lo seré. Después de todo, nadie es perfecto». Dichas excusas restan importancia a la desobediencia y te animan a menguar o ignorar la obra del Espíritu.

- *Aplica una estrategia.* Acércate a tu objetivo con un rifle, no con una escopeta. Enfrenta cada hábito uno por uno, no todos a la vez.

- *Sé realista.* No sucederá rápido. No será fácil. Tampoco tu determinación será permanente de la noche a la mañana. Sin embargo, los eventuales fracasos son mejores que la permanente esclavitud.

- *Anímate.* Reconoce que estás en camino hacia el triunfo definitivo… ¡por primera vez en años! El entusiasmo fortalece la autodisciplina y provoca una actitud de perseverancia.

- *Empieza hoy.* Este es el mejor momento de tu vida. Posponer el cambio es admitir la derrota, lo que solo intensificará y prolongará la batalla de confiar en nuestra capacidad. [9]

Arrojen de una vez por todas las maldades que cometieron contra mí y adquieran un corazón y un espíritu nuevos.

EZEQUIEL 18:31

Vestiduras blancas

¿Alguna vez has visto un ángel? Yo sí. Oh, probablemente no era del tipo celestial, pero por un breve momento en el Aeropuerto Internacional Charles de Gaulle de París, ciertamente parecía serlo.

No podías evitar notar a Jason. Un joven negro de estatura media y corpulento, tenía un rostro que brillaba de alegría. Lo vi desde el otro lado de la sala llena de gente mientras 147 de nosotros esperábamos para ver qué pasaría con nuestro vuelo de regreso a los Estados Unidos. Vestía una camiseta deportiva blanca. Quizás por eso brillaba. Aunque estaba bastante segura de que era algo más.

En medio de una multitud de viajeros frustrados y cansados —incluida yo— Jason irradiaba una paz y alegría que parecían casi inapropiadas. Después de todo, acabábamos de pasar ocho horas esperando un vuelo que finalmente fue cancelado. Y en ese momento esperábamos novedades para saber cuál sería nuestro destino.

Observé cómo el joven ayudaba a la gente con su equipaje de mano. Se hizo a un lado para permitir que los más agresivos avanzaran en la fila. No fue hasta que terminamos sentados uno al lado del otro en el autobús que nos llevaría a un hotel para pasar la noche que confirmé lo que había sospechado.

Jason era cristiano. Y, no solo eso, estaba revestido de Cristo.

«Estuve en Italia seis semanas estudiando la cultura», me dijo. «Como no conocía el idioma ni a ninguno de los otros estudiantes, terminé pasando la mayor parte de mi tiempo con el Señor. ¡Fue increíble!», sonrió. Luego me contó sobre los momentos agradables que había pasado con su Maestro… las canciones que había escrito… la nueva pasión y visión que llevaba a casa para el ministerio de jóvenes que había establecido en Mississippi.

Jason había pasado seis semanas con Jesús. Y ¡se notaba!

Mientras oraba para que el Señor redimiera mi tiempo en el aeropuerto y me usara para su gloria, Jason había sido un ejemplo vivo de

Jesús. Mientras yo me apresuraba a conseguir mi lugar en la fila, Jason dio un paso atrás y sirvió. Mientras que yo había atropellado a la gente con las rueditas de mis maletas, Jason no tenía equipaje de mano con el que lidiar. Ningún bulto con harapos. Viajó ligero.

Como resultado, él *era* la Luz. Vestido de blanco. Jesucristo mismo, amando y ayudando a la gente allí mismo, en medio del aeropuerto Charles de Gaulle.

Humillada, esa noche fui a mi habitación de hotel. Me sentí avergonzada por lo fácil que olvido que he sido llamada a ser Jesús para mi mundo. Que, cuando me despojo voluntariamente de mí misma y me visto de Cristo, algo maravilloso sucede: soy transformada.

Soy una mendiga, convertida en princesa, que todavía camina y vive en medio de otros mendigos. Soy libre para amarlos y aceptarlos porque he encontrado el amor y la aceptación del Rey. Revestida de compasión, bondad, humildad, gentileza y paciencia. Capaz de soportar a los demás, de perdonarlos como yo he sido perdonada, de amarlos con el amor omnipresente de Cristo.

Luciendo exactamente como Jesús. Llevándolo en mí. *Convirtiéndome* en Él.

Vestida por completo. Sin fingir.

Paso a paso

Así, todos nosotros, que con el rostro descubierto reflejamos como
en un espejo la gloria del Señor, somos transformados a su semejanza
con más y más gloria por la acción del Señor, que es el Espíritu.

2 Corintios 3:18

Después de estar atada a la oscuridad durante tanto tiempo, la luz era casi cegadora. Cuando el Hombre la puso de pie, alisando suavemente su cabello revuelto, ella pudo sentir su amor. Los demonios no habían sido amables. Muchos años de tormento habían dejado solo un caparazón vacío.

Los demonios le habían quitado todo, pero este Hombre solo venía a darle. Sus palabras, su aceptación, la sonrisa en sus ojos le devolvieron la vida. Por primera vez en años, sintió una luz de esperanza. Como si la persona que solía ser y la persona que los ojos de Él le decían que podía ser estuvieran a punto de encontrarse.

Cuando se puso de pie y lo miró a la cara, se dio cuenta de que el miedo había desaparecido. También se había ido el profundo odio hacia sí misma. Solo quedaba la esperanza. Y, para su sorpresa, sintió como si una pequeña burbuja de gozo saliera de ella cuando se reía.

Él también rio de buena gana. Porque ambos sabían que algo maravilloso había sucedido.

La habían liberado.

Otra María: Una vida totalmente nueva

Cuando María Magdalena conoció a Jesús, experimentó una dramática transformación. Una transformación que ningún programa de televisión, ningún cirujano plástico y ningún dentista de Hollywood podría igualar. Porque la transformación no era externa. Era una transformación que llegó a lo más profundo del corazón. Una sanidad que restauró cada parte rota de su personalidad. Una liberación que destrozó todas las fortalezas de las tinieblas y la liberó de siete demonios (Lucas 8:2). Un amor que derritió cada muro de piedra que rodeaba su corazón.

Porque Dios es minucioso. Él nos restaura por completo. Él entiende nuestras necesidades y sabe cómo satisfacerlas. Y anhela que le permitamos hacer exactamente eso en nuestra vida.

Si bien puede ser que nunca hayamos experimentado la extrema esclavitud de la posesión demoníaca como María Magdalena, muchos estamos igual de sujetos por ataduras. Estamos atados por la amargura y la duda. Atados por el orgullo, el miedo y la incredulidad. Incluso ahora, estamos con un pie en nuestra prisión mientras que Jesús nos llama a la libertad. Lamentablemente, parece que no sabemos cómo dejar esa vida para disfrutar de la otra.

Simplemente no entendemos cómo vivir libres.

Es triste que los cristianos entren y salgan de la iglesia domingo tras domingo y aun así vivan atados a su pasado por el remordimiento y la vergüenza. Atormentados por el miedo y la preocupación por el futuro. Encadenados por la frustración y la decepción del lugar donde estamos y lo que tenemos.

Cumplimos con las formalidades de la adoración, sentados cuando se supone que debemos sentarnos y de pie cuando se supone que debemos estar de pie. Incluso cantamos cuando se supone que debemos cantar. Sin embargo, la canción en nuestros labios nunca llega a nuestro corazón. Y porque en secreto tenemos miedo de que no haya otra opción, nos conformamos con lo que podemos recibir. Una religión. Un ritual. Una forma de piedad sin ningún poder. Una zona fronteriza. Estamos atrapados entre el «ya no más...» y el «algún día...». Perdidos en el «todavía no». Sin la capacidad de soñar cómo sería vivir en completa entrega a Dios.

Al menos espero que este libro haya despertado el hambre en tu corazón y la comprensión de que ¡en Cristo hay más de lo que te has atrevido a esperar! Más libertad. Más gozo. ¡Una vida tan rica y abundante que tu corazón podrá reír maravillado!

Porque ese tipo de vida, ese tipo de transformación divina, es la que Cristo quiere para cada uno de nosotros. El mismo tipo de transformación que convirtió a María Magdalena en una persona completamente nueva y la lanzó a una aventura de la que nunca se arrepentiría.

Cambiada y reorganizada

Realmente no sabemos mucho sobre María Magdalena. La tradición religiosa la ha tildado de prostituta, pues era de Magdala, una región conocida por ese oscuro comercio, pero nada en la Biblia nos dice que ese fuera el caso. Todos esos largos años de posesión demoníaca seguramente le habían causado mucho dolor y tal vez incluso vergüenza.

Aunque al conocer a Jesús, nada de eso importó.

Y lo mismo es verdad para ti y para mí.

Nuestro pasado no importa. Sea oscuro y sórdido o simplemente aburrido y muerto, todos necesitamos un Salvador. Todos necesitamos a Jesús. Solo Él puede liberarnos del cautiverio de nosotros mismos y de las cosas que nos atan.

Solo Él puede transformarnos desde el interior.

Nunca olvidaré una transformación que presencié hace algunos años. Mi amiga Jane siempre ha sido bonita, pero como una chica de Ohio que practica actividades al aire libre, no dedicaba mucho tiempo

Que nunca pierda la dulzura, Señor

Señor, tú sabes mejor que yo misma que estoy envejeciendo y que algún día seré vieja. Evita que hable demasiado, sobre todo por la fatal costumbre de pensar que debo decir algo sobre cada tema y en cada ocasión.

Libérame del anhelo de arreglar los asuntos de todos. Hazme una persona sensata, pero no malhumorada; servicial, pero no mandona. Con mi gran caudal de sabiduría, parece una lástima no usarla toda, pero sabes, Señor, que prefiero tener algunos amigos. Mantén mi mente alejada de la enumeración de infinitos detalles; dame alas para ir al grano.

Pido gracia suficiente para escuchar las historias del dolor de los demás. Sella mis labios sobre mis propios dolores y molestias: están aumentando y mi amor por repetirlos se vuelve más tentador a medida que pasan los años. Ayúdame a soportarlos con paciencia.

No me atrevo a pedir una mejor memoria, sino una creciente humildad y una menor arrogancia cuando mi memoria parece chocar con los recuerdos de los demás. Enséñame la gloriosa lección de que en ocasiones es posible que me equivoque.

Ayúdame a ser razonablemente dulce. No quiero ser una santa —algunas de ellas son tan difíciles de tratar— pero una anciana amargada es una de las obras maestras del diablo.

Dame la capacidad de ver cosas buenas en lugares inesperados y talentos en personas inesperadas. Y dame, oh Señor, la gracia de decírselo.[1]

—Escrito por una monja anónima del siglo XVII.

Engañoso es el encanto y pasajera la belleza;
la mujer que teme al SEÑOR es digna de alabanza.

PROVERBIOS 31:30

a su apariencia. Entonces, cuando le dieron la oportunidad de pasar un fin de semana en un spa, dejó de lado la precaución y se puso en las hábiles manos de la esteticista, la especialista en uñas y la maquilladora. Tres horas después, emergió como una mariposa de un capullo.

Todo lo que pudimos hacer fue mirarla fijamente. Su cabello castaño, que normalmente llevaba recogido en un moño, caía suelto justo por encima de sus hombros, con unas suaves ondas que enmarcaban su rostro. El rímel y un poco de sombras resaltaban sus ojos marrones. Una pizca de rubor y un poco de lápiz labial rosa suave, ¡y mi dulce niña Jane se transformó en una increíble representación de la belleza!

Ni siquiera puedo explicar el cambio. Fue impresionante. Todo lo que pudimos hacer fue decirle una y otra vez lo hermosa que era. Y lo único que pudo hacer fue llorar.

—¡Basta, chicas! —dijo mientras agitaba las manos y trataba de secarse los ojos—. No sé qué hacer cuando hablan así.

Y con esas palabras la verdad salió a la luz. Aunque todas soñamos en secreto con ser bellas, cuando sucede no tenemos idea de cómo manejarlo. A veces parece más seguro permanecer como estamos. Preferimos limitarnos a soñar con un cambio duradero que afrontar el arduo trabajo y la adaptación emocional que requiere la verdadera transformación.

DEJAR QUE DIOS INTERVENGA EN NUESTRA VIDA

Una vez que María Magdalena se puso en manos del Maestro, ya no pudo volver a vivir como antes. No podía mantener las mismas amistades. No podía frecuentar los mismos lugares. Porque su antigua vida había transcurrido en la oscuridad y ahora era hija de la luz.

Es posible que tú y yo tengamos que hacer ajustes similares a medida que avanzamos hacia nuestra propia transformación. Como María, debemos aprender a caminar en la luz y, como el pequeño Joshua, debemos aceptar quitarnos la pijama y ponernos ropa. Debemos aprender, como mi amigo de Ohio, a vivir bellamente en el mundo real, tan ajenos de nosotros mismos que reflejemos a Cristo de manera transparente.

Todo esto implica salir de nuestra zona de confort y permitir que Dios nos estire y nos desafíe como nunca antes habíamos sido desafiados.

Para María de Betania, la transformación significó dejar su posición de «aprendiz» por el papel activo de sierva, ungiendo a Jesús mientras caminaba hacia la cruz. Su hermana Marta, por supuesto, tuvo que dejar de lado su agenda de «actividades» y aprender a sentarse a los pies del Señor.

María, la madre de Jesús, tuvo que renunciar a su reputación para poder traer a Cristo al mundo.

Y María Magdalena tuvo que dejar su mundo familiar de oscuridad y demonios para seguir a su nuevo Señor.

También es posible que debas hacer algunos ajustes difíciles, pero puedo prometerte que los resultados valdrán la pena. Verás, el Espíritu Santo está en el proceso de hacer algo extraordinario en tu vida. C. S. Lewis lo describe de esta manera en *Mero cristianismo*:

Imagínate que eres una casa viva. Dios entra en ella para reconstruirla. Al principio, tal vez puedas entender lo que está haciendo. Está arreglando los desagües y deteniendo las filtraciones en el techo, y así sucesivamente.

Sabías que era necesario hacer esos trabajos y, por lo tanto, no te sorprende. Sin embargo, ahora empieza a golpear la casa de una manera que duele abominablemente y no parece tener sentido. ¿Qué rayos está haciendo? La explicación es que está construyendo una casa bastante diferente de la que pensaste: tirando una nueva pared por aquí, poniendo allí un piso extra, levantando torres, haciendo patios.

Pensabas que te iban a convertir en una pequeña cabaña decente, pero él está construyendo un palacio. Dios tiene la intención de venir a vivir en él.[2]

¡Imagínate! Tú y yo: hogares del Dios todopoderoso. ¿Imposible? No con Cristo como piedra angular y el Espíritu Santo obrando en nosotros ahora mismo, colocando ladrillo por ladrillo, teja por teja. Pone las alfombras y cuelga las cortinas. Todo con un solo propósito: hacer que nuestra vida sea digna del Rey.

No es de extrañar que el proceso a veces sea frustrante. Si alguna vez has experimentado un proyecto de remodelación en tu hogar, sabes muy bien lo abrumador que puede ser. A veces parece que estarás usando lonas y respirando vapores de pintura para siempre. A veces piensas que preferirías comer Big Macs por el resto de tu vida que lavar otro juego de platos en la bañera. A veces te preguntas por qué querías un cambio.

La verdad es que se necesita tiempo para transformar lo ordinario en extraordinario. Se necesita perseverancia. Incluso cuando el Espíritu Santo hace el trabajo pesado, la transformación suele ser molesta y completamente desordenada.

Lo que significa que uno de nuestros mayores desafíos en nuestra propia transformación es aprender a ser pacientes con el proceso.

Paso a paso

Aprecio la honestidad con la que tantos escritores cristianos han compartido su vida con nosotros. Sin embargo, desde la perspectiva de la historia, puede parecer que estas personas siempre fueron santas, siempre apasionadas en su búsqueda de Cristo. Aunque ellos, como nosotros, tuvieron días en los que parecía que nunca lograrían entregarse como deseaban.

Una de mis heroínas de la fe es Amy Carmichael, una misionera que entregó su vida a los niños de la India. Aunque luchó contra una enfermedad durante la mayor parte de su ministerio, salvó a más de mil niños de la prostitución que se acostumbraba en un templo donde practicaban la religión local. A pesar de haber estado postrada en cama durante los últimos veinte años de su vida, Amy escribió treinta y cinco libros, muchos de los cuales todavía tocan vidas hoy en día.

Los niños que rescató la llamaban Amma, «madre». Debido a su apasionada búsqueda de Cristo, Amy fue una madre espiritual para muchos más,[3] incluida su biógrafa Elisabeth Elliot, quien escribe: «Amy Carmichael se convirtió para mí en lo que ahora algunos llaman un modelo a seguir, pero ella era mucho más que eso…Ella me mostró la forma de la piedad».[4]

Eso, sin embargo, no significa que Amy Carmichael siempre se haya sentido totalmente consagrada y absolutamente comprometida con Dios. Desde una página de su diario, echamos un vistazo a un corazón que luchaba igual que nosotros:

A veces, cuando leemos las palabras de aquellos que han sido más que vencedores, nos sentimos casi desalentados. Sentimos que nunca seremos así. Aunque debemos notar que ellos triunfaron paso a paso.

Por pedacitos de voluntades.

Pequeñas negaciones de uno mismo.

Pequeñas victorias internas.

Por fidelidad en las cosas muy pequeñas.

Se convirtieron en lo que son. Nadie ve estos pequeños pasos ocultos.

Solo ven el logro, pero, aun así, esos pequeños pasos se dieron.

No hay triunfo ni madurez espiritual repentinos.

Ese es el trabajo de cada momento.[5]

¿Estamos dispuestos a dar pequeños pasos? ¿A la obra oculta que Dios quiere hacer en cada uno de nosotros?

Darme cuenta de que Dios está más interesado en el proceso que en el resultado ha transformado mi caminar con Cristo porque me permite concentrarme en la obediencia, no en la perfección. La meta de la perfección solo señala cuán lejos tengo que llegar, pero la obediencia marca cuán lejos ya he llegado. La perfección frustra y atormenta. La obediencia libera y sana.

No puedo convertirme en todo lo que debería ser de la noche a la mañana, pero puedo avanzar paso a paso si soy obediente a lo que Dios me pide hoy.

Charlie Shedd escribió una vez: «Señor, ayúdame a entender lo que tenías en mente cuando me creaste».[6] Esa oración le habla a mi corazón. Porque a medida que vislumbro lo que Dios ve y respondo en obediencia a ese entendimiento, Dios no solo me mostrará más. Él me permitirá vivir en la luz que tengo y puedo irradiar. Pasos pequeños, tal vez. Aunque pasos de todos modos.

Seguir a Cristo

La mayoría de nosotros no experimentará la transformación inmediata que vivió María Magdalena el día que conoció a Jesús. Nuestra transformación divina probablemente se parecerá más a lo que describió Amy Carmichael: un proceso gradual, paso a paso.

Probablemente eso también fue cierto para María. Porque su transformación no se detuvo el día en que fue liberada de los demonios. Se desarrolló mientras ella continuaba siguiendo a Jesús. Cercanamente. Paso a paso.

Surgieron todo tipo de especulaciones, muchas de ellas ridículas, sobre la naturaleza de la relación de María con el Señor. Sin embargo, lo que sí sabemos por el relato bíblico es que una vez que María conoció a Jesús, lo siguió por el resto de su vida. Ella aparece una y otra vez en segundo plano, apoyando el ministerio de Jesús tal como lo hicieron las otras mujeres que viajaban con Él, «con sus propios recursos» (Lucas 8:1-3). Sin duda trabajó duro recogiendo alimentos, horneando pan, lavando ropa. Caminaba innumerables kilómetros en un día. Enfrentaba el rechazo de personas que conocían su pasado o despreciaban su presente.

Sin embargo, ella perseveró y permaneció cerca de su Señor.

Aprendiendo de Él.

Tratando de ser como Él.

Paso a paso.

Al igual que Amy y María, estoy descubriendo que, con mayor frecuencia, son los pequeños actos de abnegación, la fidelidad en las pequeñas cosas, lo que Dios usa en mi vida para cambiarme. En lugar de transportarme desde donde estoy a donde necesito estar, el Espíritu Santo bondadosamente me ha tomado de la mano y me guía hacia allí.

Esta opción lleva más tiempo. Y no siempre entiendo el camino, pero estoy empezando a apreciar lo que Dios está haciendo más que lo que yo veo. Él «dispone todas las cosas... para el bien de los que le aman» (Romanos 8:28). Y a veces «todas las cosas» llevan tiempo. Sin embargo si, como María Magdalena, sigo adelante, me asombra lo bien que todo resulta.

¿Impulsadas por la carne o guiadas por el Espíritu?

¿Recuerdas el plan de construcción de la iglesia del que te hablé en el primer capítulo? Ahora, tres años después, nuestras nuevas instalaciones casi están terminadas. Incluso lo más emocionante para mí es que podremos conservar el primer edificio de nuestra iglesia para un centro de alcance juvenil y ministerial. Eso significa que podremos cumplir los sueños y visiones que teníamos al principio, los mismos sueños y visiones que habían tenido que reducirse debido a las finanzas. En su manera misteriosa y maravillosa, Dios ha abierto una puerta a más oportunidades ministeriales por menos dinero, y justo en el centro de la ciudad, no en nuestro nuevo campus menos accesible.

Yo tenía un sueño, pero Dios tuvo una idea mejor. Lo cual suele suceder. A menudo nos sentimos frustrados en nuestro caminar con Dios debido a lo que parecen obstáculos y desvíos. Sentimos que Dios nos ha abandonado o, peor aún, que de alguna manera hemos malinterpretado su voluntad. De una forma u otra, nuestro gozo se agota, nuestra pasión se seca y nos conformamos con movernos, en vez de avanzar en nuestro caminar con Dios.

Sin embargo, tenemos una opción. Siempre tenemos una opción. Podemos confiar en la dirección del Espíritu o podemos insistir en seguir nuestro propio camino. Aunque déjame decirte que solo una opción conduce a la vida. La otra marca un descenso gradual hacia la muerte espiritual, porque nadie puede rechazar la voluntad de Dios y prosperar.

Cuando finalmente —a regañadientes— entregué mis sueños de la construcción de nuestra iglesia a Dios, los estaba entregando para siempre. No tenía idea de que Él los resucitaría, y de una manera que sería mejor para todos. Dios realmente tuvo una idea mejor, pero no pude verla hasta que decidí obedecer y seguirlo.

Nos perdemos mucho cuando insistimos en ser impulsados por la carne en lugar de ser guiados por el Espíritu. Cuando caminamos con poder con un espíritu de Marta —empujando, trabajando en nuestras fuerzas y conspirando— en vez de adoptar el espíritu de María que dice: «Dondequiera que me lleves, Señor. solo quiero estar cerca de ti», nos perdemos muchas de las buenas ideas de Dios… y nuestra oportunidad de ser parte de ellas.

Por eso sigo orando: «Señor, transfórmame».

Quiero tener un corazón que medite y no que tema.

Un corazón que cree que Dios hará lo que dice que hará, aunque todo a mi alrededor grite lo contrario.

Quiero un espíritu de María. Oh, me alegro de que Dios comprenda mi carácter de Marta y que no se moleste conmigo cuando tengo grandes sueños y voy a toda velocidad, pero también me alegro de que Él no me permita extralimitarme para ir a toda marcha en modo Marta. En su misericordia, Dios me confunde. Él me frena y me poda. Y Él me guía, muchas veces por caminos que no entiendo. Porque Él tiene mucho más en mente para mí y para su reino de lo que yo puedo ver o incluso saber.

Así que estoy aprendiendo a no ponerme nerviosa cuando las cosas no salen como quiero. Porque si, como las Marías que hemos estudiado, puedo mantenerme en sintonía con el Espíritu, Él me mostrará qué camino tomar. Mejor aún, recibiré lo que mi espíritu anhela.

Una buena y hermosa vida, por dentro y por fuera. Un alma en reposo y un cuerpo en movimiento. Una vida que habita en la presencia de mi precioso Señor.

Y siempre, a medida que sigo sus pasos, la promesa de algo sorprendente y nuevo.

Todo nos lleva allí

En aquella oscura mañana de domingo hace dos mil años, mientras María Magdalena se dirigía a la tumba, nunca esperó salir corriendo, incluso bailando de alegría, pero eso es exactamente lo que pasó. Y esa es la verdad subyacente que hace posibles todas nuestras transformaciones: la gloriosa realidad de que la muerte —¡especialmente la muerte a nosotros mismos!— siempre será devorada por la victoria. Y el dolor que una vez amenazó con destruirnos será precisamente lo que nos hará proclamar la gloria de Dios.

Un caso concreto. A mis amigas y a mí nos tomó varios años de oración y dolor antes de que comenzáramos a experimentar la sanidad de todo lo que habíamos pasado. Aunque nuestra amistad había sido restaurada, gran parte del ministerio en el que habíamos estado involucradas permanecía inactivo.

Entonces llegó un domingo. El fresco día de noviembre parecía normal. Cuando entré a la iglesia esa mañana, no tenía idea de que sería testigo de una resurrección. Conversando antes del servicio con dos amigas que habían sido parte de la situación, mencioné una nueva canción de adoración que íbamos a cantar. Una de sus líneas hablaba de la necesidad de bailar sobre las tumbas de nuestra vida.

—Cuando escuché esa canción por primera vez, sentí que supuestamente íbamos a cantar esa parte juntas. No sé ustedes, pero en mi mente he visitado la tumba de lo que sucedió con demasiada frecuencia lamentando lo que perdimos. Creo que Dios quiere hacer algo esta mañana —dije a mis amigas.

Ellas estuvieron de acuerdo. Todas habíamos orado y nos habíamos arrepentido por nuestra parte en la situación, pero sentíamos que había algo en el ámbito espiritual que quedaba sin resolver.

La música comenzó y cuando llegamos a esa línea en particular, las tres, mujeres algo respetables, comenzamos a saltar y bailar sobre la tumba de nuestro dolor mutuo. Cantamos en voz alta y triunfante. Y en algún momento en medio de eso, sentí que algo cambiaba en mi espíritu. Como si hubiera ocurrido una transformación divina en los lugares celestiales.

—¿Sintieron eso? —pregunté a mis amigas cuándo terminó la canción. Las otras dos asintieron con los ojos muy abiertos. Las lágrimas corrían por mi rostro al darme cuenta de que Dios había hecho, en un momento, lo que yo había intentado hacer durante años. Él siempre había estado en el proceso de transformarme y sanar la relación con mis amigas, pero esa mañana algo muerto resucitó. Algo perdido fue redimido. Nada sería igual.

Y no lo ha sido. La nueva vida está brotando por todas partes.

Entonces, si pudiera animarte con alguna verdad, sería esta: no pierdas tu momento. No te pierdas lo que Dios quiere hacer en tu vida. Justo aquí. Ahora mismo. Justo en medio de tu frustración, tu dolor, tu realidad cotidiana.

Sigue a Jesús de cerca, como lo hizo María Magdalena. Entrégale toda tu vida, tanto lo bueno como lo malo, y serás transformada. Tu tumba quedará vacía, tu oscuridad será disipada. Porque con Jesús, la muerte siempre es devorada por la victoria (1 Corintios 15:54).

En todo lo que hago

«Eres una buena chica que intenta hacer cosas buenas, pero estás operando en un espíritu de Marta y no lo voy a aceptar. Eso es inaceptable».

Esas fueron las palabras que el Señor me susurró el día que me convenció de mis tendencias impulsadas al estilo de Marta. Y esas son las palabras con las que reviso mi corazón hoy. Porque, como mencioné al principio de este libro, no quiero despertar dentro de veinte años siendo la misma mujer que soy ahora. Quiero despertarme mañana —día tras día, y al siguiente día también— un poco más como Jesús y mucho menos como yo.

Quiero que mi Señor acepte todo lo que le ofrezco y que también lo reciban quienes me rodean. Quiero ser guiada por el Espíritu. Porque cuando lo soy, es Cristo quien entra primero en la habitación, no yo. Todo lo que hago, digo y soy viene cubierto por su presencia, su dulzura, su vida. Como resultado, Él es glorificado y yo soy hecha nueva. Quiero que todo lo que haga sea inspirado por el Espíritu, impulsado por el Espíritu, originado en el Espíritu. Incluso las cosas mundanas y ordinarias. Por tonto que parezca, quiero caminar en el poder y la unción del Espíritu Santo mientras lavo los platos, aspiro la casa, pago las cuentas y desinfecto el inodoro.

«¿A Dios le importa todo eso?», podrías preguntar. Creo que sí. Porque cuando insisto en vivir ciertas cosas por mi cuenta, separo mi vida en lo secular y lo espiritual, y evito que Jesús sea parte de todo lo que soy. Y cuando hago eso, me pierdo el poder del Espíritu Santo que quiere invadir e impregnar cada rincón, cada aspecto de mi vida hoy y prepararme para lo que está por venir. Una vida donde no habrá más lágrimas. No más penas. No más Mujer Carnal. Una eterna luna de miel con nuestro Señor.

Judas 24-25 nos dice:

A aquel que es poderoso para guardarlos sin caída
y presentarlos sin mancha delante de su gloria con gran alegría,
al único Dios, nuestro Salvador por medio de Jesucristo nuestro
Señor, sea la gloria y la majestad, el dominio y la autoridad, desde
ahora y para siempre. Amén.

Me encanta ese pasaje porque me recuerda el objetivo final de nuestra transformación divina. Un día tú y yo seremos guiadas por nuestro Novio, Jesucristo, a encontrarnos con su Papá. En lugar de sentirnos incómodas y feas, estropeadas, dañadas e incompletas en presencia de tal perfección, seremos capaces de mantenernos enfocadas y confiadas. No solo porque estamos vestidas con túnicas de absoluta pureza y justa magnificencia, hechas por el mismo Cristo, sino también porque ya *conocemos* al Padre.

La transformación divina que Dios comenzó hace tanto tiempo se habrá perfeccionado. Y finalmente escucharemos esas palabras que nuestro corazón de alguna manera ha anhelado escuchar desde el momento en que nacimos.

«¡Hiciste bien, siervo bueno y fiel!… ¡Ven a compartir la felicidad de tu señor!» (Mateo 25:23).

La transformación que culminará en el cielo debe comenzar aquí en la tierra con una simple oración: «¡Señor, transfórmame!».

Mis amados de Dios, si tan solo se lo pedimos, Él lo hará. ¡Lo hará!

Nuestra oración

Señor Jesús, te entrego mi vida.
Te invito a que hagas tu voluntad en mí.
Tómame y quebrántame. Sacúdeme y hazme de nuevo.
Lléname y haz que me derrame. Cámbiame y reorganízame.
Hagas lo que hagas, Señor... no me dejes igual.
Espíritu de sabiduría y revelación, recibo con agrado tu obra.
Abre mis ojos para ver... mis oídos para oír...
Elijo la verdad sobre la comodidad, el desafío sobre
la complacencia.
Señor, hazme tuya para siempre.
Y, sobre todo, hazme como tú.
Amén.

Guía de estudio

¡Hay tanto poder transformador en las Escrituras! Dios promete que Su Palabra «hará lo que yo deseo y cumplirá con mis propósitos» (Isaías 55:11). Este estudio bíblico de catorce semanas está diseñado para ayudarte a ir más profundo en los principios bíblicos que sustentan cada capítulo de *Ten un espíritu como el de María*. (Líderes de grupo, si un formato de doce semanas les funciona mejor, al final de esta guía encontrarán instrucciones para adaptarlo).

Recomiendo usar una traducción de la Biblia que disfrutes y entiendas. También ten a mano una libreta y un bolígrafo para anotar tus respuestas. Antes de cada lección, pídele al Espíritu Santo que aumente tu comprensión mientras estudias la Palabra de Dios. Pídele que te ayude a aplicar las verdades que descubras.

Cada lección comienza con preguntas para la reflexión individual o la discusión en grupo y luego pasa a un estudio «profundo» de las Escrituras. Al final de cada lección, tendrás la oportunidad de escribir o discutir lo que más te impactó en ese capítulo. Las historias, citas y recuadros dentro de los capítulos brindan más oportunidades para la discusión o reflexión.

Nuestra vida cambia a medida que reprogramamos nuestro corazón y nuestra mente para operar de acuerdo con la verdad de Dios. Este estudio puede parecer un poco personal a veces, y es posible que descubras que tu yo natural —yo la llamo «Mujer Carnal»— se resiste. Es porque sabe que perderá terreno a medida que el Espíritu Santo te guíe a toda verdad. Comprométete en oración con este estudio. Dale a Dios acceso a cada área de tu vida. Y prepárate para ser transformada... ¡Porque Dios tiene una transformación divina esperando por ti!

Semana uno

Lee el capítulo 1: «Un espíritu como el de María», y el capítulo 2: «Cámbiame, Señor».

Preguntas para discusión o reflexión

1. Si pudieras cambiar algo de ti misma, ¿qué sería?

2. ¿Cómo tiendes a ver a Dios? ¿Como yo lo hacía, en el cielo con un matamoscas sagrado, esperando a que cometiera un error? ¿Como alguien amoroso, pero desapegado y distante de lo que sucede en tu vida? ¿O como alguien que participa activamente en tu vida y desea ayudarte a tener éxito?

Vamos más profundo

3. ¿Con cuál de los tipos de fariseos enumerados en las páginas 22 y 23 te identificas? ¿Por qué?

4. ¿Qué realidades dicen los siguientes pasajes bíblicos que los humanos tienden a blanquear o encubrir, y cuál es la verdad?

   Mateo 23:25 _____

   1 Juan 1:8 _____

   Apocalipsis 3:17 _____

5. ¿Qué dice Santiago 2:10 sobre nuestra incapacidad para alcanzar la santidad por nuestra cuenta?

6. Lee la historia del Hermano Lorenzo en la página 28. ¿Cuán diferente sería tu vida si, después de confesar tu pecado a Dios, «te despreocuparas al respecto»?

7. Lee Filipenses 3:12-14. Circula las palabras clave y medita sobre estos versículos; piensa realmente en lo que estás leyendo. Luego memoriza el pasaje frase por frase. Escríbelo en una tarjeta y vuelve a él con frecuencia, repitiéndolo hasta que se convierta en parte de ti. (Para sugerencias sobre memorizar las Escrituras, ver Apéndice E).

8. ¿Qué fue lo que más te llamó la atención en estos capítulos?

Semana dos
Lee el capítulo 3: «Hermanas retorcidas».

Preguntas para discusión o reflexión

1. ¿Cómo se ve tu Mujer Carnal con mayor frecuencia? ¿Una chica motociclista con tatuajes y ropa de cuero? ¿Una dama de iglesia bien vestida? ¿O algo más?

2. Lee «Descripción de Mujer Carnal» en las páginas 44 y 45. ¿Cuál de estos rasgos exhibe a menudo tu Mujer Carnal?

Vamos más profundo

3. Según cada uno de los pasajes que se enumeran a continuación, ¿qué reino o trono debemos entregar a Cristo? Elige de la siguiente lista: (a) nuestro hablar, (b) nuestros pensamientos o (c) nuestro comportamiento. Escribe la letra en el espacio en blanco a continuación:

____ Colosenses 1:21

____ Romanos 3:13-14

____ Lucas 1:51

____ Tito 1:16

____ Marcos 7:21

____ Jeremías 9:5

4. Considera la historia del «perro bueno/perro malo» en la página 53. ¿Cómo alimentas al perro bueno en tu vida? ¿Cómo se puede debilitar la influencia del perro malo?

5. ¿Qué dice cada uno de los siguientes versículos sobre cómo manejar nuestra naturaleza inferior?
   Romanos 13:14 _____
   Gálatas 5:13 _____
   Colosenses 3:5 _____

6. Mira el recuadro «Convicción versus condenación» en la página 55. ¿Cómo funcionan estas dos cosas en tu vida? ¿De qué lado quieres vivir? ¿Por qué?

7. ¿No te alegra que Dios nos mire a través de la sangre de Cristo? Escribe los siguientes pasajes y luego medita sobre el que más te llame la atención, agradeciendo en oración a Jesús por lo que te dio.
   Romanos 4:7-8 _____
   Romanos 8:1-3 _____
   1 Juan 3:1-2 _____

8. ¿Qué fue lo que más te llamó la atención en este capítulo?

Semana tres
Lee el capítulo 4: «Chequeo espiritual».

Preguntas para discusión o reflexión

1. A medida que crecías, ¿qué era lo que más te irritaba de tu hermano y/o hermana? ¿Qué les irritaba a ellos? (Si eras hija única, tal vez te metías en problemas con un/a primo/a o amigo/a molesto).

2. ¿Qué tipo de situaciones saca a relucir la Twanda/Mujer Carnal que llevas dentro?

Vamos más profundo

3. Refiriéndose a la Nueva Versión Internacional de 1 Juan 2:16, resume la forma en que este versículo describe la vida carnal y mundana. (Si tu Biblia no es NVI, puedes acceder a ella en línea en www.biblegateway.com).

4. ¿Qué dice la Biblia sobre los siguientes malos espíritus?
    Competitivo (Eclesiastés 2:22) _____
    Controlador (1 Pedro 4:15) _____
    Criticón (Isaías 58:9) _____
    Contencioso (2 Timoteo 2:23) _____
    Inconforme (Filipenses 4:12) _____

5. Basándote en Filipenses 2:1-4, enumera las características que los cristianos deben tener. ¿Qué actitudes mostraba Cristo (vv. 5-8) y cuáles fueron los resultados (vv. 9-11)?

6. Lee el salmo 139:23-24. Reescribe estos versículos con tus palabras y luego ora sobre ellos al Señor.

7. Jesús dijo que debía irse para que pudiera venir el Espíritu Santo. ¿De qué manera nos ayuda el Espíritu Santo?
    Juan 14:26 _____
    Hechos 1:8 _____
    Romanos 8:26-27 _____
    1 Corintios 2:10, 12 _____
    Haz un círculo en el tipo de ayuda que más necesitas en este momento.

8. ¿Qué fue lo que más te llamó la atención en este capítulo?

Semana cuatro

Lee el capítulo 5: «Líneas de falla».

Preguntas para discusión o reflexión

1. Viendo hacia atrás en tu vida, ¿en qué tipo de cosas has buscado un sentido de identidad y autoestima? ¿Cuál crees que podría ser tu cuestión fundamental?

2. ¿Cuál de las «Cuatro falsas creencias» enumeradas en las páginas 86 y 87 tiende a influenciarte más?

Vamos más profundo

3. Los siguientes versículos describen algunas posibles fallas o problemas centrales en nuestra vida. Lee los pasajes y enumera el problema central descrito y los resultados que podríamos encontrar si ignoramos las señales de advertencia de Dios:

Escritura	Problema central	Resultado potencial
1 Timoteo 6:10	_____	_____
1 Reyes 11:1-4	_____	_____
Juan 12:43	_____	_____

4. Para sanar nuestras fallas, Dios a menudo tiene que disciplinarnos. Lee Hebreos 12:5-11. ¿Qué frases te hablan más? ¿Cuáles, si es que hay alguna, te hacen sentir incómoda? ¿Por qué?

5. ¿Qué prometió Dios que hará por nosotros en Jeremías 24:6-7? ¿Cuál es nuestra parte en el proceso (v. 7)?

6. A menudo las dificultades que enfrentamos en la vida son en realidad preparación para una obra mayor que Dios quiere hacer a través de nosotras. Considera las siguientes personas en la Biblia.

Describe el método que Dios usó y la situación para la cual estaban siendo preparadas.

David   Método (1 Samuel 17:34-37) _____

            Situación (vv. 45-50) _____

José   Método (Génesis 39:20-23) _____

            Situación (Génesis 41:37-40) _____

Jesús   Método (Mateo 4:1-11) _____

            Situación (Hebreos 4:14-16) _____

7. Lee 2 Corintios 12:7-10. ¿Qué línea de falla estaba tratando Dios en Pablo? ¿Cómo veía Pablo sus dificultades y puntos débiles?

8. ¿Qué fue lo que más te llamó la atención en este capítulo?

Semana cinco

Lee el capítulo 6: «Morir para vivir».

Preguntas para discusión o reflexión

1. Si tu Mujer Carnal protagonizara una película importante, ¿sería un romance, un thriller de acción, una película de terror o una comedia?
Explica.

2. ¿Con qué tipo de comportamiento de «memoria muscular» tienes dificultades (página 109)? ¿De dónde crees que proviene? (Por ejemplo, ¿fue inculcado por repetición, heredado de patrones familiares o rasgos genéticos, influenciado por la sociedad?).

Vamos más profundo

3. ¿Qué dicen los siguientes versículos sobre la obra del pecado *en* nosotros?

       Romanos 6:16 _____

Romanos 7:17-20 _____

Santiago 1:15 _____

4. ¿Qué dicen los siguientes versículos sobre la obra de Cristo *por* nosotros?

Romanos 8:1-2 _____

2 Corintios 5:21 _____

1 Juan 2:1 _____

5. Lee Romanos 6:11-13. Enumera las cinco cosas que Pablo nos dice que hagamos... ¡y que no hagamos!

6. ¿En qué maneras específicas sería diferente tu vida si realmente entendieras que ya no estás bajo el dominio del titiritero sino bajo la gracia (Romanos 6:14)?

7. ¿Alguna vez has experimentado el «blanco funeral» descrito en el recuadro de la página 123? Si sientes que estás lista para dar ese paso, escribe un obituario usando tus palabras y detalles. Podría verse algo como esto:

En _____ (fecha), _____ (tu nombre), murió a sus deseos y preferencias. Murió al mundo. Murió a las opiniones de los demás. A partir de este momento, ha decidido vivir solo para Cristo.

(firma) _____

8. ¿Qué fue lo que más te llamó la atención en este capítulo?

Semana seis

Lee el capítulo 7: «Un espíritu dispuesto».

Preguntas para discusión o reflexión

1. Aunque queremos hacer la voluntad de Dios, cada una de nosotras probablemente tenga una o dos cosas sobre las cuales hayamos dicho: «Dios, haré lo que quieras, pero por favor no me pidas que…» La mía era «¡Iré a cualquier parte menos a África!». ¿Cuál es la tuya?

2. Intenta imaginar cómo habría sido estar en el lugar de María: que un ángel te dijera que vas a ser la madre del Hijo de Dios. ¿Cómo te habrías sentido cuando escuchaste el anuncio de Gabriel? ¿Qué le habrías respondido?

Vamos más profundo

3. Dios a menudo nos pide que hagamos cosas que no tienen sentido. ¿Qué se les pidió que hicieran a las siguientes personas y cuál fue el resultado?

    Abraham (Génesis 12:1-5; Gálatas 3:6-9) _____
    Gedeón (Jueces 7:1-22) _____
    Felipe (Hechos 8:26-39) _____

4. A veces no nos sentimos calificados para ser usados por Dios. ¿Qué aptitudes dijo tener Pablo en Filipenses 3:4-6? ¿Cómo las consideró en los versículos 7-8?

5. A veces nos da miedo que el precio de decir sí sea demasiado alto. Según 2 Corintios 11:23-28, ¿qué dificultades enfrentó Pablo para seguir el llamado de Dios en su vida? ¿Qué dice 2 Timoteo 4:6-8 sobre la respuesta de Pablo y cuál sería su recompensa?

6. Lee 1 Corintios 6:19-20. ¿Qué tres hechos sobre nuestra relación con Dios enumera este pasaje? Según los versículos, ¿cuál debería ser nuestra respuesta?

7. Lee Isaías 6:8. ¿Sientes que Dios te está pidiendo hacer algo específico en este momento? Puede que no sea tan grandioso como lo que se describe en este pasaje, pero para decir sí a este llamado, ¿cuál sería tu próximo paso? Escribe una oración consagrando tu vida a Dios y sus propósitos, pidiéndole que te guíe mientras obedeces.

8. ¿Qué fue lo que más te llamó la atención en este capítulo?

Semana siete

Lee el capítulo 8: «Control mental».

Preguntas para discusión o reflexión

1. Si pudieras intercambiar capacidades mentales con cualquier persona en el mundo, pasado o presente, ¿quién sería?

2. ¿Cómo suena la mayor parte de tu diálogo interno? En otras palabras, ¿cómo te tratas mentalmente? ¿Qué tipo de conversaciones repites como un "disco rayado"? ¿Cómo te afectan?

Vamos más profundo

3. Lee la carta del tío Screwtape a Wormwood en la página 147. ¿Qué suele hacer Satanás para distraerte y evitar que escuches la voz de Dios?

4. Lee Efesios 4:25-32. Enumera algunos cambios en el comportamiento que deberían resultar de que seamos «renovados en la actitud de [nuestra] mente» (v. 23). Haz un círculo en los cambios que te gustaría que el Espíritu Santo interviniera para ayudarte.

5. Lee la cita de Joyce Meyer en la página 152. ¿Cómo caracterizarías la eficacia de tu patrulla mental? ¿No se le escapa nada? ¿Controlan

con cierta diligencia? ¿Los guardias suelen estar tomando café? ¿La protección es inexistente?

6. ¿Qué dicen los siguientes versículos sobre la importancia de nuestra mente y lo que pensamos?

   Isaías 26:3 _____

   Mateo 16:23 _____

   Romanos 8:6 _____

7. Identifica un pensamiento negativo que el enemigo suele utilizar en tu contra. Usando las «Cinco R para controlar tus pensamientos» en la página 157, considera cómo llevarías cautivo ese pensamiento. La próxima vez que te ataque, ve a través de estos pasos. Llévaselo a Cristo y deja que Él se encargue. Acepta su libertad y perdón, y no te dejes enredar más en esa mentira.

8. ¿Qué fue lo que más te llamó la atención en este capítulo?

Semana ocho
Lee el capítulo 9: «Cuidar el manantial».

Preguntas para discusión o reflexión

1. ¿Qué tipo de límites o restricciones experimentaste en tu infancia? ¿Cómo te sentiste al respecto en ese momento y cómo te sientes al respecto ahora?

2. Lee el recuadro «Otros pueden, pero tú no» en las páginas 174 y 175. ¿Por qué crees que Dios convence a algunas personas de ciertas cosas mientras no parece convencer a otras?

Vamos más profundo

3. ¡Alabado sea Dios que ya no estamos bajo la ley!, pero la Biblia es clara en que debemos administrar nuestra libertad correctamente para evitar (a) dañarnos, (b) dañar a otros o (c) herir a Dios. Para cada uno de los pasajes bíblicos que se enumeran a continuación, escriba una de las letras: a, b, c para indicar quién se ve afectado por el comportamiento analizado.

___ 1 Corintios 8:9

___ 1 Corintios 10:23

___ Hebreos 6:6

___ 1 Pedro 2:15-16

___ Romanos 14:13

___ 1 Tesalonicenses 4:7-8

4. Pablo advirtió en 1 Corintios 4:4 que no podemos confiar completamente en nuestra conciencia. Aun así, la conciencia es un importante regalo de Dios. ¿Qué dicen los siguientes versículos al respecto?

Hechos 24:16 _____

Hebreos 9:14 _____

1 Juan 3:21-22 _____

5. Considera la historia de Lauraine en las páginas 171 y 172. ¿Estás cosechando las consecuencias de tus propias acciones o de las acciones de otra persona? ¿Qué nueva actitud podrías «sembrar» hoy que afectaría la cosecha de mañana?

6. Dios bendice a quienes guardan su Palabra. Relaciona los beneficios a continuación con los siguientes pasajes de las Escrituras: (a) Josué 1:8; (b) 2 Pedro 1:4; (c) 1 Timoteo 4:16; (d) Santiago 1:25.

___ Participar de la naturaleza divina

___ Ser bendecido en lo que uno hace

_____ Tener éxito

_____ Escapar de la corrupción

_____ Salvarse a uno mismo y a los demás

_____ Prosperar

7. Enumera las tentaciones y experiencias que tienden a bloquear o contaminar el agua viva en tu vida. Lee 1 Juan 1:9. Tómate un momento para pedirle al Espíritu Santo, nuestro Guardián del Manantial, que purifique tu corazón y te haga consciente cuando esas cosas intenten entrar de nuevo en tu vida.

8. ¿Qué fue lo que más te llamó la atención en este capítulo?

Semana nueve
Lee el capítulo 10: «Una belleza intrépida».

Preguntas para discusión o reflexión

1. ¿Cómo te calificarías en la escala de preocupación-miedo? El número 1 equivale a «No me preocupo en absoluto» y 10 «¡Me preocupo por todo!».

2. ¿Cómo te calificarías, naturalmente, en la escala de ser humilde y apacible, siendo 1 un corderito y 10 un tigre? Tal vez otro animal te describa mejor. Si es así, ¿cuál es?

Vamos más profundo

3. Lee Proverbios 31:10-31. ¿Qué aspectos de la descripción de esta mujer caen en las categorías de «belleza apacible» sugeridas por 1 Pedro 3:3-6 (enumeradas abajo)? Sé creativa. ¡No hay respuestas correctas o incorrectas!

Belleza interior, no exterior _____

Espíritu humilde y apacible _____

Poner la esperanza en Dios _____

Someterse al esposo _____

Hacer lo correcto _____

No ceder al miedo _____

4. ¿Qué dicen los siguientes versículos respecto a quién debemos someternos y por qué?

Romanos 13:1 _____

1 Pedro 2:18, 20 _____

Efesios 5:21 _____

Hebreos 12:9 _____

5. ¿Cómo explica Juan 15:9-10 la conexión entre amar y obedecer?

6. ¿Qué nos dice 1 Juan 3:1 sobre el amor que Dios nos tiene? ¿Por qué es difícil recibir este tipo de amor? ¿Qué cambiaríamos si realmente lo hiciéramos?

7. Si alguna vez has vivido bajo la nube oscura que describo en la página 187 (o conoces a alguien que lo haya hecho), mira cómo la versión El Mensaje de la Biblia parafrasea Romanos 8:1-2. Subraya frases o palabras clave. Luego agradece a Cristo por lo que ha hecho por ti.

Con la llegada de Jesús, el Mesías, ese fatídico dilema se resuelve. Aquellos que entran en el ser-aquí-para-nosotros de Cristo. Ya no tenemos que vivir bajo una continua y cercana nube negra. Un nuevo poder está en funcionamiento.

El Espíritu de vida en Cristo, como un fuerte viento, ha limpiado magníficamente el aire, liberándote de una vida predestinada de tiranía brutal a manos del pecado y muerte.

8. ¿Qué fue lo que más te llamó la atención en este capítulo?

Semana diez

Lee el capítulo 11: «Desarraigar la amargura».

Preguntas para discusión o reflexión

1. ¿Alguna vez has luchado por perdonar a alguien, como lo hizo R. T. Kendall? ¿Qué verdad finalmente cambió tu corazón? Si estás luchando con problemas de perdón en este momento, ¿qué parte de su consejo te habló especialmente?

2. Lee el recuadro «Cómo evitar el síndrome del alma marchita» en las páginas 204 y 205. ¿Qué estrategia de control de malezas descrita podría utilizar correctamente en este momento? ¿Por qué?

Vamos más profundo

3. ¿Qué dice Mateo 6:14-15 sobre nuestra necesidad de perdonar?

4. Lee el «compromiso diario de perdonar» de Kendall en la página 209. ¿Cuál de los siguientes puntos te resulta más difícil de aceptar? ¿Por qué?
   - «No los atraparán ni los descubrirán».
   - «Nadie sabrá jamás lo que hicieron».
   - «Prosperarán y serán bendecidos como si no hubieran hecho nada malo».

5. Según Romanos 12:14-21, ¿cómo debemos responder a las personas difíciles? Haz una lista de respuestas del pasaje y subraya la que te resulte más fácil. Encierra en un círculo el que sea más difícil. Pídele a Dios que te ayude a crecer en todas las áreas.

6. Lee la historia sobre Booker T. Washington en la página 218. Si bien tenía todos los motivos para sentirse ofendido, decidió no hacerlo. ¿Qué pasos de Hebreos 12:14-15 podrías tomar para evitar que la amargura se arraigue la próxima vez que alguien actúe de manera ofensiva hacia ti?

7. Cuando te enfrentas a un dolor que parece que no puedes superar, Donna Partow sugiere escribir la versión de la historia de la otra persona. Mirar la situación desde su perspectiva puede brindarte comprensión y la comprensión puede traer sanidad. Tómate un momento para escribir la perspectiva de la otra persona. Evita agregar comentarios editoriales. Hacer este ejercicio no justifica la actitud de la otra persona, pero puede ayudarte a dejarlo pasar. Al terminar, entrega ambos lados de la historia a Dios y haz todo lo posible para dejarlo en sus manos.

8. ¿Qué fue lo que más te llamó la atención en este capítulo?

Semana once
Lee el capítulo 12: «Quebrantados y bendecidos».

Preguntas para discusión o reflexión
1. Anota o comparte (con discreción, claro) tu momento más embarazoso o lo más gracioso que te haya pasado.

2. Realiza la «Prueba del orgullo» en las páginas 222-224. ¿En qué dos áreas te gustaría crecer más?

Vamos más profundo
3. ¿Cuál fue la caída de las siguientes personas en las Escrituras? ¿Qué sucedió como resultado?
    La caída de Uzías (2 Crónicas 26:16-18): _____
    Resultado (vv. 19-21): _____
    La caída de Amán (Ester 3:5; 5:11-13): _____
    Resultado (Ester 7:9-10): _____
    La caída de los fariseos (Marcos 12:38-40): _____
    Resultado (vv. 40): _____

4. Lee la historia del rey Nabucodonosor en Daniel 4:28-37. Piensa en un momento cuando Dios te movió a la humildad. ¿Qué aprendiste durante el proceso? Escribe el versículo 37 reemplazando el nombre del rey por el tuyo y subrayando la frase final.

5. Busca la palabra *humilde* en una concordancia. Encuentra dos versículos que te hablen y escríbelos.

6. En la página 234, Screwtape presenta el arma tortuosa de la falsa humildad, que en realidad es el orgullo a la inversa. Lee el extracto. Luego describe (si puedes) un momento en el que Satanás usó esta arma contra ti. ¿Con qué otros engaños Screwtape ha intentado que actúes como alguien orgulloso?

7. Lee Miqueas 6:8. Utilizando las siguientes indicaciones, escribe una oración que describa cómo deseas (con la ayuda del Señor) manifestar las cualidades que recomienda este versículo. (Utiliza un diccionario para buscar términos si es necesario).

   Señor, quiero actuar con justicia mediante _____.

   Quiero demostrar que amo la misericordia mediante_____.

   Quiero caminar humildemente mediante _____.

8. ¿Qué fue lo que más te llamó la atención en este capítulo?

Semana doce

Lee el capítulo 13: «La dieta de la Mujer Carnal».

Preguntas para discusión o reflexión

1. ¿Cuál es la dieta más extraña de la que has oído hablar? ¿La dieta más efectiva que has intentado? ¿Tiendes a pensar en las dietas como soluciones a corto plazo o estilos de alimentación para toda la vida? Explica.

2. Cuenta una ocasión en la que Dios te proporcionó la salida a la tentación, como lo hizo con mi amiga Cheryl (página 245), o un caso en el que la Oración Yo-Yo de la que hablo en la página 250 trajo, o podría haber traído, cambios.

Vamos más profundo

3. Describe en detalle los tipos de entrenamiento espiritual que promueven los siguientes versículos:

   Dieta saludable (Hebreos 5:14) _____

   Correr (1 Timoteo 6:11) _____

   Entrenamiento con pesas (2 Pedro 1:5-8) _____

4. Lee Colosenses 2:20-23. ¿Cómo deberíamos ver el modo humano de autodisciplina? ¿Qué señales de advertencia da Colosenses para discernir lo que es bueno y lo que es dañino?

5. Según los siguientes pasajes bíblicos, ¿por qué la persona que somos por dentro es más importante que la persona que somos por fuera?

   Mateo 15:17-20 _____

   Mateo 23:27-28 _____

   Lucas 6:45 _____

6. ¿Recuerdas mi problema con la ficción cristiana? ¿Hay algún área aparentemente inocente de tu vida que Dios te ha estado pidiendo que abandones para darte más de Él? Si no, hazle saber al Señor que estás dispuesta a hacerlo si Él te lo pide. Si hay un área, no tengas miedo: Él te ayudará. Escribe una oración de consagración pidiéndole al Espíritu Santo que te permita seguir adelante.

7. Lee Hebreos 12:1. Memoriza este pasaje frase por frase. Escríbelo en una tarjeta y consúltalo con frecuencia, repitiéndolo hasta que se convierta en parte de ti.

8. ¿Qué fue lo que más te llamó la atención en este capítulo?

Semana trece

Lee el capítulo 14: «Expresar amor».

Preguntas para discusión o reflexión

1. ¿Quién es la persona más alentadora que has conocido? ¿Qué cualidades la hacen así? ¿Qué hace esta persona que te anima?

2. Lee el recuadro «¡Quédate quieto!» en la página 268. ¿Qué métodos utilizas para evitar decir cosas que no deberías? ¿Alguna vez has tenido problemas para no decir lo que deberías? ¿Qué te impide hablar en esos casos?

Vamos más profundo

3. Lee Santiago 3:2-12 y responde las siguientes preguntas:
   - En los versículos 3-7, ¿qué metáforas usó Santiago para describir la lengua?
   - ¿Cómo describió Santiago la lengua en el versículo 8?
   - ¿Qué ejemplos del poder destructivo de la lengua dio en los versículos 9-12?
   - Según el versículo 2, ¿por qué debemos esforzarnos y cuál será el resultado?

4. ¿Qué instrucciones sobre lo que hablamos le dio Pablo a Timoteo en los siguientes versículos de 2 Timoteo 2?
   Versículo 14 _____
   Versículo 16 _____
   Versículo 23 _____
   Versículo 24 _____

5. Si tuvieras un termómetro que pudiera medir la salud de lo que hablas, ¿qué registrarías en relación con el cuerpo humano?
   ____ 36: saludable y dando vida
   ____ 32: frío y cortante

___ 40: caliente y peligroso

___ Otro:

6. Lee el salmo 19:14 y Mateo 12:36-37. Escribe una oración de confesión, pidiéndole a Dios que perdone tu uso descuidado de las palabras. Cierra con el salmo 19:14, escrito con tus palabras.

7. ¿Tienes alguna amistad que esté pasando por un momento difícil? Toma un momento para orar por él o ella ahora mismo. Pídele al Señor que te dé una palabra de ánimo. Luego escríbele a la persona una nota expresando tu amor y el amor de Dios. Ahora envíasela. (¡A veces olvido esa parte!)

8. ¿Qué fue lo que más te llamó la atención en este capítulo?

Semana catorce
Lee el capítulo 15: «Vestidos de Jesús», y el capítulo 16: «Paso a paso».

Preguntas para discusión o reflexión
1. C. S. Lewis sugiere que nos vistamos como Cristo (página 287). Lee su cita sobre cómo adoptar «una actitud amistosa». ¿Alguna vez has intentado cambiar adoptando el enfoque «lo finges hasta que lo logres»? ¿Por qué ayuda este enfoque? ¿Puedes ver algunos potenciales peligros?

2. Lee «Practica el *27 Fling Boogie* (espiritual)» en las páginas 280 y 281. Selecciona tres elementos de esta lista que podrías descartar hoy. ¿Qué podrías agregar a la lista?

Vamos más profundo
3. Lee la descripción del hombre endemoniado en Marcos 5:1-5. Es difícil imaginar la transformación que experimentó María

Magdalena cuando conoció a Cristo. Si bien tu encuentro probablemente no fue tan dramático, ¿puedes recordar algún momento en el que se aplicara a ti la descripción de Marcos 5:15 de estar libre de opresión? Descríbelo. ¿De qué maneras te ha transformado conocer a Cristo hasta este momento?

4. En Mateo 9:20-22, una mujer anónima con «flujo de sangre» (RVA) tocó el borde del manto de Jesús y fue sana. Todos tenemos problemas. ¿Qué tipo de transformaciones experimentaron las siguientes personas cuando conocieron a Jesús?

Zaqueo, en Lucas 19:1-9 _____

El joven en Lucas 7:11-15 _____

La mujer en Juan 8:3-11 _____

5. Si bien Jesús compró nuestra salvación, debemos aprender a vivir en la nueva vida que Él nos da. ¿Qué dicen los siguientes versículos que debemos quitarnos y ponernos?

(A dos columnas)

Desvestirse	*Vestirse*
Efesios 4:22 _____	Efesios 4:24 _____
Efesios 4:25 _____	Efesios 6:14 _____
Romanos 13:12 _____	Efesios 6:11 _____

6. Lee la cita de C. S. Lewis en la página 299. Después de realizar este estudio, ¿qué tipo de renovación sientes que Dios está haciendo en tu vida? ¿Qué elementos de esta transformación te hacen sentir incomodidad? ¿Qué signos de progreso puedes ver?

7. A menudo los cristianos sentimos que estamos jugando a disfrazarnos, pero la Biblia es clara: «Por lo tanto, si alguno está en Cristo, es una nueva creación. ¡Lo viejo ha pasado, ha llegado ya lo nuevo!» (2 Corintios 5:17). En fe, escribe una descripción de quién eres en

Cristo y lo que quieres ser: las actitudes que deseas adoptar, el tipo de fe que deseas mostrar, etcétera. ¡Ahora, agradece a Dios por la persona que Él está formando en ti!

8. ¿Qué fue lo que más te llamó la atención en estos capítulos?

Uso de este estudio en un formato de doce semanas

Debido a la cantidad de capítulos y la cantidad de contenido, recomendaría que los estudios en grupo utilicen el formato de catorce semanas. Aunque me doy cuenta de que muchos grupos siguen un calendario trimestral y preferirían un estudio de doce semanas. Desafortunadamente, habría que reducir cuatro semanas de estudio a dos.

Eres libre de combinar los capítulos como desees, aunque te sugiero cubrir los capítulos 6 y 7 («Morir para vivir» y «Un espíritu dispuesto») en la semana cinco, y los capítulos 8 y 9 («Control mental» y «Cuidar el manantial») en la sexta semana. Cuando combines semanas, elige una de las preguntas de «Discusión y reflexión» de cada capítulo y tres de cada sección «Vamos más profundo». Asegúrate de asignar las preguntas la semana anterior a la discusión de los capítulos para que la tarea no parezca tan desalentadora.

Otros recursos

Visita www.havingamaryspirit.com o www.joannaweaverbooks.com para obtener una guía de estudio en formato de cuaderno de trabajo que puedes reproducir. Visita estos sitios nuevamente después de haber terminado el libro para compartir ideas creativas y lo que te funcionó en tu estudio. De esa manera, otras iglesias y grupos pequeños podrán aprender de tu experiencia.

¡Me encanta ser parte del Cuerpo de Cristo!

Apéndice B

Recursos para una transformación divina

Te comparto algunos de los libros y estudios que han cambiado mi vida. Esta no es de ninguna manera una lista exhaustiva, pero puede ser un punto de partida para tu transformación.

Devocionales

Los siguientes libros y autores se han convertido en mis mentores espirituales; me han revelado la verdad y los principios bíblicos a diario. Te los recomiendo especialmente. Debido a que muchos están disponibles en varias ediciones, solo he proporcionado los editores actuales. Algunos títulos están agotados, pero deberían encontrarse disponibles en una biblioteca, librería de segunda mano o en línea.

Growing Strong in the Seasons of Life [Crecer fuerte en las estaciones de la vida], de Charles R. Swindoll. Grand Rapids: Zondervan, 1994.

Morning and Evening [Mañana y Tarde], de Charles Haddon Spurgeon. Nashville: Thomas Nelson, 1994. (Este clásico recurrente está disponible en varias editoriales. También puedes encontrar las lecturas diarias en la Web en varios sitios, incluido www.ccel.org/ccel/spurgeon/morneve.d0614am.html y www.spurgeon.org/daily.htm).

En pos de lo supremo, de Oswald Chambers. Uhrichsville, Ohio:
Barbour Publishing. (Este clásico cristiano, publicado
originalmente en 1935, sigue siendo fresco y desafiante.
Una versión actualizada, editada por James Reimann, está
disponible en Discovery House, 1992. También puedes acceder
a las lecturas diarias de esta obra clásica en Internet en www.
myutmost.org.)

Silent Strength: God's Wisdom for Daily Living [Fuerza silenciosa:
La sabiduría de Dios para la vida diaria], de Lloyd J. Ogilvie.
Eugene, Oregón: Harvest House, 1990.

Manantiales en el desierto y *Springs in the Valley* [Manantiales en el
valle], de L. B. Cowman. Grand Rapids: Zondervan, 1996 y
1997. (Estas inspiradoras compilaciones aparecieron por primera
vez en 1925 y 1939, y siguen siendo populares hoy en día. Yo
los tengo en una edición combinada. James Reimann editó las
versiones en idiomas actualizados, disponibles en Zondervan).

Estudios bíblicos

Reunirme semanalmente con otras mujeres para estudiar los siguientes materiales ha sido más que valioso para fortalecer mi caminar con
Cristo.

Creerle a Dios, serie de vídeos y libro de trabajo de Beth Moore.
Nashville: Recursos cristianos LifeWay, 2002.

Sea libre, serie de vídeos y libro de trabajo de Beth Moore. Nashville:
Recursos cristianos LifeWay, 1999.

Mi experiencia con Dios, de Henry Blackaby. Nashville: Broadman y
Holman, 1994.

*Growing Strong in God's Family: A Course in Personal Discipleship to
Strengthen Your Walk with God* [Creciendo fuerte en la familia
de Dios: un curso de discipulado personal para fortalecer su
caminar con Dios], (Lo nuevo 2:7, serie 1) de los Navegantes.

Colorado Springs: NavPress, 1999.

La búsqueda de significado, de Robert McGee, Casa Bautista de Publicaciones, 1991.

A Step in the Right Direction: Your Guide to Inner Happiness [Un paso en la dirección correcta: tu guía hacia la felicidad interior], de Stormie Omartian. Nashville: Thomas Nelson, 1991.

Libros

Los siguientes libros han impactado profundamente mi vida en diferentes momentos. Una vez más, han sido mentores de mi fe y peldaños hacia la transformación.

El aplauso del cielo, de Max Lucado. Grupo Nelson, 1996.

La trampa de Satanás, de John Bevere. Casa Creación, 2010.

Beyond Our Selves [Más allá de nosotros], de Catherine Marshall. Grand Rapids: Chosen Books, 2002.

El secreto de la vida cristiana feliz, de Hannah Whitall Smith. Clie, 2018. (Este tesoro inspirador está ampliamente disponible en varias editoriales y en línea en http://library.timelesstruths.org/ texts/El_secreto_de_los_cristianos_de_una_vida_feliz.)

Holy Sweat: The Process of Personal Peak Performance [Santo sudor: el proceso de máximo rendimiento personal], de Tim Hansel. Waco, Texas: Grupo Editorial W, 1987.

The Holy Wild: Trusting in the Character of God [El santo salvaje: Confiando en el carácter de Dios], de Mark Buchanan. Sisters, Oregón: Multnomah, 2003.

Liberating Ministry from the Success Syndrome [Liberando el ministerio del síndrome del éxito], de Kent y Barbara Hughes. Wheaton, Illinois: Tyndale House, 1988. (No te dejes engañar por la palabra *ministerio* en el título. Este libro está lleno de maravillosas ideas para quienes no son ministros también).

¡Cámbiame, Señor!, de Evelyn Christenson. Caribe Betania, 1992.

Un amor más allá de la razón: Traslade el amor de Dios de su mente a su corazón, de John Ortberg. Vida, 2010.

El poder de la esposa que ora, de Stormie Omartian. Unilit, 2001.

La práctica de la presencia de Dios, del Hermano Lorenzo. (Esta pequeña joya de un monje del siglo XVII está disponible en varias editoriales y en línea en www.ccel.org/ccel/lawrence/practice. html.)

En la búsqueda de Dios, de A.W. Tozer. Peniel, 2018.

Secretos de la vid, de Bruce Wilkinson. Unilit, 2013.

Un paso hacia el cielo, de Elizabeth Prentiss. Disponible en ebook. Felipe Chavarro Polanía, 2002. (Este notable libro de dominio público también se puede encontrar en www.gutenberg.org/ etext/2515).

Perdón total, de R.T. Kendall. Casa Creación, 2002.

What's So Amazing About Grace? [Gracia divina vs. Condena humana], de Philip Yancey. Grand Rapids: Zondervan, 2003. En español está disponible *El escándalo del perdón*, Vida, 2022, que es una adaptación del libro anterior.

Apéndice C

Cómo desarrollar
un tiempo de quietud

Si queremos la bendición de Dios y su toque fresco en nuestra vida, necesitamos pasar tiempo con Él, orando y leyendo su Palabra. Para algunas personas la idea les parece un desafío. Te comparto ideas que me han ayudado para aprovechar al máximo mi tiempo especial a solas con Dios.

- *Encuentra un lugar y un momento en los que puedas estar relativamente en tranquilidad.* Puede que sea difícil, pero es posible con un poco de creatividad. Intenta levantarte media hora antes o buscar un lugar tranquilo después de que todos estén en la cama. Algunas personas se concentran bien en un lugar ocupado, pero impersonal, como un parque o una cafetería. Una mujer de la que oí hablar solía encontrar un rincón tranquilo ¡en el vestíbulo de un gran hotel! Considera tu tiempo a solas como una cita con Dios.
- *Consigue una traducción de la Biblia que disfrutes y comprendas.* Personalmente me gusta la Nueva Versión Internacional. Quizá prefieras una con un lenguaje más tradicional (como la Reina Valera 1960). Para variar, prueba una con un lenguaje actualizado (como la Nueva Traducción Viviente).

- **Comienza con un plan simple.** Leer porciones más pequeñas e ir y venir entre el Antiguo y el Nuevo Testamento (Génesis, Mateo, Éxodo, Marcos, etcétera.) me ha ayudado a mantener el rumbo. Quizás quieras comenzar con el evangelio de Juan o una de las cartas de Pablo. O lee un salmo o un capítulo de Proverbios cada día. Puede ser que te guste usar un programa de lectura diaria o una Biblia de «un pasaje al día».
- **Pídele al Espíritu Santo que aumente tu comprensión.** Comienza tu tiempo con la Palabra pidiéndole primero al Espíritu que elimine los pensamientos prejuiciosos, que te enseñe y guíe hacia toda la verdad (Juan 16:7, 13). Él anhela darte maná fresco: una bendición personal de su Palabra para ti. Pasa un poco de tiempo en silencio, simplemente esperando en el Señor y tratando de sintonizarte con su presencia antes de hacer cualquier otra cosa.
- **Medita en las Escrituras.** Lee hasta que Dios te hable, pero no más de un capítulo para empezar. Cuando encuentres un pasaje que parezca destacarse, pregúntate: «¿Qué significa» y «¿Cómo se aplica en mi vida?». También hazle preguntas al Señor. Utiliza las notas de estudio en tu Biblia (si las tiene) y otras ayudas para aprender más sobre lo que esta Escritura dice.
- **Utiliza devocionales y otras ayudas.** Dios ha usado libros como *En pos de lo supremo* y otros para moldear mi comprensión de cómo Él quiere obrar en mi vida. Los estudios y comentarios bíblicos también brindan luz sobre lo que lees, aunque es mejor mantener tu devocional diario separado del estudio en profundidad. El principal objetivo de un devocional diario es escuchar la Palabra y pasar tiempo con el Señor.
- **Lleva un diario.** Escribir los pasajes clave que lees o los pasajes en los que meditas puede ayudarte a plantar la Palabra

en tu corazón. Copia el pasaje o parafraséalo con tus palabras.
Luego responde a Dios en oración. Escribe cómo planeas
aplicar la verdad que has descubierto.

- **Ora.** Responde a lo que el Señor te ha dicho en las Escrituras.
Tómate el tiempo para confesar tus pecados cuando el Espíritu
Santo te los recuerde. Presenta tus peticiones y declara las
promesas de Dios sobre tu vida. Responder a lo que Dios
está diciendo a tu corazón facilita la palpitante relación que
necesitas.

Lleva una bitácora de tu transformación

He descubierto que llevar un diario de mi caminar espiritual es crucial para lograr un cambio duradero en mi vida. Porque si no capturo la verdad tal como el Espíritu Santo me la dice, soy como «el que se mira el rostro en un espejo» y se aleja olvidando lo que ha visto (Santiago 1:23).

Si bien uso mi diario principalmente para llevar un registro de mi estudio bíblico y mi tiempo de oración, he descubierto que también resulta útil para otros propósitos. Aquí hay varias ideas que quizá quieras incorporar mientras tomas nota de tu viaje.

- A medida que Dios trae revelación en la Palabra y en otras fuentes, anota ideas especiales y áreas de tu vida que necesiten cambiar.
- Escribe citas o ilustraciones de tus oradores o libros favoritos que hayan hablado a tu corazón.
- Derrama tu corazón al Señor. Luego escucha en oración para obtener una respuesta. Escribe lo que sientes que Dios está diciendo.
- Detalla cómo ves que estás cambiando y creciendo, ¡y también comparte tu frustración!
- En la última página de tu diario, escribe peticiones de oración. Anota la fecha en la que Dios responde a cada una de ellas.

Lo más importante de llevar un diario es ser honesta con el Señor. No permitas que el miedo a que alguien lo lea te impida anotar los detalles. Guarda tu diario bajo llave si es necesario, pero deja que sea una herramienta de verdadero diálogo con el Señor. Para obtener más información sobre el uso de tu diario y otras ayudas para el estudio bíblico, consulta mi libro *Ten un corazón de María en un mundo de Martas: Encontrando intimidad con Dios en medio de una vida ajetreada.*[1]

Apéndice E

Memoriza las Escrituras

«En mi corazón atesoro tus dichos, para no pecar contra ti», dice el salmo 119:11. Memorizar las Escrituras es una manera muy básica e importante de crecer en nuestro caminar espiritual. Solía creer que no podía hacerlo. Los siguientes pasos, adaptados del libro de los Navegantes *Curso de discipulado 2:7*, me han ayudado a superar ese obstáculo para apropiarme de la Palabra de Dios.

- Elige un versículo (o versículos) que quieras memorizar. Escríbelo en una tarjeta que puedas llevar contigo.
- Lee el versículo en voz alta varias veces. Piensa en lo que significa; concéntrate en el mensaje.
- Aprende la referencia y la primera frase del versículo juntas como una unidad.
- Después de revisar la referencia y la primera frase varias veces, agrega la siguiente frase. Repite las dos frases varias veces hasta que puedas decirlas con fluidez. Añade frases poco a poco y repite la referencia una vez más al final.
- Siempre revisa el versículo usando el siguiente patrón: referencia, luego versículo, luego referencia nuevamente (por ejemplo: «Juan 11:35, "Jesús lloró", Juan 11:35»). No omitas la referencia. Si no sabes la ubicación del versículo, lo que digas tendrá menos autoridad.
- Recita el versículo en voz alta siempre que puedas para fijarlo en tu memoria.

- Cada vez que repitas el versículo, reflexiona sobre su aplicación a tu vida. Pídele al Espíritu Santo que te traiga revelación.

- Si es posible, pídele a un amigo o familiar que te ayude a repasar. Pídele a esa persona que te señale los errores, pero que solo te dé pistas cuando tú lo pidas. Concéntrate en decir el versículo perfectamente, palabra por palabra. Es más fácil retener un versículo que has aprendido perfectamente.

Los Navegantes enfatizan que la clave para memorizar las Escrituras es repasar, repasar, y repasar. Incluso después de que puedas citar el versículo completo sin cometer un error, continúa repasándolo, como mínimo una vez al día, aunque será mucho mejor si lo haces varias veces al día:

Cuanto más revises, mayor será tu retención. El concepto más importante es el principio de reforzar el aprendizaje.
Un versículo no debe considerarse memorizado porque en el momento podemos citarlo con precisión. Solo sucede cuando lo hemos revisado con suficiente frecuencia para que se convierta en parte de nuestra memoria.[1]

Notas

Capítulo uno: Un espíritu como el de María

1. Visto en una tarjeta de cumpleaños hace años.
2. Gracias a mi amiga Donna Partow que acuñó esta frase.
3. Donna Partow, «Strengthening Your Mind, Will & Emotions: He Restores My Soul», www.donnapartow.com/Renewal_soul_herestoresmysoul.html.

Capítulo dos: Cámbiame, Señor

1. W. E. Vine, *Diccionario expositivo de palabras del Antiguo y Nuevo Testamento* (Nashville: Nelson, 1997), pp. 845-846.
2. Adaptado de William Barclay, *The Gospel of Matthew* [Evangelio según san Mateo], ed. rev., vol. 2 (Louisville, Kentucky: Westminster/John Knox, 2001), pp. 283-284.
3. Oswald Chambers, *En pos de lo supremo: El libro de oro de Oswald Chambers,* Edición de la Biblioteca Cristiana (Westwood, Nueva Jersey: Barbour, 1963), 31 de enero, 21 de junio.
4. Donald Miller, *Blue Like Jazz: Nonreligious Thoughts on Christian Spirituality* [Triste como el jazz: Pensamientos no religiosos sobre la espiritualidad cristiana] (Nashville: Nelson, 2003), p. 79.
5. Ibid., p. 79.
6. Andrew Murray y el Hermano Lorenzo, *Los clásicos cristianos: Una edición del Club 700 en la escuela de la oración y la práctica de la presencia de Dios* (Virginia Beach, VA: Universidad CBN, 1978), pp. 16-17.
7. Andrea Wells Miller, *Cuidado del cuerpo: un programa comprobado para una dieta, un estado físico y una salud exitosos, que incluye diez semanas de devocionales para ayudarlo a lograr el plan de Dios para su cuerpo, mente y espíritu* (Waco, TX: Palabra, 1984), p. 86.
8. George H. Gallup Jr., entrevista telefónica, 21 de julio de 2006.

9. George Barna, "State of the Church 2005" [El estado de la iglesia en 2005], www.barna.org, 37. Usado con autorización.

10. George Barna, "Barna by Topic: Born Again" ["Barna por tema: Nacer de nuevo"], 2005, www.barna.org/FlexPage. aspx?Page=Topic&TopicID=8. Usado con permiso.

11. Evelyn Christenson, *¡Cámbiame, Señor!* (Caribe Betania, 1992), p. 144.

Capítulo tres: Hermanas retorcidas

1. Adaptado de E. E. Shelhamer, "Traits of the Carnal Mind" [Características de la mente carnal], publicado por primera vez por Shelhamer como un tratado a principios del siglo xx, adaptado por Christian Publicaciones ligeras como "Rasgos de la vida personal", www.anabaptists.org/tracts/traits.html. Esta versión ha sido adaptada de la versión Christian Light.

2. *Tomates verdes fritos,* dirigida por Jon Avnet (Ciudad, ST: Universal Studios, 1991), citada en "Memorable Quotes from Fried Green Tomatoes", IMDB: Earth's Biggest Movie Database, www.imdb. com/title/tt0101921/quotes.

3. *El léxico del Nuevo Testamento KJV* (Residencia en *Léxico griego-inglés de Thayer* y *Diccionario Bíblico de Smith*), en Crosswalk. com. http://bible.crosswalk.com/Lexicons/Greek/grk. cgi?number=4561&version=kjv.

4. W. E. Vine, *Diccionario expositivo de palabras del Antiguo y Nuevo Testamento de Vine* (Nashville: Thomas Nelson, 1997), pp. 437-438.

5. Ray C. Stedman, *Authentic Christianity* (Waco, TX: Palabra, 1975).

6. Los teólogos tienen puntos de vista diferentes sobre si somos personas de tres partes o solo dos: cuerpo, alma y espíritu o cuerpo y alma/espíritu. Lo que se describe aquí es la vista que me ha resultado más útil.

7. Stedman, *Authentic Christianity,* 92.

8. A. W. Tozer, *La búsqueda de Dios* (Camp Hill, PA: Publicaciones cristianas, 1993), pp. 22, 29.

9. C. S. Lewis, *La travesía del viajero del alba* (Nueva York: HarperTrophy, 1994), pp. 115-116.

10. Ibid., pp. 119-120.

Capítulo cuatro: Chequeo espiritual

1. Debido a que algunos de los primeros manuscritos no incluyen estas palabras de Jesús, registrados en los versículos 55-56 de la NVI, la versión los coloca en una nota de texto en el pasaje principal.

2. Platón, *Diálogos: Disculpa,* www.quotationspage.com.

3. James fuerte, *La concordancia exhaustiva de la Biblia de New Strong* (Nashville: Nelson, 1995), pp. 72, 130.

4. Mark Buchanan, *The Holy Wild: Trusting God's Character* [El santo salvaje: Confiando en el carácter de Dios], (Sisters, Oregón: Multnomah, 2003), 22-23.

5. Beth Moore, "Goals for Breaking Free" [Metas de liberación], sesión introductoria de *Sea libre: Hacer de la libertad en Cristo una realidad en la vida,* kit líder de la serie de videos (Nashville: Recursos cristianos LifeWay, 1999).

6. Adaptado de Catherine Marshall, *Beyond Our Selves* [Más allá de nosotros], (Grand Rapids: Chosen Books, 1961), p. 143.

7. Ibid., p. 141.

8. Ibid., p. 143.

9. Oswald Chambers, *En pos de lo supremo: El libro de oro de Oswald Chambers, Edición de la Biblioteca Cristiana (Westwood, Nueva Jersey: Barbour, 1963),* 10 de octubre.

10. Marshall, *Más allá,* p. 143.

11. A. R. Fausset, *Diccionario Bíblico de Fausset,* PC Study Bible, Nueva Biblioteca de Referencia (Seattle: BibleSoft, 1998-2005).

Capítulo cinco: Líneas de falla

1. William Barclay, *La revelación de Juan*, Rdo. ed., vol. 1 (Louisville, KY: Westminster/John Knox, 1976), pp. 113-114.

2. Robert McGee, *La búsqueda de significado*, (Casa Bautista de Publicaciones, 1991), pp. 40-41.

3. Martha Tennison, sermón pronunciado el 24 de septiembre de 1999, Billings, Montana.

4. Adaptado de McGee, *La búsqueda*, p. 27.

5. Ibid., p. 27. Adaptación.

6. Ibidem.

7. Ibid., p. 40-41. La redacción real del cuadro es de McGee, pero he cambiado el formato y algunos de los encabezados.

8. Comentarios del editor sobre Simon Winchester, *Una grieta en el borde del mundo: Estados Unidos y el gran terremoto de California de 1906*, www.amazon.com/gp/product/product-description/0060571993/ 103-9620929-7191809.

9. Entrevista con Tricia Goyer, febrero de 2006. Usado con autorización. Historia también contada en el libro de Goyer, *Crianza de la próxima generación* (Hermanas, Oregón: Multnomah, 2006).

10. Barclay, *La revelación*, p. 115.

11. Brennan Manning, *El evangelio de los andrajosos* (Casa Creación, 2015), p. 154.

Capítulo seis: Morir para vivir

1. Adelaide A. Pollard, "Haz lo que quieras, Señor", en *Himnos de alabanza gloriosa* (Springfield, MS: Gospel Publishing, 1969), p. 347. Publicado por primera vez en North Field Hymnal with Alex and Er's Supplement, 1907.

2. Mark Rutland, *Holiness: The Perfect Word to Imperfect People* [Santidad: La palabra perfecta para las personas imperfectas], (Lake Mary, FL: Creation House, 2005), p. 72.

3. Sermón pronunciado por Anabel Gillham, Glacier Bible Camp, Hungry Horse, Montana, 27 de abril de 1996.
4. W. E. Vine, *Diccionario expositivo de palabras del Antiguo y Nuevo Testamento de Vine* (Nashville: Nelson, 1997), 930.
5. Martín Lutero, "Fragmento autobiográfico", de E. G. Rupp y Benjamin Drewery, "El avance teológico de Lutero", *Martín Lutero,* Documentos de historia moderna (Londres: Edward Arnold, 1970), pp. 5-7, www.st-andrews.ac.uk/jfec/cal/reformat/theologo/rupp6218.htm.
6. *Lutero,* dirigida por Eric Till (MGM, 2004, película estrenada en 2003).
7. Hannah Whitall Smith, citada en Bruce Wilkinson, *Avance en la vida espiritual en 30 días* (Unilit, 2004), pp. 62, 64-65.
8. Adaptado de Hannah Whitall Smith, *El secreto de la vida cristiana feliz* (Clie, 2018), pp. 21-22.
9. Smith, *El secreto,* p. 22.
10. Ibid., p. 35.
11. Beth Moore, "Guía para el espectador de la semana uno", de *Creer en Dios* serie de videos, guía para el espectador de la primera semana (Nashville: LifeWay Christian Resources, 2002), p. 9.
12. Martín Lutero, "Comentarios sobre Romanos 6", *Prefacio a Romanos,* PC Study Bible, base de datos electrónica (Seattle, WA: 2003).
13. Marshall, *Beyond,* p. 182.
14. Ibid., p. 182.
15. C. S. Lewis, *Más allá de la personalidad: la idea cristiana de Dios* (Nueva York: Macmillan, 1947), p. 40.
16. Chambers, *En pos,* 15 de enero.

Capítulo siete: Un espíritu dispuesto

1. Federico Büchner, *Peculiar Treasures: A Biblical Who's Who* [Tesoros peculiares: un quién es quién bíblico], (San Francisco: HarperSanFrancisco, 1993), p. 44.

2. Donna Otto con Anne Christian Buchanan, *Finding Your Purpose As a Mom: How to Build Your Home on Holy Ground* [Encuentra tu propósito como mamá: cómo construir tu hogar en tierra santa], (Eugene, OR: Cosecha Casa, 2004), pp. 28-29.

3. Richard Foster, *La oración: verdadero refugio del alma* (Wipf and Stock, 2005), p. 50.

4. Ben Patterson, "Una fe como la de María", *Predicando hoy* Cinta #87, transcripción descargada de PreachingTodaySermons.com, 4.

5. Arthur Christopher Bacon, citado en L. B. Cowman, *Manantiales en el desierto* (Vida, 2015), pp. 48-49.

6. *La Pasión de Cristo,* dirigida por Mel Gibson, (20th Century Fox, 2004. Película estrenada por Newmarket Films, 2004).

7. *Posada de la Sexta Felicidad,* dirigida por Mark Robson, (20th Century Fox, 2003, película estrenada en 1958).

8. Citado en el sitio web de The Bible Channel, "Mission Quotes", http://thebiblechannel.org/Missions_Quotes/missions_quotes.html.

Capítulo ocho: Control mental

1. Daniel G. Amen, M.D., *Making a Good Brain Great: The Amen Clinic Program for Achieving and Sustaining Optimal Mental Performance* [Cómo hacer grandioso un buen cerebro: el programa de la Clínica Amen para lograr y mantener un rendimiento mental óptimo], (Nueva York: Harmony Books, 2005), p. 20.

2. Michael Tipper, "Comparaciones con el cerebro", *Michael Tipper's Pages on Accelerated Learning,* www.happychild.org.uk/acc/tpr/amz/0999comp.htm.

3. Arthur S. Bard y Mitchell G. Bard, *The Complete Idiot's Guide to Understanding the Brain* [La guía completa para idiotas para comprender el cerebro], (Indianápolis: Alpha Books, 2002), 77, 80.

4. Amen, *Making a Good Brain,* p. 20.

5. C. S. Lewis, *Cartas del diablo a su sobrino* (HarperOne, 2006), pp. 22-23.

6. Oswald, *En pos*, 1 de diciembre.

7. Joyce Meyer, *El campo de batalla de la mente: Ganar la batalla en su mente* (FithWords, 2002), p. 65.

8. Tim Hansel, *Holy Sweat* [Santo sudor], (Waco, TX: Palabra, 1987), pp. 102-103.

9. Ibid., p. 103.

10. Sermón pronunciado por Anabel Gillham, Glacier Bible Camp, Hungry Horse, Montana, 27 de abril de 1996.

11. Anabel Gillham, *The Confident Woman: Knowing Who You Are in Christ* [La mujer segura: saber quién eres en Cristo], (Eugene, Oregón: Harvest House, 1993), p. 85.

12. Ibid., p. 100. Tenga en cuenta que su lista original incluía cuatro puntos. Lo he convertido en cinco dividiendo el punto cuatro.

13. Neil Anderson, Mike Quarles y Julia Quarles, *Vivamos de día en día: Un devocional para los triunfadores* (Vida, 2007), p. 361.

14. Hansel, *Holly Sweat*, p. 50.

Capítulo nueve: Cuidar el manantial

1. Adaptado de la historia de Peter Marshall contada en Charles Swindoll, *Improving Your Serve: The Art of Unselfish Living* [Mejorar su servicio: el arte de vivir altruistamente], ed. Rev. (Dallas: Word, 1981), pp. 127-128.

2. William Barclay, *Las cartas de Santiago y Pedro*, ed. rev. (Louisville, KY: Westminster John Knox Press, 1976), p. 57.

3. Marshall, *Beyond*, p. 102.

4. Chip Ingram, *Holy Transformation: What It Takes for God to Make a Difference in You* [Santa transformación: lo que se necesita para que Dios haga una diferencia en usted], (Chicago: Moody, 2003), 183.

5. No es su nombre real.

6. John Ortberg, *Un amor más allá de la razón: trasladando el amor de Dios de tu cabeza a tu corazón* (Vida, 2010), p. 79.

7. G. D. Watson, "Others May, You Cannot", www.bullentininserts. org, consultado el 19 de junio de 2006.

8. Herbert Lockyer Sr., ed., *Diccionario ilustrado de la Biblia* (Nashville: Thomas Nelson, 1986), p. 648.

9. Agradezco a Charles Crabtree por presentarme el concepto de péndulo. Aunque fue usado en un contexto diferente al que presento, en este caso el principio ha sido muy útil para comprender los extremos que debemos evitar.

10. William Cowper, "There Is a Fountain Filled with Blood" ["Hay una fuente llena de sangre"] en *Himnos de alabanza gloriosa* (Springfield, MO: Gospel Publishing, 1969), p. 95.

11. William Barclay, *El evangelio de Juan,* vol. 1, rev. ed. (Filadelfia: Westminster, 1975), 249-50.

12. Sí, me doy cuenta de que este deseo constante podría ser una señal de un problema físico, y le hicimos revisar a Joshua. ¡Él simplemente ama el wa-wa!

13. Fondo de las Naciones Unidas para la Infancia (UNICEF), "Día Mundial del Agua 2005: 4000 niños mueren cada día por falta de agua potable", artículo de Newsline en el sitio web de UNICEF, 20 de marzo de 2005. www.unicef.org/wes/index_25637. HTML.

Capítulo diez: Una belleza intrépida

1. Recomiendo ampliamente asistir a un Seminario de Principios Básicos de Vida. Consulte ubicaciones y fechas en el sitio web de Bill Gothard: www.iblp.org/iblp.

2. John Newton, "Amazing Grace" [Sublime Gracia], *Himnos de alabanza gloriosa* (Springfield, MO: Gospel Publishing, 1969), p. 206.

3. Joy Dawson, *Amistad íntima con Dios: Cuando el temor de Dios está presente en nuestra vida* (Grupo Nelson, 2010), p. 20.

4. H. B. Macartney, citado en V. Raymond Edman, *Descubrieron el secreto: Veinte vidas transformadas que revelan la influencia de la eternidad* (Andamio Editorial, 2018), p. 20.

Capítulo once: Desarraigar la amargura

1. R.T. Kendall, *Perdón Total* (Casa Creación, 2002), pp. xxiv-xxv.
2. Jordana Lewis y Jerry Adler, "Perdona y deja vivir", *Semana de noticias,* 27 de septiembre de 2004.
3. Paul Borthwick, "The Shriveled Soul Syndrome: How to Live Large for a Lifetime" ["El síndrome del alma marchita: cómo vivir en grande durante toda la vida"], *Discipleship Journal,* no. 118, (julio/agosto de 2000), www.navpress.com/EPubs/DisplayArticle/1/1.118.3.1.html.
4. Bill Gothard, *Research in Principles of Life: Basic Seminar Textbook* [Investigación en principios de vida: libro de texto de seminario básico], (Oak Brook, IL: Institute in Basic Life Principles, 1981), pp. 90–91.
5. Max Lucado, *El aplauso del cielo* (Grupo Nelson, 1996), p. 100.
6. Descripción basada en información del episodio "Deep Jungle: Monsters of the Forest" del Public Broadcasting System. *Naturaleza* serie (Nueva York: Trece/WNET, 2005), www.pbs.org/wnet/nature/deepjungle/episodio2_index.html. Información adicional de "Bosque Tropical" Sitio web Brittanica.com, www.britannica.com/eb/article-70772.
7. Kendall, *Perdón total,* p. xxxx.
8. Andy Andrews, *El regalo del viajero* (Grupo Nelson, 2012), pp. 138-140.
9. Citado en el sitio web Putting Forgiveness First, www.forgivenessfirst.com/ffidefiningforgiveness.htm.
10. Kendall, *Perdón total,* p. 32.
11. De *Nuestro Pan Diario,* citado en el sitio web Bible.org, www.bible.org/illus.asp?topic_id=756.

Capítulo doce: Quebrantados y bendecidos

1. Joanna Weaver, "La agonía de la derrota", apareció publicada por primera vez en *HomeLife*, enero de 2000, pp. 58-60.

2. El formato general de esta prueba y algunas de las ideas básicas surgieron de Catherine Marshall, *Beyond Ourselves*, pp. 184-185. Sin embargo, reformulé los elementos para reflejar mejor mi comprensión.

3. Rick Steves, Steve Smith y Gene Openshaw, *Rick Steves' Paris 2006* (Emeryville, CA: Avalon Travel, 2006), p. 433.

4. Steves, Smith y Openshaw, *Rick Steves*, p. 431.

5. Herbert Lockyer Sr., ed., *Diccionario ilustrado de la Biblia* (Nashville: Nelson, 1986), pp. 1011-1012.

6. Charles Stanley, *Las bendiciones del quebrantamiento: Por qué Dios permite que atravesemos tiempos difíciles* (Vida, 2011), p. 229.

7. Para obtener más información sobre la santa transformación de Marta, consulta *Ten un corazón de María en un mundo de Martas* por Joanna Weaver (Origen, 2023).

8. Beth Moore, *Orando la Palabra de Dios: Libérese de las fortalezas espirituales* (Unilit, 2000), pp. 59-60.

9. C. S. Lewis, *Cartas del diablo*, p. 73.

10. Ibid., p. 74.

11. Andrew Murray, citado en Paul Lee Tan, *Encyclopedia of 7,700 Illustrations: Signs of the Times* [Enciclopedia de 7.700 ilustraciones: Signos de los tiempos], (Garland, TX: Bible Communications, 1996), p. 2304.

12. Adaptado de Robert J. Morgan, *Nelson's Complete Book of Stories, Illustrations & Quotes: The Ultimate Contemporary Resource for Speakers* [Libro completo de historias, ilustraciones y citas de Nelson: el recurso contemporáneo definitivo para oradores], (Nashville: Nelson, 2000), p. 635.

Capítulo trece: La dieta de la Mujer Carnal

1. Phyllis Diller, en "Citas de ejercicios" en *Todas las mejores citas,* http://chatna.com/theme/exercise.htm.

2. Citado en *The Quotation's Page,* www.quotationspage.com/quote/2164.html.

3. Adaptado del sermón de Ed Kreiner en Whitefish, Montana, fecha desconocida.

4. Las historias de Cheryl en este capítulo se utilizaron con su permiso.

5. Janie West Metzgar, "Jesús rompe todas las cadenas", 1927.

Capítulo catorce: Expresar amor

1. Jill Briscoe, *Thank You for Being a Friend: My Personal Journey* [Gracias por ser un amigo: mi viaje personal], (Chicago: Moody Press, 1999), p. 68.

2. Alice Gray, en Steve Stephens y Alice Gray, *La mujer que se da por vencida: Cuando tu corazón está vacío y pierdes tus sueños* (Unilit, 2011), pp. 103-104.

3. Calvin Miller, "Para ser perfectamente honesto", *Moody Monthly,* citado en Bible.org, www.bible.org/illus.asp?topic_id=965.

4. Chambers, *En pos,* 3 de mayo.

5. Christenson, *¡Cámbiame, Señor!,* p. 164.

6. Atribuido a "H.W.S." en L. B. Cowman, *Manantiales en el desierto y Manantiales en el valle* (Vida, 2015), p. 18.

7. Chip Ingram, *Holy Transformation,* p. 250.

Capítulo quince: Vestidos de Jesús

1. Escuché esta historia hace años en un sermón. Se desconoce la fuente.

2. Visita el sitio web de FlyLady en www.flylady.net. Encontrarás una red de soporte en línea y cientos de consejos prácticos para desenterrar la vida.

3. Marla Cilley, *Sink Reflections* [Reflexiones en el fregadero], (Nueva York: Bantam Books, 2002), p. 35.

4. Citado en R. Kent Hughes, *Colossians and Philemon: The Supremacy of Christ*, [Colosenses y Filemón: La Supremacía de Cristo], Preaching the Word series (Westchester, IL: Crossway, 1989), p. 102.

5. Ibid., p. 104.

6. C. S. Lewis, *Mero cristianismo* (HarperOne, 2006), p. 188.

7. Ibidem. Ten en cuenta que la redacción real está invertida. La frase inicial de mi párrafo es en realidad la última frase del original de Lewis.

8. Autor desconocido, en Bible.org: Trustworthy Bible Study Resources, www.bible.org/illus.asp?topic_id=1695.

9. Charles R. Swindoll, *The Tale of the Tardy Oxcart and 1,501 Other Stories* [El cuento de la carreta de bueyes tardía y otras 1.501 historias], (Nashville: Palabra, 1998), pp. 257-258.

Capítulo dieciséis: Paso a paso

1. Morgan, *Nelson's Complete*, pp. 16-17.

2. Lewis, *Mero cristianismo*, p. 205.

3. "Amy Carmichael", *Wikipedia: la enciclopedia libre*, http://en.wikipedia.org/wiki/Amy_Carmichael.

4. Elizabeth Elliot, *A Chance to Die: The Life and Legacy of Amy Carmichael* [Una oportunidad de morir: la vida y el legado de Amy Carmichael], (Grand Rapids: Revell Books, 1987), copia de portada.

5. Citado en Tim Hansel, *Holy Sweat*, p. 130.

6. Hansel, *Holy Sweat*, p. 79.

Apéndice D: Lleva una bitácora de tu transformación

1. Joanna Weaver, *Ten un corazón de María en un mundo de Martas: Encontrando intimidad con Dios en medio de una vida ajetreada* (Origen, 2023).

Apéndice E: Memoriza las Escrituras

1. Adaptado de *Creciendo fuertes en la familia de Dios: un curso de discipulado personal para introducir nueva vida en su iglesia*, serie 2:7 (Colorado Springs: NavPress, 1987), 13, 19-20.

Estimado lector:

Una vez más termino de escribir con la sensación de que hay mucho más que decir. ¡Es difícil de creer, considerando lo extenso que resultó ser este libro! Esa es la majestad y el maravilloso misterio de la asombrosa verdad de Dios. Es tan multifacético y relevante para nuestra vida que cada día hay algo nuevo que aprender y aplicar.

Por eso estoy tan agradecida por la dulce obra del Espíritu Santo. Porque Él va mucho más allá de cualquier libro, tomando lo que pertenece al Padre y dándonoslo a conocer, trabajando dentro de nosotros para «querer y hacer según el buen propósito [de Dios]» (Filipenses 2:13), creando dentro de nosotros el dulce espíritu de Jesús, esa bondad que tanto necesitamos para ganar nuestro mundo. Un divino cambio de imagen que nos hace menos como nosotros y más como Él.

¡Oh, cómo desearía poder estar allí para ver cómo se desarrolla la belleza en ti!

Si tienes tiempo, me encantaría saberlo. Si bien es posible que no pueda responder todas las cartas, sería un honor para mí orar por ti. Puedes contactarme a través de www.havingamaryspirit.com, www.joannaweaverbooks.com o:

Joanna Weaver

c/o WaterBrook

12265 Oracle Boulevard, Suite 200

Colorado Springs, CO 80921

joannaweaver@hotmail.com

¡Dios está tramando algo maravilloso en ti, amigo mío! Hagas lo que hagas, no te lo pierdas. Dale a Cristo acceso a lo más profundo de tu corazón y Él traerá su luz y vida a tus lugares más oscuros. Te convertirás para siempre en la persona que siempre debiste ser.

¿Y no es ese el objetivo después de todo?

Volviéndome de Él,

Joanna

Que Dios mismo, el Dios de paz, los santifique por completo, y conserve todo su ser —espíritu, alma y cuerpo—, irreprochable para la venida de nuestro Señor Jesucristo. El que los llama es fiel y así lo hará.

1 Tesalonicenses 5:23-24

Sobre la autora

Joanna Weaver es la autora bestseller de *Ten un corazón de María en un mundo de Martas*, el cual ha vendido más de un millón de copias. Entre sus otros libros se encuentran *Lazarus Awakening, At the Feet of Jesus*, y *Embracing Trust*. Su pódcast, *The Living Room with Joanna Weaver*, ha sido destacado en Apple's New & Noteworthy. Joanna y su esposo, el pastor John, residen en Montana.